CB061633

Ilustração de Ciro Seije Yoshiyasse.

A Batalha dos Livros

Lincoln Secco

A Batalha dos Livros
Formação da Esquerda no Brasil

Ateliê Editorial

Copyright © 2017 Lincoln Secco

Direitos reservados e protegidos pela Lei 9.610 de 19 de fevereiro de 1998.
É proibida a reprodução total ou parcial sem autorização, por escrito, da editora.

Dados Internacionais de Catalogação na Publicação (CIP)
(Câmara Brasileira do Livro, SP, Brasil)

Secco, Lincoln
 A Batalha dos Livros – Formação da Esquerda no Brasil / Lincoln Secco. – Cotia, SP: Ateliê Editorial, 2017.

ISBN 978-85-7480-773-7
Bibliografia

1. Brasil – Política   2. Comunismo   3. Livros e leitura   4. Política – História   I. Título.

15-10785   CDD-320.981

Índices para catálogo sistemático:

1. Brasil: História política   320.981

Direitos reservados à
ATELIÊ EDITORIAL
Estrada da Aldeia de Carapicuíba, 897
06709-300 – Granja Viana – Cotia – SP
Tels.: (11) 4612-9666 | 4702-5915
www.atelie.com.br | contato@atelie.com.br
facebook.com/atelieeditorial | blog.atelie.com.br
2017

Printed in Brazil
Foi feito o depósito legal

*Comecei minha vida como hei de acabá-la,
sem dúvida: no meio de livros.*

Sartre, *As Palavras.*

*Dedico a Ozória, minha mãe,
pasárgada na minha infância.*

Sumário

LUZ PARA UM OUTRO MUNDO — *Wilson do Nascimento Barbosa* 13

PREFÁCIO — *Takao Amano* 17

INTRODUÇÃO 23
 Ciclos Políticos do Livro 25; *Depois de 1964* 26

Capítulo 1. PRIMEIRAS IMPRESSÕES (1830-1919) 29
 Evolução Política 30; *Notícias* 33; *Espaços de Leitura* 35; *O Socialismo Científico* 37; *Núcleos Socialistas* 38; *A Questão do Programa* 41; *Socialismo de Cátedra* 42; *O Anarquismo* 45; *Escola* 47; *Evolução Política* 47

Capítulo 2. SOB O KOMINTERN 51
 Movimento de Leituras 52; *Os Leitores* 64; *Tradutores* 66; *Escola* 67; *Como os Comunistas Liam* 70; *Conversão pela Leitura* 73; *Espaços de Leitura* 75; *A Economia do Livro* 79; *A Revolução de 1930 do Livro* 81; *O Negro* 84; *Queima de Livros* 85; *Anticomunismo* 87; *O Novo Vocabulário* 89; *As Mulheres* 90; *Evolução Política* 92; *Balanço* 98

Capítulo 3. A HEGEMONIA COMUNISTA 103
 Novas Leituras 107; *Leitores* 108; *Economia do Livro* 108; *As Mulheres* 109; *Escola* 112; *Editoras* 115; *Rosa Luxemburgo* 118; *Outras Leituras* 120; *Literatura Proletária* 120; *Revistas Teóricas* 121; *Distribuição* 123

Capítulo 4. A HEGEMONIA COMPARTILHADA 125
 Evolução Política 125; *Leitores* 128; *Nova Oferta* 131; *Crítica das Armas* 132; *Leituras Perigosas* 134; *Espaços de Leitura* 137; *Queima de Livros* 139; *Mulheres* 140; *Leituras da Diversidade Sexual* 142; *Nova Oferta* 143; *Rosa Luxemburgo* 146; *Trotskismo* 147; *Tempos Novos para o Anarquismo* 148; *Balanço Comunista* 150

Capítulo 5. AUTONOMIA   *153*
Revistas Marxistas 155; *Economia do Livro* 157; *Rumo à Autonomia* 158; *Leitores e Recursos* 160; *Anticomunismo* 162

CONCLUSÃO   *165*

CADERNO DE IMAGENS   *167*

APÊNDICE
Temas e Dados para a História da Formação Política 191

FONTES   *197*
Fontes Primárias 199

BIBLIOGRAFIA   *203*

ÍNDICE REMISSIVO   *219*

Luz Para Um Outro Mundo

Wilson do Nascimento Barbosa

Como disse famoso escritor ucraniano menos melhormente humorado, "não há fome onde sobram ossos". E, certamente, ainda sobram muitos ossos por aí espalhados do que foi o movimento revolucionário brasileiro do recém--finado século XX. Ainda é possível, catando-se um fêmur aqui e um estribo acolá, recompor-se algo do que foi aquele magnífico movimento de luta, assassinado pela ditadura militar de 1964.

Recordo-me dos meus anos no exército, da frase constantemente expressa pelos oficiais superiores reacionários: "só existem três instituições no Brasil: a Igreja Católica, o Exército e o Partido Comunista. E o partido não é cristão. É preciso destruí-lo, não deixar cinza sobre cinza". Talvez o único ponto do programa de repressão que se haja cumprido foi este, com extermínio físico de milhares de comunistas. Quanto ao "Brasil Grande", a repressão o deixou como tarefa para a CIA e a rede Globo...

De qualquer modo, um bom arqueólogo forense ou historiador haverá de recolher todos, ou quase todos, fragmentos daquilo que foi o movimento revolucionário brasileiro e remontar-lhe a caveira, porque afinal, como diz a canção infantil, "aqui todo mundo bate osso..."

E temos, senhores e senhoras, diante de nós um jovem historiador que se dispõe participar desta tarefa, espalhada pela imensidão do Brasil. Quem ousou sonhar com um Brasil melhor? Quem – camonianamente – lançou-se ao mar das ideias para chegar a esta distância, dispor de um cabo da Boa Esperança e alcançar uma promessa de vitória que tudo mudaria?

O historiador Lincoln Secco se dispôs iniciar a longa travessia. Depois de levar sua mente gramsciana a refletir sobre a formação e as lutas iniciais do Partido dos Trabalhadores, Lincoln voltou-se para um passado menos recente e procurou as primeiras pistas gerais, as marcas no solo e nas folhagens, de que de todo não pode se desfazer o persistente Tiranossauro Rex que atormenta a existência dos brasileiros, que de outro modo poderia ser livre. Sim, a caixa de ossos está espalhada por oito milhões e meio de quilômetros quadrados. Por toda parte os melhores brasileiros lutaram, sofreram, pagaram com a vida, nessa desagradável provação. Seja em Santana de Livramento, no 7º ou no 5º RC, seja nas encostas do Araguaia, ou nas ladeiras de Salvador, a gente de esquerda sofreu, reuniu, debateu, difundiu suas ideias e pagou um preço extraordinário; Lincoln busca seguir as pistas, recolher os ossículos, para resgatar a história cultural de uma militância que se foi, na luta por um Brasil melhor. Experiência que hoje se vê temporariamente eliminada. Grassa agora, por toda parte, o jardim do Tiranossauro, com os corruptos frutos que mais lhe apetecem.

Mas a *Batalha dos Livros* não se debruça apenas sobre o desfecho desta história cultural, este momento de chegada da Esquerda na luta contra as trevas. Não. Lincoln acende o archote da razão lá atrás, e intenta uma primeira aproximação da formação da Esquerda no Brasil. Nos quatro capítulos que o livro possui, como diz José Mao Jr., começa com os "profissionais da palavra impressa" e vem até a luta pela formação política em escala de massas.

As delegacias de "ordem política e social" tinham, na "democracia" brasileira, a tarefa de, em todos os estados da federação, combater os "inimigos" do Brasil. Sua prioridade de fato sempre foi – e não é estranho! – impedir a educação política da classe trabalhadora e reprimir o negro e o indígena em suas práticas religiosas e culturais. Quanto aos terreiros de santo, a polícia os invadia, prendia, espancava e queimava os símbolos de culto, em associação prática com a Igreja Católica. Dessa maneira, destruiu o enorme patrimônio cultural afro-brasileiro, contribuindo para colocar em seu lugar variações do programa da Xuxa e da igreja pentecostal. Quanto à educação política do trabalhador, queimou centenas de milhares de exemplares de livros, cadernos de aula, apostilas etc., com que os educadores iluministas e marxistas tentaram implantar a razão em nosso meio. Deve-se reconhecer que o êxito foi quase absoluto. Obtivemos como resultado do precioso labor o país que hoje temos, tornado apenas em lugar exótico, que dá lucros para o exterior e contém a "Amazônia".

Imaginem um professor ou professora na sala de aula que, toda vez que enchesse o quadro-negro (ou verde...) com seus esquemas, tivesse por detrás de si um ou mais funcionários a rapidamente ir tudo dali apagando... Esta certamente se parecia com a luta pela educação que a Esquerda tem feito no Brasil. Uma autoridade ruim estabelece funcionários alertas, cuja tarefa é apagar a última letra da razão. E, obviamente, amigo, em seguida extinguir qualquer luz na sala.

Temos agora Lincoln na tarefa de ao menos acender a luz. Este livro é um ponto de partida.

Prefácio

Takao Amano

Antes de adentrar nas considerações acerca do livro em si gostaria de, preliminarmente, tecer algumas considerações acerca do autor desta obra.

Lincoln Secco, professor de História Contemporânea da Universidade de São Paulo, é um docente que devido à sua origem social e familiar, morador da periferia da zona leste de São Paulo, bibliófilo desde jovem, pelas circunstâncias históricas de seu tempo e sua militância política, foi atraído pelas ideias da revolução, do socialismo, e se considera um marxista. Por pouco tempo foi militante do PCB e na década de 1980 foi atraído pelas propostas radicais do PT.

Sempre foi um assíduo visitador de sebos e livrarias de São Paulo, pois tem paixão pela leitura, sendo estimulado pela família e pelos amigos militantes. Adquiriu uma vasta cultura literária, particularmente uma sólida formação marxista, fundada nas obras de Marx, Engels, Lenin, Rosa Luxemburgo, Mao, Gramsci e Hobsbawn, entre outros.

É um intelectual orgânico, um militante que atua na formação teórica dos jovens estudantes como professor da graduação e também como orientador de mestrado e doutorado. Fora da academia, congrega vários jovens que se reúnem periodicamente para estudar e debater os clássicos do marxismo, cujo coletivo se denomina GMarx. O professor Lincoln é um dos editores da revista marxista *Mouro*, que chegou à sua décima primeira edição, além de editor de várias obras de interesse político e social. Privilegia a formação teórica dos militantes ao compreender que não haverá revolução sem o domínio da teoria marxista, que é a teoria revolucionária.

A presente obra é preciosa e única, tem o rosto do autor, pois ela trata basicamente do livro e da leitura. Mas não se trata de qualquer livro. São livros que contêm ideias e, no caso, ideias que estão sempre remando contra a corrente. Assim, esta obra cuida do resgate da história editorial das organizações de esquerda no país, no âmbito da edição, publicação, divulgação e leitura das obras publicadas.

Esta obra também é original, porquanto não há, na história das edições de caráter marxista, alguma que tenha analisado especificamente o processo histórico de produção do livro e sua leitura, com objetivo de educar, formar, política e ideologicamente os militantes e quadros das organizações de matrizes anarquista, socialista, trotskista e comunista.

Além disso, incursiona sobre a "pré-história" das ideias socialistas que vinham da Europa, em meados do século XIX, mas que eram absorvidas de forma individual, circunscrita a certos círculos da intelectualidade da época. A classe operária, numericamente pequena, ainda não tinha recursos para adquirir as obras, assim como não encontrava espaços de sociabilidade e de leitura.

O autor, ao analisar cronologicamente a história do Brasil, desde a ótica da luta de classes, do século XIX até os primórdios do século XXI, menciona dirigentes, militantes, organizações políticas e de natureza corporativa, atuando como se fosse um arqueólogo.

E como tal, vai escavando, por meio de extensa pesquisa, o que liam os militantes de cada época, quais eram os tipos de literatura marxista existentes, como as organizações faziam para editar os materiais, o custo da produção e o valor dos livros, como se dava a divulgação e, particularmente, como eles se organizavam para o estudo desses materiais, considerados subversivos para as classes dominantes.

Ao perseguir esse curso, o autor apresenta com detalhes as obras e os meios materiais dos quais as organizações se valiam para propagar as ideias do socialismo e do marxismo junto à classe operária, aos trabalhadores e a todos aqueles que simpatizavam com a causa do socialismo, visando a elevação do nível de consciência, da organização e da luta.

Particular atenção se dava à luta contra a ideologia burguesa, dando ênfase na formação teórica dos militantes e quadros, mediante a organização de cursos, conferências e leituras coletivas.

Sem deixar de analisar outras organizações de esquerda, o autor volta a sua atenção para a prática editorial e de formação política adotada pelo Partido Comunista, em razão de ter sido o maior partido de esquerda a exercer a hegemonia junto à classe operária, ao conjunto dos trabalhadores, à classe média e à intelectualidade, particularmente, a partir de 1945 até o início de 1964.

Esse período, de relativa liberdade, foi pródigo no surgimento de editoras e livrarias ligadas aos comunistas, com a publicação de jornais, revistas e manuscritos de agitação e propaganda, assim como a edição de romances soviéticos que exaltavam o heroísmo dos trabalhadores na luta contra o nazifascismo. Além disso, ressalta-se a implantação de gráficas, a montagem de escolas e cursos de formação teórica.

O PCB também enviava seus quadros e militantes para estudar na escola de quadros do Partido Comunista Soviético, denominada Instituto de Ciências Sociais, assim como os mandava para a Universidade dos Povos Patrice Lumumba que abrigava estudantes de todas as partes do mundo, particularmente de países denominados do "terceiro mundo".

O golpe militar de 1964 implantou no país um cenário de terror, perseguição, prisão, tortura e morte. Promoveu a censura à imprensa e a todas as atividades culturais, literárias, assim como o monitoramento da produção editorial.

Ficou bastante reduzida a circulação de livros e materiais de cunho marxista face à dura repressão política. Todas as organizações de esquerda, sem exceção, tiveram que mergulhar na mais severa clandestinidade, limitando a edição, a distribuição, o estudo, o debate e a circulação das ideias, trazendo prejuízos ao processo de formação política e ideológica dos seus militantes e simpatizantes.

Nesse período, as organizações de esquerda, face à dificuldade de editar literatura revolucionária por meio de uma gráfica, faziam uso de cópias mimeografadas dos livros, jornais e outros impressos de documentos internos para a militância, com muita cautela para evitar os agentes da polícia e os delatores.

Infelizmente, foram frustradas pela repressão todas as tentativas da esquerda de organizar uma gráfica clandestina. Todas elas tiveram vida curta.

Nesse período, em razão da repressão, o marxismo migrou para dentro das universidades, particularmente, para as ciências humanas, mesmo que de forma contida, porém constituindo um dos únicos bastiões de debate de ideias e de formação de uma massa crítica, que vai florescer no período pós-ditadura militar.

O estudo e o debate de obras marxistas foram transferidos, também, para dentro da prisão onde os militantes presos organizavam cursos e palestras, ministrados, entre outros, pelos dirigentes comunistas Jacob Gorender e Diógenes Arruda.

Nos estertores da ditadura militar, particularmente no final do período Geisel e Figueiredo, últimos ditadores-presidentes, embalados pelo clima do retorno dos militantes exilados, de abertura limitada e de liberdade vigiada, os livros marxistas começaram timidamente a surgir nas vitrines de algumas livrarias, assim como os jornais comunistas.

Não podemos deixar aqui de prestar homenagem ao papel histórico exercido pela Editora Brasiliense dirigida pelo saudoso editor e militante comunista Caio Prado Júnior. Devemos também relembrar outros comunistas como Edgard Carone, Leôncio Basbaum, Heitor Ferreira Lima, Astrojildo Pereira, Nelson Werneck Sodré e muitos outros intelectuais comunistas que deram grandes contribuições para a difusão do marxismo em nosso país.

O livro ainda passa pela década de 1980 e pela fundação do PT, chegando até os dias atuais, quando o partido está no governo e novos (ou novíssimos, pelas palavras do autor) movimentos sociais surgem no cenário da luta de classes brasileira.

Neste último pedaço do livro, cabe ressaltar alguns aspectos que me parecem bastante interessantes para a reflexão do atual momento da esquerda brasileira.

O autor questiona a necessidade de a esquerda discutir, na atualidade, uma classe trabalhadora jovem, que vive a alta rotatividade e precariedade nas relações trabalhistas, mas que está conectada à internet. Assim, Lincoln emite sua opinião acerca dessa juventude, de seu engajamento e de seu processo de formação:

> [...] para os militantes pobres há o medo de falar em público, o estudo inicial autodidata, a ausência do aprendizado formal de línguas e a inadequação dos espaços de sociabilidade da esquerda intelectual. [...] O militante proveniente da baixa classe média ou de outras frações do proletariado e que se emancipa parcialmente do seu meio material sente-se um eterno deslocado: caminha cabisbaixo entre os que lhe estão acima, por insegurança, e sente-se soturno entre os da mesma origem de classe porque ali é um solitário. Teme ou odeia a polícia que o marca com revistas públicas humilhantes. *A predisposição para a violência verbal ou física só pode ser canalizada construtivamente pelas leituras e trocas de ideias em meios políticos radicais. Se eles não existem, sobra a revolta individual que se viu em junho de 2013* [...](grifo nosso).

Ainda sobre o papel da esquerda e a relação entre a militância e as ideias, o autor afirma que o socialismo foi importado da Europa, não havendo no Brasil uma situação similar à daquele continente; que o radicalismo de esquerda suscitou a questão operária sem que a classe operária fosse preponderante; que a esquerda exigiu a democracia antes que ela correspondesse ao jogo de um país economicamente maduro; tentou propor uma ação editorial antes que houvesse mercado para tal, além de cumprir uma função pedagógica antes que o povo fosse à escola. O que dava a sensação de que sempre importávamos modelos estranhos à nossa realidade.

Finalmente, ressalta

[...] que diante de tudo isso, os grupos de esquerda fizeram o que puderam e contribuíram para trazer o Brasil até aqui, com seus problemas e suas virtudes. Mas mesmo caindo, o corredor de cada etapa conseguiu passar a tocha ao companheiro da frente. [...]

E a virtude de Lincoln Secco é justamente essa, ele *passa a tocha para os jovens militantes*! Mas, com o fogo aceso, com a chama do ódio à sociedade capitalista e o amor aos livros, à leitura, à cultura e ao saber.

A presente obra é única, ao analisar o movimento editorial das organizações de esquerda no Brasil de um período tão longo e recheado de vastíssima fonte de consulta, entregando aos jovens militantes, historiadores ou não, a tocha que dará continuidade ao estudo do passado para tirar ensinamentos para o presente e para a projeção de uma estratégia para o futuro do movimento revolucionário.

Introdução

A prática radical e de esquerda no Brasil formou-se em muitos sentidos. O menos lembrado é o mais evidente: a formação política e ideológica realizada por seus aparatos (editoras, livrarias, bibliotecas, escolas de quadros, jornais, revistas, livros, aulas, reuniões, comícios etc.).

O socialismo brasileiro tem sua origem na leitura do radicalismo utópico da Revolução Francesa, mas circunscreveu-se a indivíduos isolados e jamais se soldou à ação revolucionária. Persistiu como pregação idealista.

O comunismo, portanto, não decorre dos primeiros esforços teóricos dos socialistas e sim da acumulação de forças do movimento operário anarquista e da recepção da Revolução Russa entre nós. Decerto, os socialistas continuaram atuantes entre alguns tenentes ou com a adesão de velhos pregadores sociais ao trabalhismo depois de 1930.

O anarquismo também manteve ação importante depois da fundação do PCB, mas no longo prazo os comunistas dominaram a cena editorial e da propaganda socialista. O período de afirmação dos comunistas vai de 1919 a 1935 ou se prolonga por mais alguns poucos anos. Depois disso, os seus meios de difusão de livros são destruídos pela sanha policialesca do Estado Novo.

Muitos grupos se mobilizaram depois que as notícias da Revolução Russa chegaram ao Brasil: Partido Comunista Libertário, Grupo Zumbi, Grupo Spartacus, Liga Comunista das Mulheres etc.[1] Dessa forma, o

---

1. B. Koval, *A Grande Revolução de Outubro e a América Latina*, São Paulo, Alfa Ômega, 1980, p. 157.

socialismo vigorou como corrente intelectual que nada teve a ver com a fundação do PCB.

Todavia, deve-se dar relevo também às leituras tenentistas. Não tanto aos conteúdos, marcados por uma tentativa de apropriação da social-democracia. Mas pela forma iluminista de ler, programar e reformar a sociedade pela força das armas e das ideias.

A entrada de muitos militares no PCB não só afetou sua forma de leitura como consolidou o centralismo editorial que caracteriza o período 1943-1964. É um contraste com o período anterior de relativa dispersão e autonomia de formação. Para tanto, foi fundamental a ruptura do PCB com sua origem anarquista, a qual se dá paulatinamente desde o afastamento de Antônio Bernardo Canellas, o delegado do PCB junto ao IV Congresso da Internacional Comunista em 1922, passando pela substituição de seu núcleo dirigente nos anos 1930 e pela liquidação de correntes internas alternativas na refundação de 1943-1945.

É provável que as leituras positivistas e o ideário regenerador e autoritário de muitos militares tenham se combinado muito melhor ao modelo bolchevique. Luís Carlos Prestes tinha as obras de Comte na prisão e, como diz Alfredo Bosi, "não será apenas aleatório o fato de o pai de Luís Carlos Prestes, o capitão Antônio Prestes, ter sido, juntamente com Protásio Vargas, irmão de Getúlio, um dos fundadores do Centro Positivista de Porto Alegre em 1899..."[2].

O reaparecimento da ação editorial comunista se dá em 1944 e resiste até 1964, quando se instala no país a ditadura militar. Não podendo combater as ideias de esquerda, a direita recorre à eliminação física dos militantes e à destruição dos livros.

A demanda por livros é elástica aos preços, mas, num país em que só uma minoria pode adquirir livros, a antiga cópia reprográfica, o livro usado, o texto manuscrito, mimeografado ou datilografado e depois grampeado são antes uma primeira opção do que uma fuga para bens substitutos em conjuntura inflacionária.

Por isso, nenhuma história pode deixar de contar as outras experiências de leitura da esquerda: leitura em voz alta, empréstimo pessoal, biblioteca, trechos na imprensa socialista, aulas de resumo de obras básicas, doutrinação mediante citações e a própria memorização que pode ser captada pelos relatos de hábitos e vocabulário usados na militância e que correspondiam à leitura direta ou indireta de livros.

---

2. Alfredo Bosi, *Dialética da Colonização*, São Paulo, Companhia das Letras, 1993, p. 281.

No caso do PCB, os relatos de conversão pela leitura são mais abundantes para o período 1922-1943. A razão é que as memórias de velhos comunistas começaram a sair em 1978 e eram de militantes da primeira geração. Jovens de vinte a trinta anos que cinquenta ou sessenta anos depois contaram sua experiência. E aquela experiência só podia ser a de um partido pequeno em que a doutrinação se dava em condições mais difíceis e irregulares.

O período posterior a 1945 é totalmente diferente, como lembra Carone. Antes, o PCB não tinha editoras. Agora, ele monta uma rede apreciável de editoras, jornais e escolas de formação política.

Ciclos Políticos do Livro

Edgard Carone foi o pioneiro no estudo da difusão dos livros marxistas. Mas tratava-se, como ele mesmo dizia, do primeiro degrau da análise. Deixava de lado "o resultado intelectual ou ideológico desta leitura"[3]. Ora, como sabem os bibliófilos, a leitura é um mistério[4] e sua história é a mais difícil de todo o circuito que existe em torno do livro. É preciso, por isso, tatear a circulação, a oferta, os preços, os leitores potenciais e só depois tocar a leitura como a forma de realização plena do livro.

A conjuntura do livro de esquerda não segue necessariamente os ciclos do comércio livreiro. É que as obras socialistas foram confiscadas, queimadas e as editoras, tipografias e livrarias, destruídas. O fluxo de financiamento era irregular devido à repressão. O Komintern (1919-1943) desde sua fundação destinou verbas para partidos comunistas no exterior. Posteriormente, isto foi realizado pelo Kominform (1947-1956) via embaixadas, Agência TASS de notícias com correspondentes no Brasil, emissários pessoais etc.

O PCB atuou numa ilegalidade inconstante. Legalidade em 1945-1947. Clandestinidade entre 1948 e 1958. Semilegalidade entre 1958 e 1964. No entanto, catálogos, jornais, folhetos, dados sobre as escolas do PCB e os livros da Editora Vitória permitem abordar de forma diferente a leitura comunista do período.

3. Edgard Carone, *O Marxismo no Brasil*, Rio de Janeiro, Dois Pontos, 1986, p. 58. Para um estudo do imaginário dos membros do PCB, vide Jorge Luiz Ferreira, *Prisioneiros do Mito: Cultura e Imaginário Político dos Comunistas no Brasil (1930–1956)*, Rio de Janeiro, Eduff/Mauad, 2002. Embora a "estética da recepção" seja tributária dos estudos de Iser e Jauss nos anos de 1960, diante das lacunas documentais apenas seguirei o conselho de Fernand Braudel: multiplicar os exemplos.
4. Robert Darnton, *A Questão dos Livros,* São Paulo, Companhia das Letras, 2010, p. 214.

O fim do impressionante aparato editorial comunista nos dá o distanciamento para compreender melhor a trajetória do PCB. Há algum tempo já sabíamos bastante sobre as oscilações políticas e as divergências de cúpula do partido. Mas ainda sabemos pouco sobre as particularidades do PCB em estados e até municípios do país bem como sobre a atuação das mulheres, tema aqui estudado de passagem, infelizmente.

Também nos falta uma história da infraestrutura do partido que vá além das discussões sobre a melhor ou pior interpretação da realidade brasileira adotada em cada etapa. Nada comprova que, adotando uma teoria "certa", um partido aumenta o seu poder. O PCB é um partido doutrinal e pedagógico. O que isso quer dizer?

Doutrinal porque ele tem uma única teoria que guia a sua ação. Assim, as divergências buscam justificativa na doutrina. Mas ele é doutrinador. Faz proselitismo e é pedagógico. A segunda característica do partido, inseparável da primeira, exige que se faça uma história de seu aparato organizativo e, nele, há que se destacar a infraestrutura intelectual.

Muita atenção também se deu aos grandes debates intelectuais do partido (feudalismo × capitalismo), mas pouca aos costumes, jargão e formas de apreensão daqueles debates pela militância. Por isso, é indispensável quantificar (nos limites que nossa documentação permite) o partido: finanças, quadros, militantes, simpatizantes e, especialmente, a circulação dos impressos, veículo maior da doutrinação.

A organização ideológica das classes sociais é, de certa forma, material. Portanto, o historiador precisaria ter cautela ao estudar o desenvolvimento da indústria tipográfica, de jornais, como se eles fossem estruturais apenas porque se expressam materialmente: "Há superestruturas que têm uma estrutura material, mas o seu caráter permanece o de uma superestrutura"[5], diz Gramsci.

Uma história do PCB não pode ser feita sem conhecer alguns princípios básicos do marxismo-leninismo, por um lado, e sem avaliar o chão material em que os debates internos se deram até 1964 pelo menos.

Depois de 1964

A esquerda se fragmenta depois de 1964 em consonância com a radicalização internacional. A massificação do público de esquerda nos anos 1980 uniu

---

5. *Quaderni del Carcere* (QC), p. 433.

provisoriamente quase todas as tendências derrotadas pela ditadura militar e as novas numa só formação partidária (com poucas exceções). Então o PT tinha uma forma quase federativa.

No século XXI, as esquerdas reencontraram seu leito plural, aberto, multipartidário e até mesmo apartidário. No Brasil, nem metade do eleitorado se identifica com partidos políticos. É uma tradição cultural brasileira a recusa de mediações, formalidades e contratos. Isto confunde a necessária crítica da política com a recusa da política. O apartidarismo não é necessariamente novo, pode ser algo arcaico. Já alguns grupos ideológicos têm uma crítica séria aos partidos e que aponta para novas formas de organização. As formas tradicionais da esquerda entram em crise porque o desenvolvimento de suas forças materiais exige nova superestrutura. A revolução informática alterou a produção e circulação das ideias.

Antes, a esquerda não havia constituído sua autonomia intelectual. Tínhamos leitores de Marx, mas não uma rede abrangente da imprensa socialista. A formação não foi tardia. Sempre estivemos integrados às correntes internacionais. O que demorou foi a constituição de uma rede literária plena da esquerda no território brasileiro. Padecíamos do ilhamento cultural do qual falava Vianna Moog acerca da época da colônia.

A rede pressupõe a federação de núcleos de produtores espalhados pelo país, um público leitor amplo que compartilha com os produtores uma linguagem dotada de jargão e sentido próprio e, finalmente, uma *história comum que lhe confere sentido*. E isto só começou a se "completar" no século XXI, graças à formação de movimentos sociais e partidos de esquerda de massas, grupos rebeldes e horizontais fora dos partidos, redução de custos de edição, advento da internet e a polarização política que revelou militantes, blogueiros e propagandistas nas redes virtuais. A estética da violência anticapitalista apareceu com técnicas novas e antigas de lutas de rua, sempre acompanhadas pela publicidade imediata.

Nada disso derrubou o papel do impresso na militância. Novas revistas marxistas surgiram e conviveram em edição digital e no papel. Evidentemente que uma história editorial da esquerda não toca nos grandes meios de comunicação eletrônicos, que continuaram monopolizados por empresários com financiamento estatal (mesmo de governos de esquerda) e atingem milhões de pessoas. Mas mesmo neste caso a audiência de conhecidas redes de televisão caiu ou passou a competir com outros *media*.

A ideia que orienta este livro é a de que desde o início a esquerda no Brasil esteve articulada aos ritmos exteriores sem perder sua particularidade. Não estava em atraso. No entanto, o seu movimento histórico é uma espiral em que os móveis do princípio reaparecem enriquecidos de novas determinações.

Eu não teria feito este livro sem uma experiência política que me colocou em contato com militantes de várias gerações. A todos e a todas o meu agradecimento pelas conversas e indicações de livros.

Não fiz uma história das organizações de esquerda. As informações sobre sua evolução política são superficiais, especialmente no que tange ao anarquismo, infelizmente. Não tinha a competência para uma ampla discussão teórica, embora as principais obras acadêmicas sobre a esquerda brasileira tenham sido consultadas. Procurei sistematizar informações sobre livros, editoras e número de protestos, militantes e simpatizantes da esquerda para que sirvam aos jovens que amam livros e revoluções.

Capítulo 1
Primeiras Impressões (1830-1919)

> *O bibliômano meteu o pé na escada, subiu e pôs-se a ver o que havia lá por cima: velhos livros franceses de assuntos os mais diversos. O nosso herói já não se lembra mais de nenhum dos títulos e nomes dos autores ali enfileirados. Isto é, não se lembra porque o título e o autor de um daqueles volumes de capa enegrecida pelo tempo monopolizaram totalmente a sua atenção. O buquinador, à vista da raridade, quase veio abaixo. Mas dominou-se, manteve-se firme, fingindo grande serenidade, desceu com o volume na mão, cuja tremura mal podia disfarçar, e dirigiu-se calmamente ao Martins Filho, que estava na loja. Preço do livro: 3 mil-réis. Pago, embrulhado, metido debaixo do braço – e pé na rua, a alma leve e risonha. Era a primeira edição de* Misère de la Philosophie *de Karl Marx.*
>
> ASTROJILDO PEREIRA[1]

A planta exótica foi a imagem forjada pelas classes dominantes para mostrar a prática da esquerda como deslocada.

Cada momento da história do socialismo é pressuposto de um movimento operário, seja esboçado no centro ou no Brasil e, ao mesmo tempo, é o seu resultado. Os pressupostos da "chegada" de ideias inovadoras em nosso país estão na dinâmica do modo de produção do capital em seu centro europeu[2]. Mas, uma vez que tais pressupostos estejam postos, a esquerda brasileira se reproduz por si mesma, sem nunca perder laços com um desenvolvimento que, a rigor, é mundial e de que faz parte.

A aparência defasada se deve ao fato de que a América Latina foi se "distanciando" da Europa na medida em que esta se industrializava. Apesar disso, o liberalismo prosseguiu integrado às classes dominantes argentinas, mexicanas e uruguaias (além das espanholas, no caso ibérico). Isto explica o aparecimento nestes países do seu polo crítico: o socialismo marxista organizado em partido. Ainda que incrustado de positivismo (caso do México e, mais tarde, do

---

1. M. C. Feijó, *Formação Política de Astrojildo Pereira*, Belo Horizonte, Oficina de Livros, 1990, p. 54.
2. Centro e periferia, noções introduzidas por Werner Sombart, em 1902, não têm significado normativo, mas *descritivo* (vide Mylene Goulart, *Karl Marx à Pekin*, Paris, Demopolis, 2014, p. 23).

Brasil), o marxismo vai cumprir um papel de interlocutor do liberalismo e de organizador da incipiente classe operária. Mais tarde o comunismo se desprenderá desse socialismo.

Caso muito diferente de Portugal e Brasil, onde não houve socialismo, apenas socialistas isolados e o comunismo sai das fileiras do anarquismo. Isto porque os socialistas ficaram restritos à classe média. Porquanto era um *socialismo socialmente indeciso*.

À miséria intelectual do nosso liberalismo correspondia um programa socialista rebaixado. *Ao liberalismo retórico se opunha um socialismo retórico*. Permitiam-se socialistas com adornos de radicalismo dentro da ordem, mas jamais um partido socialista operário.

A adoção de um marxismo dialético[3] não teria mudado as coisas. Os livros não fazem revoluções a não ser que sejam lidos por trabalhadores que possam agir politicamente.

Evolução Política

Inicialmente tivemos uma leitura do liberalismo radical e da Revolução Francesa. Os revolucionários alfaiates da Bahia, de Pernambuco em 1817 ou da Confederação do Equador e nomes como Frei Caneca, Cipriano Barata e Teófilo Otoni[4] espelham um liberalismo que ainda não tinha sido amansado pelas conveniências do poder. Depois, outro liberalismo se impôs, mais parecido àquele reformismo ilustrado português, temeroso da Revolução.

Apesar de notícias isoladas de algum livro inglês sobre as *labouring classes*[5], somente no decênio de 1830 surgiu o interesse pelo socialismo. Atraso brasileiro? Não. O país estava em compasso com a própria Europa, a qual antes disso não tinha muitos textos socialistas.

Na América Latina encontramos as mesmas correntes europeias geradas pela Revolução Francesa: o liberalismo, o anarquismo, o socialismo e o comunismo. A distância econômica entre os países ricos e pobres era menor no século XIX[6].

3. Leandro Konder, *A Derrota da Dialética*, São Paulo, Expressão Popular, 2009.
4. Nilmário Miranda, *Teófilo Ottoni: A República e a Utopia de Mucuri*, São Paulo, Caros Amigos, 2007, p. 54.
5. Hipólito José da Costa, *Correio Braziliense*, São Paulo, Imprensa Oficial, 2008, vol. XIX, p. 521.
6. O Relatório de Desenvolvimento da Organização das Nações Unidas de 2000 revelou que em 1820

Na primeira metade do século veremos uma quase simultaneidade entre os experimentos utópicos franceses e latino-americanos. Entretanto, a simultaneidade da superestrutura contrastava com a defasagem da infraestrutura intelectual[7]. A primeira máquina plana para impressão foi inventada em 1846, mas no Brasil só no decênio de 1890 ela foi introduzida com a chegada da firma Lambert & Cia.[8]. A infraestrutura gráfica melhorou com um jornal pioneiro, o *Fanfula* dirigido por Vitaliano Rotellini. O jornal popular e humorístico denunciava a escravidão de italianos. Em 1904, comprou a rotativa Albert, de Frankenthal e quatro máquinas linotipos canadenses, as primeiras introduzidas em São Paulo. A máquina linotipo tinha sido inventada por Ottmar Mergenthaler em 1886 e tinha capacidade de produção de seis mil a oito mil toques por hora[9]. Os livros tinham que ser importados e a produção interna era quase nula. A correspondência de ideias sem a "infraestrutura da superestrutura" limitava o alcance do socialismo aos diletantes da incipiente classe média.

O tímido crescimento das "luzes" metafóricas ou reais (iluminação elétrica, bibliotecas, universidades, editoras, gabinetes de leitura etc.) impôs terrível defasagem cultural ao nosso país. As bibliotecas pessoais ou públicas refletiam a circulação de ideais europeus restritos a uma pequena elite e as publicações operárias só viriam muito tarde, desgraçadamente tarde[10]. A literatura socialista simplesmente não existiu na forma de livro. A única coleção socialista que talvez tenha havido (e já no final do oitocentismo) é a de Silvério Fontes, mas pouco se sabe de seu conteúdo. E o único livro sobre o socialismo foi do general Abreu e Lima, publicado em 1855.

As citações em jornais ou em trechos de livros não provinham dos meios operários, de resto incipientes. Por isso, as origens intelectuais do socialismo se encon-

---

a disparidade de renda entre os países mais ricos e os mais pobres era da ordem de três para um. No final do século XX chegou a oitenta para um!

7. Evidentemente podemos lembrar que a imprensa chegou ao México (1533) muito antes do Brasil. A lista de cidades americanas com tipografias anteriores ao nosso país passa de vinte. Só Montevidéu (1807) demorou quase tanto quanto o Brasil (1808), com efêmeras tentativas anteriores no Recife (1706) e Rio de Janeiro (1746) (cf. Carlos Rizzini, *Jornalismo Antes da Tipografia*, São Paulo, Companhia Editora Nacional, 1968, p. 165).
8. José Barboza Mello, *Síntese Histórica do Livro*, Rio de Janeiro, Leitura, 1972, p. 196.
9. Francesco Cenni, *Os Italianos no Brasil*, São Paulo, Martins, s. d., p. 280.
10. Marisa Midori Deaecto, *O Império dos Livros: Instituições e Práticas de Leitura na São Paulo Oitocentista*, São Paulo, Edusp, 2011, p. 230.

tram em leitores de Auguste Comte (que fora secretário do socialista Saint-Simon) e do eclético Victor Cousin. O periódico brasileiro *O Globo* imitava o homônimo saint-simoniano parisiense. O *fourierismo* se fazia presente de forma ainda mais ostensiva. Um falanstério foi promovido no Brasil junto à Península do Saí em Santa Catarina e em Palmital. Em julho de 1841, a Câmara dos Deputados aprovou um empréstimo de 64 contos de réis, para apoiar o início do projeto[11].

Essa pré-história do socialismo começou, de fato, em 1844, quando o jornalista Antônio Pedro de Figueiredo escreveu na revista *O Progresso* informações sobre a Liga dos Justos, da qual Engels fazia parte. Neste mesmo ano de 1844 publicou-se *O Socialista da Província do Rio de Janeiro*[12]. Mas pouco havia nele do que seria o socialismo moderno. Em editorial do primeiro número de *O Socialista*, M. G. de S. Rego explica o significado do nome como referente a

[...] todo o aperfeiçoamento de que for suscetível a sociedade, provincial, nacional e universal, quer na parte moral, quer na material, em que naturalmente está dividida a vivenda humana no mundo terreno. Assim pois, o socialista tratará de agronomia prática, economia social, didática jacotista, política preventiva e medicina doméstica, e, sobretudo do socialismo, ciência novamente explorada, da qual basta dizer, que seu fim é ensinar aos homens a se amarem uns aos outros[13].

As correspondências de movimentos continuaram na Primavera dos Povos (1848). Em fins do decênio de 1840, a rebelião praieira, ocorrida em Pernambuco, já tinha ideias socialistas – ou pelo menos era o que os conservadores lhe imputavam, como um jornal que se referia às "ideias socialistas e barbarizadoras dos praieiros" e à "espoliação das classes ricas pelas pobres sublevadas"[14]. Isso porque importantes documentos praieiros expressavam o liberalismo da época, como se podia ler nos artigos do *Diário Novo* de Pernambuco[15].

Segundo a correspondência de Marx e Engels (em Marx & Engels, *Correspondence*, Moscou, Progress Publishes, carta de 20-7-1851, 1975) há menção

---

11. Adelaide Gonçalves, "As Comunidades Utópicas e os Primórdios do Socialismo no Brasil", *E-topia: Revista Electrónica de Estudos sobre a Utopia*, n. 2 (2004).
12. Para um estudo: Ivone Gallo, "*O Socialista da Província do Rio de Janeiro*: Um Olhar sobre o Socialismo do Século XIX", *Anais do XIX Encontro Regional de História: Poder, Violência e Exclusão*, ANPUH/SP – USP, São Paulo, 8 a 12 de setembro de 2008.
13. *O Socialista da Província do Rio de Janeiro*, n. 1, sexta-feira, 1º de agosto de 1845. Jacotista é uma referência ao educador Joseph Jacotot (1770-1840).
14. *Aurora Paulistana*, 5 de abril de 1852.
15. Urbano Sabino Pessoa de Melo, *Apreciação da Revolta Praieira em Pernambuco*, Brasília, Senado Federal, 1978 (primeira edição: 1850), pp. 204-213.

a um membro da Liga dos Comunistas supostamente delator que se refugiou no Brasil: Hermann Wilhelm Haupt.

Os ecos da Primavera dos Povos chegaram também a Portugal, que já contava com uma geração de intelectuais influenciada por Fourier e Proudhon, mas não por Marx e Engels, cujo *Manifesto Comunista* aparece em português vinte e cinco anos depois[16]. Então, Lisboa era visitada por Paul Lafargue (1872) e o intelectual português Nobre França escrevia cartas a Engels. Neste momento o socialismo português foi organizado pelo livreiro José Fontana, por emigrados espanhóis e pelo patrocínio intelectual de Antero de Quental[17].

Nesse decênio, militantes franceses e alemães vieram à Argentina e ao Brasil. Nossas ralas elites intelectuais eram hostis à Comuna de Paris, que acabara de ser derrotada. Em 20 de junho de 1871, Machado Freire Pereira da Silva, representante de Pernambuco na Câmara dos Deputados, aplaudiu a vitória da "causa da civilização na capital da França"[18]. O que se discutia no parlamento era a hipótese de o Brasil receber refugiados *communards* e o pedido de extradição feito pelo governo francês[19].

Tobias Barreto, que leu a *Miséria da Filosofia* de Marx[20] e tinha a terceira edição aumentada (*dritte vermehrte Auflage*) de *O Capital*, pediu a "caça aos jacobinos" da Comuna de Paris[21]. Havia circulação de livros sobre a Comuna, como se vê no Catálogo da Livraria Garraux, 1872. Mas, quando o tema foi discutido no parlamento, por ocasião do pedido que Jules Favre fizera para que se extraditassem eventuais *communards* radicados no Brasil, todos os deputados que se pronunciaram anatematizaram o "espectro do comunismo" (mesmo um ou outro que se declarava contra a extradição).

Notícias

O nome de Marx só começou a circular no Brasil depois da Comuna de Paris, precisamente a partir de 1872, quando um jornal brasileiro editado em

---

16. Vide Joel Serrão, *Liberalismo, Socialismo, Republicanismo. Antologia do Pensamento Político Português*, 2. ed., Lisboa, Livros Horizonte, 1979.
17. Costa Júnior, *Breve História do Movimento Operário Português*, Lisboa, Verbo, 1964, p. 32.
18. José Nilo Tavares, *Marx, o Socialismo e o Brasil*, Rio de Janeiro, Civilização Brasileira, 1983, p. 100.
19. Vide Lincoln Abreu Penna, *A Militância Jornalística do Proletariado*, Rio de Janeiro, E-Papers, 2007.
20. Wilson Martins, *História da Inteligência Brasileira*, vol. 4, São Paulo, Cultrix, s. d., p. 241.
21. "A Comuna de Paris e o Brasil", em Vários Autores, *A Comuna de Paris,* Rio de Janeiro, Laemmert, 1968, pp. 264 e ss.

Londres dedicou um número inteiro a Karl Marx[22]. No mesmo ano, o jornal *Seis de Março*, do Recife, fez referências ao pensador alemão[23] – o jornal era uma referência à data da Revolução Pernambucana de 1817.

Sílvio Romero, em *Doutrina Contra Doutrina* (1891)[24], também referiu-se a Marx e Engels. Afirmando ser embrionário o capitalismo no Brasil, ele situa um problema crucial: como pode prosperar o socialismo entre nós sem uma classe operária?[25]

Romero faz uma estratificação social do Brasil e entre as classes urbanas elenca os capitalistas e banqueiros; grandes negociantes; pequenos negociantes; donos de fábricas, empreiteiros, corretores e empregados superiores do comércio; médicos sem clínica, advogados sem clientela, padres sem vigararias, engenheiros sem obras, professores sem discípulos, jornalistas sem leitores, artistas sem público, magistrados sem juizados: é a classe média; por fim, trabalhadores manuais por conta própria.

Abaixo a turbamulta: cafajestes, pernósticos, vadios, capoeiras, capangas, jogadores profissionais e todos os que vivem ao deus-dará[26]. Curiosamente, o autor não vê um proletariado em lugar algum e considera o socialismo um discurso deslocado, adaptado apenas para o solo histórico europeu. Embora preconize aos operários que busquem sua evolução material sem se organizar em partido político, observa que eles gozam de boa situação devido à escassez de mão de obra especializada.

Nos anais da Constituinte republicana se encontrará um projeto socialista, de autoria de José Magalhães de Castro, lente da escola naval. Mas é só em 1897 que a doutrina de Marx foi realmente discutida num texto acadêmico, quando Dario Ribeiro defendeu uma dissertação para o concurso de lente da Faculdade de Direito do Largo de São Francisco intitulada *O Socialismo*. Mais conhecedor do socialismo francês (como era comum no Brasil da *bèlle époque*), Ribeiro se refere a Benoît Malon e só *en passant* a Marx e Lassalle.

Lembremos que o francês era a língua do socialismo brasileiro, assim como da intelectualidade em geral. Em agosto de 1898, houve 1820 consultas na Faculdade de Direito de São Paulo, sendo 473 obras em português, 240 em francês,

---

22. Astrojildo Pereira, *Crítica Impura*, Rio de Janeiro, Civilização Brasileira, 1964, p. 334.
23. Moniz Bandeira, *O Ano Vermelho*, São Paulo, Brasiliense, 1980, p. 15.
24. Wilson Martins, *op. cit.*, p. 465.
25. Sílvio Romero, *O Evolucionismo e o Positivismo no Brasil*, Rio de Janeiro/São Paulo, Livraria Classica de Alves & Cia., 1895, p. XLVII.
26. *Idem*, p. LVIII.

duas em italiano e duas em grego[27]. A língua francesa foi até a Segunda Guerra Mundial o veículo privilegiado da difusão da cultura marxista. O termo "marxismo" apareceu primeiro na França: *marxisme* começou a ser usado em 1880[28].

Euclides da Cunha publicou um artigo em 1904 onde justificava a socialização dos meios de produção a partir da teoria do valor[29].

Espaços de Leitura

O trabalho pioneiro de Evaldo Garcia levantou trezentas publicações periódicas operárias brasileiras do século XIX, sendo 146 na primeira metade do oitocentismo[30], mas a maioria delas não versava sobre ideias socialistas. As bibliotecas, escolas e editoras constituem a base essencial dos meios de difusão das ideologias. Num país de importação de ideias, é natural supor que elas não tenham suportes inteiramente independentes e nacionais. Assim, as editoras são de estrangeiros e os leitores vivem principalmente de encomendas e isso valia também para os socialistas.

A tradução das formas e dos conteúdos socialistas esbarrava nas condições escassas de uma base material doméstica, especialmente a pública. A Primeira República, dominada pela propaganda da educação escolarizada, fracassou na expansão da instrução no conjunto do país. Em 1890 havia 85,2% de analfabetos na população brasileira e em 1930 ainda eram 68%.

Ainda assim, a criação de grupos escolares na República em cidades do interior (especialmente no estado de São Paulo) e de bibliotecas foi maior do que no período imperial. Entre as bibliotecas criadas entre 1890 e 1930, 58,2% eram escolares, 17,9% especializadas, 7,1% universitárias, 5,1% públicas, 6,7% eram populares (a maior parte destas foi criada nos anos de 1920)[31]. Eram de lojas maçônicas, ligas esperantistas, atléticas ou operárias, de grêmios espíritas etc. Em geral, todas as bibliotecas tinham horários de funcionamento irregular e limitado e não permitiam empréstimos ou o acesso direto às estantes[32].

---

27. Cf. *O Estado de S. Paulo*, 7 de setembro de 1898.
28. Albert Dauzat *et al.*, *Dictionnaire Étymologique et Historique*, Paris, Larousse, 1971, p. 449.
29. *O Estado de S. Paulo*, 1º de maio de 1904.
30. Evaldo S. Garcia, "A Imprensa Operária e Socialista Brasileira do Século XIX", *Estudos Sociais*, Rio de Janeiro, 1964.
31. Sonia de Conti Gomes, *Bibliotecas e Sociedade na Primeira República*, São Paulo, Pioneira, 1983, p. 61.
32. *Idem*, p. 53.

NÚMERO DE BIBLIOTECAS EXISTENTES

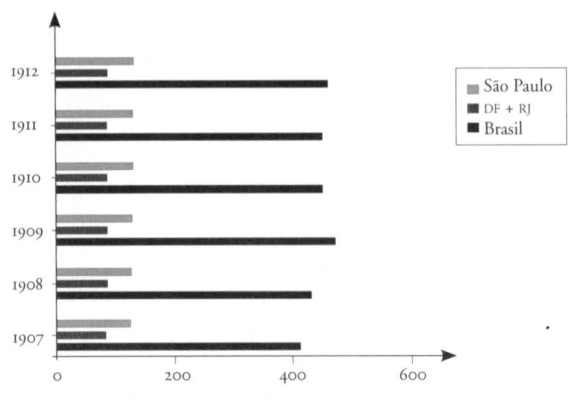

[Gráfico de barras mostrando número de bibliotecas por ano (1907-1912) para São Paulo, DF + RJ e Brasil, eixo horizontal de 0 a 600]

Fonte: *Anuário Estatístico do Brasil 1908-1912*.

A classe operária não tinha muitos espaços de sociabilidade e leitura, devido ao baixo poder aquisitivo. Leiterias e cafés eram pontos de encontro, como o Café Guarany em São Paulo onde das 19 às 21h se reunia a plêiade dos revolucionários de diversas tendências[33]. Ainda na cidade de São Paulo sabemos pelas memórias de Everardo Dias que os socialistas realizavam festivais na rua Florêncio de Abreu (Salão Itália Fausta), em salões modestos do Pari, Brás, Bom Retiro e Lapa. Havia palestras doutrinárias. Nos arredores da cidade (Cantareira, Vila Mariana, Penha, Santo Amaro) havia piqueniques em que cada família levava algum alimento e no final havia uma palestra educativa sobre pontos do programa socialista. Bailes para a juventude eram comuns[34]. Na Vila Mariana a chácara de um alemão reunia elementos sociais-democratas bebendo cerveja preta barata e jogando bocha. Por outro lado muitos libertários no Rio de Janeiro condenavam a embriaguez e a frequência aos botecos como tão perniciosas quanto a religião[35].

O custo de vida, porém, dificultava a leitura. Jornais operários dependiam de coletas periódicas de ajuda financeira. Um trabalhador tinha alimentação parca: farinha de mandioca, feijão, arroz, carne-seca e café adoçado com mascavo[36].

33. Edilene Toledo, *Anarquismo e Sindicalismo Revolucionário. Trabalhadores e Militantes em São Paulo na Primeira República*, São Paulo, Perseu Abramo, 2004, p. 31.
34. Everardo Dias, *História das Lutas Sociais no Brasil*, São Paulo, Alfa Ômega, 1977, pp. 42-43.
35. Maria C. Góes, *A Formação da Classe Trabalhadora. Movimento Anarquista no Rio de Janeiro, 1888-1911*, Rio de Janeiro, Zahar, 1988, p. 61.
36. *Idem*, p. 45.

Os clubes recreativos também eram importantes locais de lazer de operários[37]. Sob o preconceito dos patrões e dos operários brancos, os negros buscavam suas próprias associações. O Clube 13 de Maio dos Homens Pretos em São Paulo é de 1902[38]. E no interior paulista havia outros exemplos como Botucatu. Os negros continuavam também a se organizar em suas irmandades religiosas.

O Socialismo Científico

A consequência de tais dificuldades é que o marxismo vai se estabelecer depois de 1922 já sob a forma do leninismo, como diria João Quartim, e sem o antecedente reformista alemão (Bernstein, Kautski). Quando muito, o socialismo reformista vai acompanhar o comunismo até ser eclipsado por ele. Como vimos, só uma parca literatura social francesa era conhecida no país. Um caso revelador dos impasses das edições marxistas foi a Bibliotheca Socialista. Não há referências dessa coleção em muitas bibliotecas (nem mesmo na coleção do bibliófilo marxista Edgard Carone); portanto, a sua circulação deve ter sido escassa.

O exemplar de que dispomos foi encontrado casualmente no Calil, tradicional sebo paulistano. Este primeiro volume era: E. Vandervelde, *O Socialismo e a Evolução Social*, Traducção Brazileira, Editores: Laemmert & C. Rio de Janeiro/São Paulo, 1905, 225 páginas. Uma clara tentativa de leitura do ideário dominante na II Internacional.

Émile Vandervelde (1866-1938) era um socialista reformista típico da II Internacional. Depois de Cesar de Paepe, tornou-se um importante político profissional do Partido Operário Belga e de 1900 a 1918 foi presidente do Bureau Socialista Internacional. Nos anos de 1920 esteve no Brasil e sua viagem foi coberta pela imprensa operária.

No ano seguinte à publicação de Vandervelde, a Editora Laemmert publicou Enrico Ferri[39], *Socialismo e Sciencia Positiva: Darwin, Spencer, Marx* (1906). O livro de Ferri fora traduzido antes também pelo socialista gaúcho Antônio Guedes Coutinho no jornal *Echo Operario*[40].

37. Maria Auxiliadora Guzzo Decca, *A Vida Fora das Fábricas*, São Paulo, Paz e Terra, 1987.
38. U. Siqueira, "Clubes Recreativos", em S. Chalhoub *et. al.*, *Trabalhadores na Cidade*, Campinas, Unicamp, 2009, p. 290.
39. Enrico Ferri, *Socialismo e Sciencia Positiva*, São Paulo, Laemmert, 1906.
40. Benito Bisso Schmidt, "O Deus do Progresso: A Difusão do Cientificismo no Movimento Operário Gaúcho da I República", *Rev. Bras. de Hist.*, vol. 21, n. 41, São Paulo, 2001.

A Laemmert mantinha uma biblioteca com cada exemplar produzido, mas um incêndio em 1909 destruiu-a. Depois disso, a editora deixou de funcionar. A tipografia continuou, mas só publicava o famoso *Almanack Laemmert*[41]. Entre seus títulos na época apareciam: Pires de Almeida, *Homossexualismo: A Libertinagem no Rio de Janeiro* (1906); Herbert Spencer, *Classificação das Sciencias* (1900); muitos anos antes se publicou o livro de Joaquim Pinto de Campos, *Anarchistas e a Civilização. Ensaio Político sobre a Situação por um Pernambucano* (1860).

O catálogo anexo ao livro *Le Socialisme en Belgique*, de 1903, apresentava 766 títulos de livros e brochuras[42] (*Notes Bibliographiques, Travail fait à l'Institut des Sciences Sociales de Bruxelles*, par Paul Deutscher). Nenhum livro importante de Karl Marx! E isso num partido que adotava o marxismo e cujo líder, Cesar de Paepe, havia se correspondido com Marx.

Evidentemente, havia uma razão prática para isso. Embora o marxismo fosse entendido pelos seus seguidores como uma "filosofia da ação", ou seja, a combinação permanente da teoria e da prática política, os partidos da II Internacional estavam mais voltados para questões imediatas. Ainda que a maioria deles (ao menos na Europa continental) fosse adepta explícita das ideias de Marx e dedicasse cursos e publicações à "educação socialista" de seus militantes (o que os belgas chamavam de *extension universitaire* para os operários).

No Brasil não havia "questões imediatas" que se tornassem possibilidades de ação política parlamentar, por isso o socialismo permanece no nível meramente doutrinário com apenas propostas trabalhistas individuais de alguns deputados.

Núcleos Socialistas

Até 1925, quando o Partido Comunista começa a se firmar com uma atuação educativa e militante, através da imprensa e de sindicatos, formaram-se no Brasil aproximadamente sessenta "partidos socialistas". A dispersão organizativa do socialismo brasileiro coincidia com a desarticulação do território nacional.

Nos últimos anos do século XIX surgiram vários círculos socialistas que publicaram jornais, divulgaram alguma literatura do socialismo francês e alemão

---

41. Laurence Hallewell, *O Livro no Brasil*, São Paulo, Edusp, 1985, pp. 174-175.
42. Jules Destrée & Emille Vandervelde, *Le Socialisme en Belgique*, Paris, V. Giard et E. Brière Libraires éditeurs, 1903, pp. 437-485. Primeira edição: 1898.

(incluindo uma tradução francesa do primeiro tomo de *O Capital*)[43]. Um marxista gaúcho, o "mulato Xavier da Costa", conhecia vários títulos de Marx. Embora fosse influenciado por Benoît Malon, podia ler textos da social-democracia alemã, pois havia aprendido o idioma com seus patrões[44]. Mas é o socialismo francês que informa a redação do *Manifesto do Partido Socialista do Rio Grande do Sul* de 1897.

É de 1902 o *Manifesto do Partido Socialista Brasileiro*, publicado em São Paulo[45]. Um manifesto socialista foi publicado no jornal *Onze de Novembro* da cidade de Ponta Grossa (PR) no mesmo ano[46]. Este mesmo jornal indicava uma bibliografia do socialismo científico. Programas socialistas apareciam na imprensa operária. Em 1892, o jornal *A Voz do Povo*, de Curitiba, apresentou uma crítica da ordem burguesa e discutiu a doutrina socialista. No Paraná, outros jornais socialistas tiveram vida efêmera, como o *Primeiro de Maio* (1896), *A Emancipação* (1902). Um programa do Partido Socialista do Paraná, escrito por Hugo Reis, apareceu em 1915[47].

Em 1902 realizou-se em São Paulo o Congresso do PSB. Durou cinco dias e teve a presença de representantes do Pará, Pernambuco, Paraíba, Minas Gerais, Paraná, Rio Grande do Sul, Pernambuco e, sobretudo, São Paulo[48]. No mesmo ano, Paul Löbe escreveu na Alemanha o artigo "Die sozialistische Partei Brasiliens"[49]. Em 1908, o Centro Socialista Paulistano tinha alguma atividade, movida pelo professor italiano Antonio Piccarolo[50], mas era, como os demais socialistas, um grupo reformista, apartado do movimento operário (que, em São Paulo, estava dominado pelos anarquistas), embora houvesse operários socialistas tão perseguidos pela repressão governamental quanto os anarquistas.

Houve várias tentativas de formar núcleos socialistas em diversas cidades, mas eles nunca constituíram um partido *stricto sensu*, até porque sua concepção de partido era mais fluida e não necessariamente corporificada numa única orga-

---

43. Vide Claudio H. M. Batalha, "A Difusão do Marxismo e os Socialistas Brasileiros na Virada do Século XIX", em João Quartim de Moraes (org.), *História do Marxismo no Brasil*, vol. II, Campinas, Unicamp, 1995, pp. 11-44.
44. Benito Bisso Schmidt, *Em Busca da Terra da Promissão*, Porto Alegre, Palmarinca, 2004, p. 288.
45. *O Estado de S. Paulo*, 28 de agosto de 1902.
46. Silva Araújo & Alcina Cardoso, *Militância Operária*, Curitiba, Ed. da UFPR, 1992, p. 47.
47. *O Operário*, n. 1, Curitiba, 1915.
48. Hermínio Linhares, *Contribuição à História das Lutas Operárias*, p. 43.
49. *Die Neue Zeit*, XX, 2, 1902, pp. 524-530, em J. Aricó, *La Hipótesis de Justo*, Buenos Aires, Editorial Sudamericana, 1999, p. 61.
50. Edgard Carone, *A Primeira República (1889–1930)*, São Paulo, Difel, 1973, p. 242.

nização centralizada. Na Argentina desde 1882 já havia um núcleo social-democrata[51]. No Brasil, a Associação Geral dos Trabalhadores de São Paulo mandou uma notícia para o jornal socialista *Vorwärts* (n. 497, 1.8.1896) publicado em alemão na Argentina. Ela era a única organização de base social-democrata ligada à II Internacional. Outras que se haviam formado anteriormente em São Paulo e Santos não eram "puras organizações de trabalhadores, ainda que seus condutores, que pertencem ao estamento burguês instruído, se esforcem com toda a sua vontade em introduzir no povo as ideias do socialismo".

O documento revela bem a situação hostil do país para o desenvolvimento da social-democracia. Curiosamente, depois de definir o estado de São Paulo como um território puramente agrícola, faz um vaticínio errado: "A indústria é insignificante e dificilmente chegará a ter relevância, já que tanto o carvão quanto os metais devem ser importados"[52].

É no ano de 1917 que alguns intelectuais influenciados pela leitura de um resumo de *O Capital*, do *Manifesto Comunista* e de textos de Jaurès, Turati e Bernstein, fundam a União Socialista do Rio de Janeiro. Esta se tornaria o acima citado Partido Socialista do Brasil e se articularia ao Centro Socialista Internacional existente em São Paulo. O PSB existiu até 1919 e tinha trezentos filiados. Em seus quadros estavam o poeta Murilo Araújo, Nestor Peixoto de Oliveira e Isaac Isecksohn, outrora militante da União da Juventude Socialista de Buenos Aires[53].

A maioria dos círculos socialistas sofreu as seguintes consequências:

1. Ficaram quase restritas ao Distrito Federal e estado de São Paulo, então mais aparelhado com instituições de leitura e educação. Os demais ficaram dispersos pelo Brasil, então quase sem vias de comunicação internas.
2. Refletiam ainda assim a ascensão do movimento operário. O movimento era atomizado, mas crescente.
3. Nunca configuraram uma corrente de massas. Logo, o proletariado brasileiro não passou pela experiência da II Internacional, indo diretamente à Terceira.

---

51. José Luís Rubio, *Las Internacionales Obreras en América*, Madrid, 1971, p. 48.
52. Sandra Carreras; Horacio Tarcus & Jessica Zeller (eds.), *Los Socialistas Alemanes y la Formación del Movimiento Obrero Argentino (Antología del Vorwärts, 1896-1901)*, Buenos Aires, Buenos Libros, 2008, p. 341. Outro militante radicado no Paraná, o anarquista italiano Giovanni Rossi, já tinha participado da Associação Internacional dos Trabalhadores, seção de Pisa, na qual propôs uma colônia socialista na Polinésia. No Brasil ele fundaria a Colônia Cecília.
53. Moniz Bandeira, *Trabalhismo e Socialismo no Brasil*, São Paulo, Global, 1985, p. 7.

As iniciativas socialistas brasileiras nasceram dos livros e artigos de jornais e da observação do movimento operário nascente. Raramente do próprio movimento operário. Sem a fusão dos livros com a prática política e sindical, o socialismo brasileiro refletiu a condição dos seus leitores: a classe média e seu comportamento típico, a indecisão política. O que se adaptaria mais tarde a alguns tenentes que não transitariam ao comunismo.

A Questão do Programa

Em publicação de 1911 o socialismo é definido como a "doutrina e movimento tendo em vista a socialização da terra e dos meios de produção (máquinas, matérias-primas, sementes etc.) e de transporte, repartindo-se os produtos segundo as necessidades (comunismo) ou segundo as obras de cada um (coletivismo)"[54].

Os partidos socialistas tendiam a ser moderados e até a se afastar do "perigoso" exemplo da social-democracia alemã. O socialista França e Silva sofrera influência do Partido Socialista Português. Saddock de Sá inspirava-se em Comte, Cousin e Fourier[55], para citar dois exemplos de socialistas brasileiros. Na colônia italiana de São Paulo, Antonio Piccarolo encarnou um socialismo bastante pessoal e singular, mas nos anos de 1920 a receptividade a ideias deste tipo na colônia decaiu em virtude do fascismo[56].

A fragilidade organizativa do socialismo brasileiro revelava-se até pelos nomes de suas organizações. Eram clubes, círculos e grêmios.

O rótulo socialista abrigava desde marxistas mais ou menos conscientes, como o citado médico sergipano, radicado em Santos, Silvério Fontes[57], até positivistas, jacobinos e trabalhistas. O tenente José Vinhaes expressou embrionariamente aquilo que mais tarde advogados como Evaristo de Moraes, Caio Monteiro de Barros, Maurício de Lacerda e Nicanor Nascimento espelhariam (estes dois últimos evoluindo de forma mais radical). Para Vinhaes, a República de 1889 não deveria se identificar com 1789, mas com a República Social[58].

---

54. Hermínio Linhares, *op. cit.*, p. 55.
55. Adalmir Leonidio, "Utopia e Positivismo nos Primórdios do Movimento Operário no Brasil", *Perseu*, n. 4, ano 3, dezembro de 2009, p. 31.
56. Alexandre Hecker, *Um Socialismo Possível*, São Paulo, TAQ, 1988, p. 197.
57. Astrojildo Pereira considerava-o o primeiro marxista brasileiro. Segundo um autor, Silvério Fontes, que viveu até 1928, aderiu no fim da vida ao PCB (Vamireh Chacon, *História das Ideias Socialistas no Brasil*, Fortaleza, Edições UFC, 1981, p. 179).
58. Bóris Fausto, *Trabalho Urbano e Conflito Social*, São Paulo, Difel, 1976, p. 53.

Houve os radicais da República que acalentavam o calão das ruas, mas não ideais socialistas. O *padrão é da indefinição ideológica*, como Joaquim Pimenta, professor de Direito em Recife. Ele pensava em fundar um partido socialista, participou do grupo Clarté[59], mas nunca passou a uma ação prática revolucionária.

A ação legislativa e executiva não permitia a menor sombra de reformismo social. Algumas aproximações foram feitas, nomeadamente com militares. Hermes da Fonseca permitiu que seu filho, o tenente Mário Hermes, eleito deputado pela Bahia, lançasse a ideia oportunista de um Congresso Operário em agosto de 1912. No ano de 1916 a greve dos sargentos teve contato com lideranças de esquerda e houve tenentes que, imbuídos de simpatias socialistas, aninharam sonhos de criar um partido socialista, mas só depois de 1930.

Iniciativas de ação editorial marxista nem podiam prosperar devido à variedade e falta de organicidade dos partidos socialistas radicados no Brasil.

Apesar de sua debilidade derivada das condições intelectuais do Brasil e do atraso da industrialização, o socialismo persistiu por todo o século XX ao lado do comunismo, embora restrito a intelectuais.

Socialismo de Cátedra

Um marxismo de cátedra, como o que vigorou na Europa, foi impossível no Brasil. Nossos primeiros socialistas não usufruíram de uma universidade constituída que pudesse dar amparo material e moral à reflexão socialista. Por outro lado, os partidos brasileiros nunca apresentaram tal condição. O PCB será um veículo importante de apoio à intelectualidade, mas sob dois aspectos que a limitavam: a clandestinidade e a exiguidade de recursos financeiros.

Leônidas de Rezende foi membro do PCB, mas afastou-se depois. Manteve-se marxista. Em 1933 venceu Alceu Amoroso Lima em concurso na Faculdade de Direito do Distrito Federal. Sua obra *A Formação do Capital e seu Desenvolvimento* tinha 539 páginas em grande formato e citava Marx e Comte entre outros autores. Mas a repressão ao levante de 1935 lançou-o à cadeia juntamente com vários outros professores socialistas, como Hermes Lima e Edgardo Castro Rebello.

---

59. Antonio P. M. Rezende, "Aspectos do Movimento Operário em Pernambuco: 1914-1920", *Memória e História*, n. 2, São Paulo, Livraria Editora Ciências Humanas, 1982, p. 56.

Este já era um estudioso do marxismo antes da fundação do PCB. A "Opinião" (texto de Castro Rebello) que Max Fleiuss fez publicar na segunda edição de sua *História Administrativa do Brasil* é uma longa análise materialista da nossa história, dando ênfase ao aspecto econômico e à luta de classes ("exploração do homem pelo homem") como base das variações mentais[60]. Castro Rebello manteve-se socialista. Perseguido pela ditadura de Getúlio Vargas, foi demitido e preso. Rebello também escreveu *A Greve dos Padeiros e a Reação Capitalista* (Rio de Janeiro, Alba, 1930) e *Mauá; Restaurando a Verdade* (Rio de Janeiro, Editorial Universo, 1931). Sobre Mauá outra adepta das ideias da esquerda, Lidia Besouchet só lançará um livro em espanhol em 1940: *Mauá y su Época*.

Alguns tenentes se aproximaram de um vago socialismo, como João Alberto Lins de Barros, cujo pai era socialista e o irmão comunista; Isidoro Dias Lopes, que tinha simpatias pela economia soviética e o general Olinto Mesquita Vasconcelos que, durante a marcha da coluna paulista, doou terras aos índios das barrancas do Paraná concitando-os a "varrer o capitalismo do Brasil"[61].

O ideário tenentista era pequeno-burguês, procurando resolver os dilemas brasileiros através de reforma eleitoral, honestidade, combate à corrupção do governo etc. O tenente Gwyer, celebrizado pela discussão duríssima que teve no Clube Militar em 1922, escreveu uma obra hoje rara que diferenciava muito bem a revolta e a revolução e se comprometia com uma posição de esquerda, mas sem nenhuma definição ideológica mais precisa[62]. Juarez Távora era um católico, leitor de Alberto Torres.

Siqueira Campos era leitor voraz e sempre lia nas marchas da Coluna Prestes. Juarez Távora narra que ele lhe emprestou vários livros, um deles *A Divina Comédia*. É verdade que João Alberto também gostava de livros. Foi acusado de roubar de um advogado governista 21 volumes da *História Universal* de Cesare Cantù.

Em carta de ataque a João Francisco, que teria vilipendiado o general Isidoro Dias Lopes, o tenente Cabanas escreve longamente sobre operações militares e intrigas políticas, mas, nas raras oportunidades em que se refere a ideias gerais, o único elemento que transparece é o patriotismo e até mesmo o

---

60. Max Fleiuss, *História Administrativa do Brasil*, 2. ed., São Paulo, Companhia Melhoramentos, 1923, p. XIX.
61. Moniz Bandeira, *Trabalhismo e Socialismo no Brasil*, p. 10.
62. A. Gwyer de Azevedo, *Os Militares e a Política*, 2. ed., Barcelos (Portugal), Companhia Editora do Minho (Biblioteca da Grande Revolução Brasileira), 1926, p. 30.

reconhecimento de que caberia aos revolucionários, uma vez vitoriosos, transmitir o poder a pessoas honradas e preparadas[63].

Virgínio Santa Rosa mostra com narrativa cristalina o quanto era infantil a pretensão tenentista, pois "não pode haver ação administrativa sem [...] o esteio de forças partidárias". Desorientados, os tenentes se dividiriam irremediavelmente. Alguns atraídos pela encenação de um "semifascismo ridículo e pitoresco" das Legiões Revolucionárias. "A robustez do organismo econômico do sul do país e o senso de ridículo que caracteriza o povo brasileiro não suportaram essas transformações grotescas e realmente impagáveis"[64].

Depois da Revolução de 1930 os tenentes tentarão formar partidos socialistas como maneira de criar um grupo de pressão e opinião sobre o governo Vargas, mas sem sucesso. O general Miguel Costa tentará fundir seus ideais ao movimento operário. Mas isto o levaria à ANL – Aliança Nacional Libertadora de Luís Carlos Prestes. Mas Costa, apesar de seu idealismo e de sua louvável disposição ao sacrifício pessoal, nada tinha de leitor radical porque era um homem estritamente religioso[65] e moralista, especialmente depois de dizer-se inúmeras vezes traído pela primeira mulher. Mais tarde ele aderiu ao espiritismo[66].

O general Waldomiro Lima, chefe da ocupação militar de São Paulo em 1932, tentou criar um Partido Socialista Paulista como contrapeso ao Partido Constitucionalista. O PCB reagiu a isto. Em 1932 Caio Prado Júnior foi acusado pelo Comitê Regional de São Paulo (CR-SP) do PCB de fazer um jornal burguês em conluio com trotskistas[67]. Mas ele queria na verdade montar um jornal contra O Radical, órgão jornalístico da "demagogia dos tenentes" e que em São Paulo tinha tiragem de sete mil exemplares[68].

A Legião Revolucionária de São Paulo defendia o ensino superior, o interventor Waldomiro dizia-se bater pela escola secundária democrática, o Partido Socialista Radical do Maranhão defendia o amor livre, mas ratificado pelo Estado Socialista e a Legião de Outubro propugnava a publicação de livros sobre os problemas brasileiros[69]; a Bandeira dos Dezoito, grupo de tenentes

---

63. Carta de João Cabanas, 27 de junho de 1925. Arquivo do Estado de São Paulo.
64. Virgínio Santa Rosa, *O Sentido do Tenentismo*, Rio de Janeiro, Schmidt, 1933.
65. Carta de Miguel Costa a Jaime Costa Sobrinho, Paso de los Libres, 15 de maio de 1927. Miguel Costa ao filho, Paso de los Libres, 15 de outubro de 1927.
66. Yuri A. Costa, *Miguel Costa: Um Herói Brasileiro,* São Paulo, Imprensa Oficial, 2010.
67. Carta de Caio Prado Júnior, São Paulo, 19 de dezembro de 1932, IEB-USP.
68. Carta de Caio Prado Júnior ao CR do PCB, 30 de novembro de 1932.
69. Edgard Carone, *O Tenentismo*, São Paulo, 1975, pp. 431-498.

dissidentes da Legião Cívica 5 de Julho, propôs-se a criar uma biblioteca e sala de jornais[70]. O PSB (SP) teve até um bibliotecário: Hildeberto Queiroz, futuro dirigente sindical dos ferroviários paulistas[71].

A Legião Cívica 5 de Julho tinha 53,45% de operários na sua base filiada em 1933 e 1934[72]. Mas era uma agremiação de operários dirigidos pela pequena-burguesia, algo típico de outras agremiações de esquerda na história brasileira. Todavia, a falta de compromisso com a liberdade sindical interditava a passagem de operários aos quadros dirigentes locais ou regionais. Seus quadros eram pessoas que já dispunham de influência nos municípios. No caso do PSB paulista o que contava era o apoio que o interventor Waldomiro Lima dava e que garantia aos que ingressavam na organização o acesso ao poder estadual.

Entre os imigrantes italianos, o campo socialista enfrentou divergências onde o deputado Francesco Frola e o teórico socialista Antonio Piccarolo debatiam aliar-se ou não aos comunistas. As defesas públicas de comunistas italianos encarcerados começaram a aparecer no *La Difesa*, quando Frola passou a dirigir o jornal, particularmente a partir de 1928[73]. Foi neste jornal que apareceu uma das primeiras alusões a Gramsci no Brasil[74]. Um ano depois, na edição dominical, o nome de Gramsci reapareceu, numa informação sobre a condenação de comunistas pelo tribunal. Os comunistas, por sua vez, consideravam os socialistas juntamente com os dirigentes dos sindicatos amarelos simples agentes da burguesia, como dizia o líder sindical comunista Joaquim Barbosa em 1926[75].

De toda maneira, os socialistas curtiram a solidão política daqueles que queriam defender os de baixo sem confrontar os de cima: um socialismo socialmente indeciso.

O Anarquismo

É difícil dar um sentido ao anarquismo ou mesmo um denominador comum de suas várias correntes no Brasil. Em geral, os anarcocomunistas e anarcossindicalistas eram contra o patronato, o regime assalariado, o partido,

---

70. Adalberto Araújo Neto, *O Socialismo Tenentista*, São Paulo, USP, tese de doutorado, 2012, p. 102.
71. *Idem*, p. 146.
72. *Idem*, p. 85.
73. João F. Bertonha, *O Antifascismo Socialista Italiano em São Paulo nos Anos 20 e 30*, Campinas, Unicamp, dissertação de mestrado, 1993, capítulo 4.
74. *La Difesa*, São Paulo, 24 de julho de 1927. Também na edição de 16 de junho de 1928.
75. Joaquim Barbosa, *A Organisação Operaria*, Rio de Janeiro, Edição da Cellula IR, 1926, p. 13.

o Estado, o banco, o patriotismo, o militarismo, a ação eleitoral e o matrimônio legal. E se punham a favor do comunismo, do livre exame (liberdade de consciência), e do amor livre definido como a "união de dois seres cujo consentimento é recíproco".

A anarquia era definida como "a ausência de violência nas relações sociais" e os anarquistas seriam evolucionistas e revolucionários ao mesmo tempo. Isto se explica porque a lentidão da evolução social é causada pela resistência de um sistema opressivo que deseja se manter a qualquer custo. Ora, isto é uma ruptura do equilíbrio natural e gera movimentos bruscos em sentido contrário: as revoluções[76].

Quem eram eles? Everardo Dias nos deixou um comovente relato:

> Esses militantes foram os verdadeiros heróis dessa primeira etapa, aqueles que tudo deram pela causa da emancipação do trabalhador nacional e cujos esforços se tornaram anônimos, pois com exceção de alguns, bem poucos por certo, os nomes desses denodados lutadores estão totalmente esquecidos na história das nossas lutas. E, no entanto, de que fibra, de que abnegação deram prova esses companheiros! [...] Quem não se lembra com saudade de Pedro Matera, Mota Assunção, Carlos Dias, Antônio Campos, Florentino de Carvalho, Elias P. da Silva, Augusto Leal, Eladio Antunha, Manuel Perdigão, João da Costa Pimenta e tantos mais...[77]

Ubi sunt? – diria Manuel Bandeira...

No Brasil ao longo de sua história houve inúmeros periódicos anarquistas que mantiveram a chama da luta editorial libertária.

Uma pesquisa na biblioteca do colecionador Edgard Carone mostra que, a exemplo de outras tradições radicais exteriores às vertentes teóricas do socialismo real (como trotskismo e "luxemburguismo"), as obras anarquistas tiveram um declínio no Brasil a partir da fundação do PCB e, especialmente, durante a hegemonia teórica do bolchevismo (1930-1960).

Os anarquistas editaram o jornal *A Voz do Trabalhador* (1908-1909 e 1913--1915)[78], onde apareciam as discussões educacionais, feministas etc., mas eles dedicavam menos tempo à análise e produção teóricas, o que era compreensível, pois essa produção sempre se retraía nos momentos de ação concreta (como as greves)[79] – os anarquistas tinham mais responsabilidades organizacionais e diri-

---

76. Jorge Thonar, *O Que Querem os Anarquistas*, 2. ed., Rio de Janeiro, Jerminal, 1918.
77. Everardo Dias, *História das Lutas Sociais no Brasil*, p. 49.
78. A coleção foi publicada pela Editora Brasiliense nos anos de 1980.
79. Maria Nazareth Ferreira, *A Imprensa Operária no Brasil (1880-1920)*, Petrópolis, Vozes, 1978, p. 108.

gentes do que os socialistas, pois lideravam inúmeros sindicatos de resistência, além da Confederação Operária Brasileira.

Antes dos comunistas, os anarquistas desenvolveram espaços de convivência nos salões das Classes Laboriosas e sindicatos onde faziam suas palestras e apresentação de teatro. As festas eram de extrema importância, assim como os piqueniques nos arredores da cidade. As colônias livres (utópicas) eram experiências que já remontavam ao século XIX, como vimos. É assim que o anarquista alemão Kniestedt chega ao Brasil em 1908 depois de militar na Alemanha. Junto ao rio Ivaí espera encontrar uma colônia de vegetarianos nudistas e ácratas. Mas pouco restava do assentamento. Permanece por lá vivendo no meio do mato[80].

Escola

A educação anarquista de crianças foi iniciativa única em nossa história de emancipação social e cultural. O anarquista Fábio Luz (1864-1938) esteve ligado à ideia de uma Universidade Popular. João Penteado, paulista de Jaú, foi professor e idealizador de duas escolas modernas em São Paulo nas ruas Celso Garcia (1909) e Cotegipe (em 1912). Florentino de Carvalho e Adelino de Pinho, autores anarquistas, foram também professores. Florentino, mais tarde, se destacará como o único autor de uma história popular e crítica do levante paulista de 1932.

O mais marcante numa escola moderna anarquista era a convivência de ricos e pobres. O currículo era idêntico a outras escolas, mas acrescido de trabalho, aulas ao ar livre, saídas na direção do rio Tietê, pensamento crítico, educação sexual básica e datilografia.

Os socialistas europeus também se interessaram por literatura socialista voltada às crianças! Mas entre os comunistas brasileiros nada assim foi realizado. O exemplo daqueles abnegados da pedagogia libertária não teve prosseguimento.

Evolução Política

No anarquismo europeu predominava até 1914 a posição de que seus membros deveriam ser revolucionários e antimilitaristas, sem a necessidade de compromisso doutrinário com o anarquismo e a ação insurrecional. Obviamente

---

80. Frederico D. Bartz, *O Horizonte Vermelho*, Porto Alegre, 2008. Agradeço a Carlos Quadros pelo envio desta tese.

que as ações de sindicalistas, vegetarianos, nudistas e adeptos da revolta individual eram reconhecidos segundo o temperamento de cada um, conforme o Congresso Anarquista de 1909. Mas o sindicalismo devia se apoiar somente na ação direta revolucionária. O terreno comum de todas as manifestações anarquistas naquele momento era o antiparlamentarismo[81]. Ao contrário dos socialistas, os anarquistas pertenciam a uma esquerda social. No Brasil, passariam apenas molecularmente a uma esquerda comunista, através da adesão pulverizada de muitos de seus propagandistas ao comunismo.

Durante a guerra europeia há um aumento de greves na cidade do Rio de Janeiro. Registram-se três greves em 1916; treze em 1917; 29 em 1918; 22 em 1919; e 26 em 1920. A partir de 1921 o número de greves decai até 1927[82]. Por isso afirmou-se a "incapacidade teórica e política da direção anarquista"... Mas foi assim?

As novas condições do Estado brasileiro e dos sindicatos oficiais deixavam as correntes anarquistas desaparelhadas para a nova situação e nesse estrito sentido o comunismo estava um passo além. Os sindicatos oficiais interessavam mais à classe operária do que a simples resistência que não alcançava direitos permanentes reconhecidos em lei. As eleições, as táticas de alianças de classes, a organização de massas e a agitação e propaganda para setores sociais mais amplos eram tarefas que os comunistas desempenhariam e os anarquistas não.

O anarquismo sofreu perdas de militantes com a fundação do PCB e reagiu através de folhetos[83] e jornais. Também foi colhido pelas malhas do estado de sítio (1922-1926). A retomada se deu lentamente e garantiu a preeminência de seus adeptos em muitos sindicatos. Em São Paulo eram vidreiros, chapeleiros, pedreiros, padeiros, motoristas, gráficos e até metalúrgicos. O ideal libertário permaneceu vivo e forte no seio da "vanguarda" técnica e econômica da classe operária no Brasil, vinculada principalmente ao setor têxtil e de alimentos, concentrada em São Paulo.

Embora isso pareça contrariar os fatos, pode-se dizer que o anarquismo se manteve importante até o advento da Aliança Nacional Libertadora (ANL),

---

81. Paulo Emilio Salles Gomes, *Vigo, Vulgo Almereyda*, São Paulo, Edusp/Companhia das Letras, 1991, p. 60.
82. Marcelo Badaró Mattos, *Novos e Velhos Sindicalismos no Rio de Janeiro (1955-1988)*, Rio de Janeiro, Vício de Leitura, 1998. Para greves paulistas, vide Silvia Moreira, *São Paulo na Primeira República*, São Paulo, Brasiliense, 1988.
83. *Refutando as Afirmações Mentirosas do Grupo Communista*, Rio de Janeiro, União dos Operários na Construção Civil, 1922.

a primeira organização de massas da esquerda brasileira. A reconstituição da memória do PCB dos anos 1920 foi feita tendo em vista seu momento de influência prestista em 1935 ou o partido de massas que ele viria a ser em 1945. Há que se considerar, entretanto, que o primeiro PCB dos anos 1920 tinha uma preocupação central: atacar o anarquismo, o que mostra não só a sobrevivência do mesmo como a incidência do ideal libertário nas fileiras comunistas. Para os comunistas, os libertários eram "aristocratas e autocratas" por quererem sindicatos puramente anarquistas. Seriam também "divisionistas, fracionistas, tendencionistas" (ou seja, só admitiam a organização sindical com base em princípios libertários)![84]

Nos anos 1930 os anarquistas mantiveram atividades culturais mais significativas do que os comunistas. O seu teatro e as escolas libertárias estavam muito além das ações do PCB. Edgar Rodrigues listou quinze escolas anarquistas entre 1922 e 1947 e vários grupos teatrais. Apareceram 232 jornais anarquistas. Será na ação editorial que o PCB chegará muito além dos anarquistas, algo que denota a importância da teoria marxista e seu aspecto doutrinador. Vinte e dois editores anarquistas lançaram setenta títulos no período assinalado[85]. Os textos impressos anarquistas mais marcantes foram as peças teatrais publicadas na coleção Bibliotheca Dramática Popular (Livraria Teixeira) e os romances sociais de Fábio Luz, Curvelo de Mendonça, Saturnino Brito, Avelino Foscolo[86] e Rocha Pombo (mais tarde estabelecido como um historiador tradicional).

Havia quase uma centena de sindicatos anarquistas no Brasil no período 1927-1937 e, certamente, havia mais de cem núcleos anarquistas no período[87]. Depois de 1935 os anarquistas perderam qualquer influência nos meios sindicais. Concorrem para isto: a repressão à esquerda depois do levante comunista de novembro de 1935 e a consolidação de um modelo sindical atrelado ao Estado que trazia vantagens aos seus associados. Para os anarcossindicalistas "o sindicato é associação operária de resistência sobre o terreno econômico"[88].

As correntes libertárias talvez estivessem menos aparelhadas numa fase em que predominaria a ideia (mesmo no movimento operário, a partir da noção

---

84. *A Nação*, 6 de maio de 1927.
85. Edgar Rodrigues, *Novos Rumos. Pesquisa Social 1922–1946*, Rio de Janeiro, Mundo Livre, s. d.
86. F. Foot & V. Leonardi, *História da Indústria e do Trabalho no Brasil*, São Paulo, Global, 1982, p. 325.
87. Vide Raquel de Azevedo, *A Resistência Anarquista*, São Paulo, Imesp, 2002.
88. Jorge Thonar, *op. cit.*, p. 12.

de vanguarda) de que "a realização de um grande ideal nunca é obra coletiva da massa, mas sim de uma elite, de um grupo, de uma classe, que com ele se identifica, que por ele peleja"[89]. A frase não era de um comunista, mas de Azevedo Amaral (1881-1942), ideólogo do Estado Novo.

---

89. Daniel Pécaut, *Os Intelectuais e a Política no Brasil,* São Paulo, Ática, 1990, p. 29.

Capítulo 2
Sob o Komintern

O operário é antes de mais nada um autodidata, ele aprende ouvindo seu companheiro discursar ou escutando-o ler.

EDGARD CARONE[1]

Os primeiros grupos comunistas ainda não estavam bolchevizados.

A Internacional Comunista (IC)[2], fundada em março de 1919, é que irradia a influência da Revolução Russa pelo mundo. Outrossim, toda a ação que visava importar, recriar ou traduzir os ideais de outubro de 1917 no Brasil, mesmo quando malogrados ou "desviantes" dos princípios do Komintern, estiveram sob sua influência direta ou indireta.

Quando Astrojildo Pereira leu os estatutos do PC argentino, a fim de adaptá-los ao Brasil, ele não seguia ordens emanadas de Moscou. Mas obviamente se esforçava para adaptar a nova organização às 21 condições de ingresso no Komintern[3]. Mesmo porque o próprio Komintern ainda não estava bolchevizado.

O Komintern era um organismo complexo com várias seções de apoio como: socorro vermelho, secretariado feminino, internacional sindical vermelha etc. Sua estrutura se baseava nos Congressos, Plenos, *Presidium* e Departamentos. Embora nomes mais famosos tenham composto formalmente sua direção (Zinoviev, Bukharin, Togliatti, Prestes, La Pasionaria etc.), os quadros principais que permaneceram mais tempo eram de países com pequenos

---

1. Edgard Carone, *O Movimento Operário no Brasil*, São Paulo, Difel, 1979, p. 12.
2. IC, Komintern e III Internacional são sinônimos.
3. Edgard Carone, "A Internacional Comunista e as 21 Condições", em http://www.artnet.com.br/gramsci/arquiv247.htm.

partidos comunistas: Kuusinen (finlandês); Piatnitski (judeu lituano); Rákosi (húngaro); Humbert Droz (suíço).

Movimento de Leituras

A difícil circulação de livros igualitários entre nós também se deveu à insegurança das classes dominantes, pois a classe operária trazia ideais avançados que repercutiam nos jornais e no teatro operário, posto que as livrarias permanecessem o *locus* de encontros da classe média e as edições de livros dependiam do trabalho esporádico de tipógrafos militantes ou eram encomendadas pelo autor. O depoimento de Everardo Dias mostra as condições em que as ideias socialistas tinham que sobreviver:

> A vida agitada do autor, as inesperadas e constantes buscas policiais, os sustos da família, escondendo tudo atropeladamente [...] causaram enormes danos... Nas catacumbas onde eram escondidos livros e papéis, havia igualmente inimigos terríveis e insidiosos, que à socapa esperavam tais guardados, sem arrumação e cuidado: os ratos, as baratas, os cupins, as traças... Livros ficaram rendados e com a lombada imprestável[4].

Os de cima não podiam tolerar um adversário com liberdade editorial, o que fica patente quando o PCB cria suas edições. Mas o primeiro comunismo é também um anarquismo tardio, no estrito sentido de que os seus dirigentes são todos de origem libertária e carregam consigo aquela formação. Mesmo quando se esforçam interior e exteriormente para expurgar desvios e romper com antigos companheiros (caso de Astrojildo Pereira), isto evidencia a persistência de um aprendizado político. Ou quando os primeiros dirigentes, impossibilitados de aceitar uma disciplina hierárquica férrea, são expulsos.

Pode-se dizer que o PCB torna-se *comunista* ou *bolchevista* num período que vai de 1925, quando já aceito (1924) pelo Komintern, realiza seu II Congresso e difunde ampla literatura para suas possibilidades, até 1930, quando seus primeiros dirigentes anarquistas são definitivamente excluídos do partido.

O PCB foi fusão das seguintes organizações em grande medida ainda libertárias: Liga Comunista de Livramento (1918), fundada por Santos Soares; Centro Comunista (Passo Fundo – RS); União Maximalista (Porto Alegre –

---

4. Everardo Dias, *op. cit.*, p. 315.

RS), fundada pelo sírio Abílio de Nequete em 1918[5], que distribui a literatura socialista proveniente do Uruguai e Argentina; União Operária 1º de Maio (Cruzeiro – SP), fundada pelo eletricista Hermogêneo Silva, em 1917; Círculo de Estudos Marxistas (Recife, 1919), de Rodolfo Coutinho; Grupo Comunista Brasileiro Zumbi (RJ, 1919), dirigido por Afonso Schmidt; Grupo Comunista (RJ, 1921)[6]. Este grupo surge de uma ala do grupo Clarté (RJ, 1920). Os livros de Henri Barbusse circulavam no Brasil e mais tarde o autor ingressou no Partido Comunista Francês. Barbusse foi um idelizador do grupo Clarté.

Assim, o PCB foi fundado com base em grupos situados no Rio de Janeiro, São Paulo, Pernambuco e Rio Grande do Sul e tinha 123 aderentes (73 formalizaram sua entrada). Embora fosse um diminuto partido, era organizado. Para uma comparação com uma ideologia burguesa de influência maior e estabelecida há alguns decênios, em 1912 havia 154 pessoas filiadas ao positivismo e outras 163 que poderíamos classificar como simpatizantes. É que a hegemonia da burguesia brasileira se assentava na passividade e não na organização de adeptos. Qualquer organização perene pode ser demais para seu domínio, como demonstra a decisão do Estado Novo em dissolver o integralismo.

Os primeiros autores comunistas vieram a lume em jornais (como num resumo das teses de abril de Lenin)[7]. Outros artigos dele apareceram em 1919 no semanário *Spartacus*[8], acompanhados de um de Trotski e surgiram outros de Clara Zetkin e Máximo Górki[9]. O alemão radicado no sul do Brasil, Kniestedt, deu uma palestra sobre a Revolução Russa e a Alemã em abril de 1919 e admirou o martírio de Rosa Luxemburgo e Karl Liebknecht[10].

A Hora Social, órgão da Federação das Classes Trabalhadoras de Pernambuco, publicou em novembro de 1919 o texto da primeira Constituição Soviética. O semanário em língua italiana *Alba Rossa*, de São Paulo, reproduziu em sua edição de 1º de março de 1919, um artigo de Lenin sobre a Paz de Brest

---

5. Em Pelotas há uma tentativa frustrada de Abílio de Nequete de unir operários e soldados em dezembro de 1917 (Frederico D. Bartz, *O Horizonte Vermelho*).
6. Edgard Carone, *A República Velha. Instituições e Classes Sociais*, São Paulo, Difel, 1975.
7. *O Imparcial*, Rio de Janeiro, 5 de maio de 1917. Apud Moniz Bandeira, *O Ano Vermelho*, São Paulo, Brasiliense, 1980, p. 79.
8. Lênin, "Carta aos Trabalhadores Americanos", *Spartacus*, n. 1, Rio de Janeiro, agosto de 1919. Mais tarde saiu: "A Democracia Burguesa e a Democracia Proletária", também de Lenin.
9. Apud J. A. Segatto, "A Revolução Russa e a Fundação da Seção Brasileira da IC", em Osvaldo Coggiola (org.), *A Revolução de Outubro sob o Olhar da História*, São Paulo, Scritta, 1997, p. 184.
10. Frederico D. Bartz, *op. cit.*

Litovski. *Vanguarda*, diário do povo trabalhador, também de São Paulo, publicou em 11 de março de 1921 um discurso de Clara Zetkin e mais de um artigo de Losovski em números subsequentes[11].

A mudança geracional é marcante. Um dicionário de socialismo publicado na França em 1911 trazia os nomes de Jaurès, Guesde, Wilhelm Liebknecht, Bebel, mas não Lênin ou Rosa Luxemburgo[12]. A primeira referência ao nome de Rosa Luxemburgo no jornal *O Estado de S. Paulo* é de 2 de abril de 1914. Lênin em 23 de novembro de 1917; Trótski em 14 de novembro de 1917; Stálin em 7 de novembro de 1925.

A produção nacional era incipiente e artesanal. O tipógrafo Antônio Bernardo Canellas, por exemplo, imprimiu seus primeiros folhetos no Recife e manteve distribuição em alguns estados. As obras eram: *Como se Deve Educar* (1$000) e *A Colmeia* ($300), ambos de Sébastien Faure. De autoria do próprio Canellas temos: *Relatório de Viagem à Europa* (1$000); *O Primeiro de Maio* ($200), *O Que Querem os Operários*; *Uma Obra Necessária*; *A Escola de que Precisamos*; *O Início de uma Propaganda*; *A Organização Operária*. Estes últimos por $500.

As brochuras de Canellas eram distribuídas em sindicatos de Natal, Paraíba do Norte, Recife (União Geral da Construção, na rua da Praia, e Papelaria Modelo), Maceió (Livraria Fonseca), Salvador (Redação de *Germinal*) e Rio de Janeiro (redação de *A Voz do Povo*). "Pedidos pelo correio deveriam ser feitos ao camarada Rosalvo Guedes", em Maceió.

Os anarquistas mantêm uma gráfica popular em São Paulo em 1920. É a partir dela que o Centro Editor "Jovem do Futuro" distribui 22 livros sob responsabilidade de Cecílio Martins. O preço médio dos folhetos é $300 e de livros maiores acima de 1$500. Um livro de Kropotkin sobre "A Grande Revolução" chega a 4$500. Em março de 1920 um agente ferroviário da Leopoldina (RJ) ganhava um salário mensal em torno de 120$000 a 180$000; um telegrafista entre 90$000 e 150$000 e um maquinista 6$000 por dia.

A partir de 1920 já havia livros de intenções comunistas de Octávio Brandão, Antônio Bernardo Canellas, Everardo Dias, Afonso Schmidt, Hélio Negro, Edgard Leuenroth e Cristiano Cordeiro. O livro deste, *Doutrina Contra*

---

11. Astrojildo Pereira, "Lutas Operárias que Antecederam a Fundação do Partido Comunista do Brasil", *Problemas*, n. 39, mar.-abr. 1952.
12. Ch. Vérecque, *Dictionnaire du Socialisme*, Paris, M. Giard & E. Brière, 1911.

Doutrina, teve tiragem de três mil exemplares. De modo geral, as edições são financiadas por seus respectivos autores.

Mas o tipógrafo Canellas não era uma figura comum. Ele teve experiência de militância na França antes de ingressar no movimento comunista. E foi o responsável pela recusa do reconhecimento do PCB pelo Komintern no IV Congresso (1922). Os comunistas brasileiros foram aceitos apenas como simpatizantes. É que o delegado brasileiro teve comportamento reprovado pelos dirigentes russos, discutindo até mesmo com Trótski que o chamou de "phenomène de l'Amérique du Sud". Canellas defendeu a presença dos maçons no PCB.

De volta ao Brasil, Canellas em 1923 escreveu um relatório de sua participação em português e francês. Fez provavelmente a primeira menção ao nome de Gramsci no Brasil! Preso, o relatório foi confiscado pela polícia. Quando solto, refez o mesmo e o publicou, contrariando a ideia do partido em manter as discussões em segredo. Acabou expulso, mas manteve até o fim uma atividade militante como tipógrafo, jornalista e editor do jornal *O 5 de Julho*. Escreveu panfletos como *1º de Maio*; *Os Martyres de Chicago: Alberto Parson e os seus Companheiros*; *Os Martyres da Revolução Alemã: Karl Liebknecht e Rosa Luxemburgo*.

No V Congresso do Komintern, o PCB foi representado por Astrojildo Pereira e foi aceito como membro permanente. A obra *Processo de um Traidor (O Caso do ex-Comunista Canellas)* foi publicada em 1924 pela Tipografia Lincoln no Rio de Janeiro e vendida por 1$000. Com citações de Engels (*Anti-Dühring*) e vários autores marxistas, o autor anônimo (Astrojildo Pereira) acusa Canellas de ser *graphomaniaco*: um homem que nada lê e muito escreve. Na verdade a acusação derivava de dissensões políticas internas e do fato de que ele ousava "interpretar" o marxismo[13].

O mesmo ocorrerá mais tarde com Octávio Brandão. Seu livro *Agrarismo e Industrialismo*, publicado sob o pseudônimo de Fritz Mayer, em 1926, teorizou a luta do imperialismo ianque contra o britânico e a revolução da aliança pequeno-burguesa e operária. No III Congresso do Partido tais ideias ainda

---

13. Antônio Bernardo Canellas, *Relatório da Delegacia à Rússia*, Rio de Janeiro, 1923. Publicado novamente em M. Vinhas, *O Partidão: A Luta por um Partido de Massas (1922-1974)*, São Paulo, Hucitec, 1982, pp. 18-65. Para uma interpretação de Canellas: M. Zaidan Filho, *PCB (1922-1929)*, São Paulo, Global, 1985, pp. 53-98; Edgard Carone, "Uma Polêmica nos Primórdios do PCB: O Incidente Canellas e Astrojildo", *Memória e História*, n. 1, São Paulo, 1981; Iza Salles, *Um Cadáver ao Sol: A História do Operário Brasileiro que Desafiou Moscou e o PCB*, Rio de Janeiro, Ediouro, 2005, pp. 113-169.

eram influentes, porém mais tarde Brandão caiu em desgraça e nunca mais teve qualquer papel relevante no partido. Fixou-se depois na União Soviética por muitos anos e dele temos uma ideia a partir das memórias de um comunista espanhol que o conheceu em Moscou[14].

O barbeiro Abílio de Nequete, primeiro secretário-geral do PCB, também interpretou Marx de maneira peculiar[15]. Foi expulso por ter feito acusações de malversação de recursos do partido, por derrotismo, tentativa de "superioridade doutrinária" e por traição[16]. Mais tarde criou uma teoria própria e criticou as falhas de Marx[17] em obra publicada pela Livraria do Globo em Porto Alegre. Tornou-se pioneiro da doutrina tecnocrática com o apoio do padre Landell de Moura, inventor do rádio[18].

Contra os desvios, o partido desde cedo adotou seus órgãos doutrinários. O primeiro foi a revista mensal (depois quinzenal) *Movimento Comunista*. Ela apareceu em janeiro de 1921 e teve 24 números com tiragem média de 1 800 exemplares. Foram 36 mil exemplares produzidos. Os assinantes estavam distribuídos em Rio de Janeiro, Niterói, Recife, São Paulo, Santos, Cubatão e Porto Alegre. Havia 1 200 vendas avulsas a $300 por exemplar. As assinaturas saíam por 5$000 (seis meses) e 10$000 (um ano). Eram pagas antecipadamente, incluíam gastos postais e um extra que mais tarde se chamaria na esquerda "assinatura solidária". O movimento financeiro dos treze primeiros números atingiu a soma de 5 874$150 com um lucro de 340$000[19].

De toda maneira a Internacional Comunista já sugeria que a revista fosse substituída por um jornal semanal ou que saísse duas vezes por semana, dotado de uma linguagem compreensível aos operários[20]. As dificuldades de circulação eram muitas: o dinheiro dos assinantes era confiscado nos cor-

14. E. Castro Delgado, *O Komintern Sem Máscara*, s. l. p., Tribuna da Imprensa, 1952.
15. Frederico D. Bartz, "Abílio de Nequete: Os Múltiplos Caminhos de uma Militância Operária (1888--1960)", *História Social*, n. 14-15, 2008, Campinas, Unicamp.
16. Partido Communista do Brazil, *Centro* n. 4 de Porto Alegre, 1923. A maioria das fontes citadas aqui pertence à coleção de documentos sobre o Brasil da Internacional Comunista depositada no Arquivo Edgard Leuenroth (Unicamp).
17. Abílio de Nequete, *Tecnocracia ou 5º Estado*, Porto Alegre/Barcellos, Livraria do Globo/Bertaso & Cia., 1926.
18. Edson Nequete, *Herança e Luta de Abílio de Nequete,* Porto Alegre, Martins Livreiro e Editor, 2008, p. 97. Sobre Landell: Francisco de Assis Queiroz, *A Revolução Microeletrônica: Pioneirismos Brasileiros e Utopias Tecnotrônicas*, São Paulo, Annablume, 2007.
19. Camila Alvarez Djuvovic, *A Revista Movimento Comunista*, USP, relatório de Iniciação Científica, 2013.
20. Carta de Canellas ao Comitê Directeur du PC Bresilien, 1º de julho de 1923.

reios, o PCB não tinha uma boa impressora e as tipografias maiores recusavam suas encomendas[21].

Em 1923 a tipografia de *Movimento Comunista* localizada no Méier (Rio de Janeiro) foi invadida pela polícia e a revista, proibida[22]. O militante Abílio de Nequete relata que a primeira tipografia do partido faliu e aproveita para dizer que membros do PC no Rio de Janeiro sumiram com o dinheiro que ele trouxera de Porto Alegre para os "famintos do Volga". Parece que o partido teve que ceder os tipos, caixas etc., para pagar dívidas.

Outras publicações não vingaram, como *Era Nova*, publicada em Santos, dois números; *O Communista*, Recife, três números; e *A Chama*, Porto Alegre, um número[23]. Houve depois mais jornais locais. *O Solidário* teve tiragem de seis mil exemplares[24]. A *Correspondência Sudamericana* vendeu 120 exemplares[25], mas já no fim dos anos de 1920.

A oficialização do PCB junto ao Komintern se deu quando a estrutura organizativa dos PCs começava a se modificar. A partir do V Congresso Mundial do Komintern (1924) a base dos partidos passou a ser de células nos locais de produção e não mais as seções por bairros (como acontecia nos partidos socialistas). Uma célula podia ter nove membros. Na ausência deste número um grupo de propaganda podia funcionar com três pessoas.

A edição de livros era tarefa essencial do Komintern. Inicialmente os livros comunistas eram editados pelo "pequeno burô", órgão do Comitê Executivo da Internacional Comunista (CEIC). Os livros saíam em vários idiomas. Depois a publicação de livros passou ao OMS, sigla russa do Departamento de Comunicação Internacional, dirigida por Osip Piatnitski de 1921 até o fim desta estrutura em 1935. É que este órgão em verdade respondia por toda a correspondência internacional e pelo trabalho clandestino, comunicação cifrada, financiamento de partidos comunistas etc.[26]

---

21. Canellas au CE de L'Internationale, 3 de junho de 1923, AEL-Unicamp. Todos os manuscritos citados a seguir pertecem ao arquivo Edgard Leuenroth-Unicamp.
22. Apolinário Rebelo, *Jornal A Classe Operária*, São Paulo, Anita Garibaldi, 2003, p. 35.
23. PCB, SBIC, Relatório Geral sobre as condições econômicas, políticas e sociais do Brasil e sobre a situação do PC Brasileiro, carta recebida em Moscou a 16 de janeiro de 1924.
24. Astrojildo Pereira ao camarada VC, 21 de agosto de 1926.
25. Astrojildo Pereira a Codovilla, Rio de Janeiro, 2 de agosto de 1926.
26. O. Ulianova & A. Riquelme Segovia, *Chile en los Archivos Soviéticos. 1922-1991*, t. 1, Santiago, Ediccciones de La Dirección de Archivos y Museos, 2005, p. 23.

Piatnitski era o pseudônimo de Iosif Aranovitch Tarshis. Entre seus codinomes: Michail, Sonntag e Freitag. Nasceu na Lituânia em 1882. Ingressou no Partido Operário Social-Democrata Russo na fundação em 1898. Entre inúmeros cargos, foi dirigente do OMS e, depois, membro do Comitê Central do PCUS. No Pleno de 1937 criticou o Comissário do Povo para Assuntos Interiores, Yezhov. No ano seguinte foi condenado à morte como agente provocador[27]. A morte ou expulsão foi o destino comum de boa parte da geração que em vários países ergueu o Komintern. E isto vale para os brasileiros.

De toda maneira, os primeiros livros produzidos em Moscou não eram em português (mais tarde a Editora Progresso produziria na URSS livros já traduzidos para o português). Os brasileiros dependiam da literatura proveniente da Espanha ou da Argentina. E de artigos em francês.

A época que viu nascer o PCB coincidiu com um novo movimento editorial e político. Os textos alemães originais do marxismo circulavam pouco nos países latinos e, nos anos 1920, tanto a social-democracia alemã quanto o austromarxismo declinavam em sua influência. Os autores mais destacados do partido social-democrata alemão, como Karl Kautski e Eduard Bernstein, eram substituídos por Lênin, Trótski, Zinoviev e Bukharin. Mais tarde, estes três últimos também caíram no ostracismo editorial na época da hegemonia de Stálin.

De artigo em revista a uma brochura impressa há um salto que exige recursos e tradutores, como veremos. Por isso, com raras exceções os primeiros teóricos marxistas estrangeiros circulam em espanhol.

LIVRARIA COMUNISTA 1922

Autor	Título	Preço
Lenine	*El Radicalismo*	3$000
K. Radek	*La Internacional Segunda y Media*	1$500
K. Radek	*El Desarollo de La Revolucion Mundial*	1$500
L. Trotsky	*Advenimiento del Bolchevismo*	3$000

27. L. Jeifets; V. Jeifets & P. Huber, *La Internacional Comunista y América Latina, 1919–1943, Diccionario Biográfico*, Genebra, Institut pour l'Histoire du Communisme, 2004, p. 263.

IC	*Tésis sobre La Estructura y Organizacion de los Partidos Comunistas*	$300
IC	*La Internacional Comunista y la Organización Internacional de los Sindicatos*	$300
IC	*Tésis Sobre Táctica*	$300

Fonte: *Movimento Comunista*, 1923.

As obras podiam ser compradas na rua Tobias Barreto, 142. Em São Paulo já circulavam edições sobre o comunismo em espanhol. *El Bolcheviquismo* de Trótski já tinha leitores em 1919 e seu retrato já havia sido publicado no Brasil. A obra de Kerensky era vendida na Livraria Lealdade em São Paulo[28].

O exemplar de que dispomos do livro de Marc Vichniak[29] apresenta o carimbo da Livraria Hispano-Americana com data de 5 de março de 1921. A livraria situava-se na rua Paula Souza. Era um livro escrito pelo secretário-geral da Assembleia Constituinte Pan-Russa e membro do Partido Socialista Revolucionário. Ele ataca os bolcheviques como representantes do absolutismo ilustrado e não do "quarto Estado", como os seguidores de Gracus Babeuf. Possivelmente, a obra interessou aos anarquistas, socialistas reformadores e até conservadores.

Zinoviev, por exemplo, só podia ser lido em espanhol[30]. Antes de ir a Moscou Heitor Ferreira Lima, que mais tarde seria secretário-geral do PCB entre janeiro e julho de 1931, ainda conhecia mal o francês e frequentava a Livraria Espanhola da rua da Alfândega, no Rio de Janeiro. Mesmo depois que a oferta nacional cresceu, ainda no início do Estado Novo, o comunista pernambucano Paulo Cavalcanti teve que ler *Que Fazer?* em espanhol. No Rio Grande do Sul a presença da literatura naquela língua era mais forte. Isaac Akcelrud, que ingressou no PCB em 1936, conta que leu *O Estado e a Revolução* (Lênin) e *A Origem da Família, do Estado e da Propriedade Privada* (Engels) em edições de Barcelona[31]. Só os intelectuais estabelecidos ou em vias de sê-lo e os militantes autodidatas com algumas viagens internacionais na bagagem podiam ler em francês.

28. *El Bolchevismo y su Obra*, trad. de N. Tasin, Madrid, Biblioteca Nueva, [1920].
29. *El Régime Sovietista*, Madrid, Imprenta de Juan Pueyo, 1920, 111 páginas.
30. Por exemplo: M. Zinoviev & A. Piessha Kova, *Como Fue Erradicado el Analfetismo en la URSS*, Moscou, Ed. en Lenguas Extrangeras, s.d., p. 113.
31. Raquel de Azevedo & Flamarion Maués, *Rememória*, São Paulo, Fundação Perseu Abramo, 1997, p. 285.

O desenvolvimento dos quadros do partido solicita a ampliação da oferta. É todo um novo movimento de leituras que se configura. A tabela abaixo faz um resumo dos primeiros quatro anos editoriais do partido. Se cotejarmos com o número de militantes, que não passava de seiscentos em 1926 (talvez menos), o leitor observará a enorme capacidade de distribuição do PCB em condições de ilegalidade.

LITERATURA COMUNISTA NO BRASIL: OPÚSCULOS / LIVROS

Título	Autor	Data	Tiragem	Custo	Venda
Doutrina Contra Doutrina	Cristiano Cordeiro	1922	3 mil		$400
O Comunismo Científico e o Anarquismo	Bukharin	1923	3 mil	$600	$200
Manifesto Comunista	Marx & Engels	1924	3 mil[32]		$500
O Cidadão e o Produtor	Entrevista do cel. Robine com Lenine	1923	1 mil		$100
Abecedário dos Trabalhadores	Comissão de Educação e Cultura	1924	5 mil	$155	$100
Abre teus olhos trabalhador	Idem	1924	5 mil		$100
Noções do Comunismo	Rappoport	1924	5 mil		$300
Abre teus Olhos Trabalhador, 2. ed.	Comissão de Educação e Cultura	1925	5 mil	$200	$100
O Paiz e o Governo dos Trabalhadores	Comissão de Educação e Cultura	1925	1 mil		$100
A Situação da Classe Trabalhadora em Pernambuco	Souza Barros	1925	4 mil	$160	$100
Programa Comunista	Bukharin	1923	2 mil		2$000
Rússia Proletária	Octávio Brandão	1924	1.800		3$000

Fonte: PCB, Relatório de Agitprop, 22 de junho de 1926. Arquivo da IC, AEL – Unicamp.

---

32. A tabela original registra dois mil, mas Octávio Brandão aludiu mais tarde a uma tiragem de três mil.

LITERATURA COMUNISTA NO BRASIL:
PERIÓDICOS E FOLHAS VOLANTES

Título	Editor ou Local de Publicação	Ano	Tiragem	Custo	Preço
Classe Operária, 12 números		1925	98 613	14:580$900?	$100
7 de Novembro, número único		1925	5 mil	400$000	$100
Movimento Comunista, 24 números		1922-3	36 mil	$300	$500
Vida Nova, 3 números,	PCB – Santos	1922	3 mil		
O Comunista, 4 números	PCB – PE	1922-3	4 mil		$100
A Chamma, 1 número	PCB – Porto Alegre	1923	1 mil		
O Mez Operário, 6 números	PCB – Recife	1924-5	9 mil		Grátis
Carta aos assinantes da Classe Operária	PCB – RJ	1925	5 mil	405$200	$100
II Congresso do PCB		1925	1500	600$000	$600
Aos Operários da Construção Civil	Seção do Rio de Janeiro	1922	1 mil		Grátis
As 21 Condições	IC	1922-3	6 mil		Idem
Partido Comunista Brasileiro	R. Coutinho	1922	1 mil		Idem
A Nossa Independência Ainda Está por Fazer	Seção de Santos	1922	3 mil		Idem
Aos Operários e Camponeses da América do Sul	IC	1922	2 mil		Idem
O Problema da Ditadura do Proletariado	Anarchistas Russos	1923	2 mil		Idem
A Internacional Proletária	CCE do PCB	1924	1500		Idem
1º de Maio de 1924	CCE do PCB	1924	4 mil		Idem
Centros de Cultura Proletária	Comissão de Educação e Cultura	1924	500	6?	Idem

Título	Fonte	Ano	Tiragem	?	
Para Fazer Propaganda Individual	Idem	1925	400	20?	Idem
O Paiz e o Governo dos Trabalhadores	Idem	1925	500	12?	Idem
Aos Trabalhadores em Fábricas de Tecidos	Idem	1925	400	15?	Idem
União Ferroviária do Nordeste	PCB – Recife		800		Idem
O Paiz e o Governo dos Trabalhadores	PCB – Recife		1 mil		Idem
Manifesto à Nação Brasileira	Alliança Libertadora		3 mil		Idem
Contra o Imperialismo Norte-americano	CCE do PC	1925	500		Idem
Theses e Resoluções	Conferência dos delegados de células	1925	500	70?	Idem
Aos Trabalhadores das Cidades e dos Campos		1925	1 mil	30?	Idem
A Apparecer a 1º de Maio		1925	10 mil	80?	Idem
Aos Operários em Fábricas de Tecidos	CCE do PCB	1925	2 mil	100?	Idem

Fonte: PCB, *Relatório de Agitprop*, 22 de junho de 1926. Arquivo da IC, AEL – Unicamp.

O PCB produziu 38 800 opúsculos e livros, vendeu 163 113 exemplares de jornais e revistas e distribuiu gratuitamente 41 100 volantes. Só a *Classe Operária* teve uma tiragem média de mais de 8 200 exemplares, um pouco acima da tiragem média do conjunto dos periódicos e volantes impressos: 7 042 exemplares. Abandonemos o fato de que era irregular e impressa em diferentes cidades. Ainda assim, trata-se de um esforço que denota organização única entre as forças políticas nacionais. Basta considerarmos que, de acordo com o *Anuário Estatístico* de 1935, cerca de 70% dos periódicos brasileiros tinham tiragens médias de no máximo cinco mil exemplares.

Pelo levantamento acima, o partido produziu 242 013 impressos. Outro registro assinala até dezembro de 1925 um número de 254 923[33]. De toda ma-

---

33. Octavio Brandão, manuscrito, 10 de junho de 1926.

neira, faltam publicações no levantamento do partido. A título de exemplo, o jornal único *Vladimir Ilitch* teve três mil exemplares[34].

A coluna de custos é imprecisa e contém números ilegíveis ou rabiscados. A única conclusão a que se pode chegar é que vários exemplares eram vendidos abaixo do preço de custo ou eram distribuídos. Em 2 de dezembro de 1925 Astrojildo Pereira anotou 856$400 (94 dólares) em livros no depósito e uma dívida de 332$500[35]. Para doutrinar era preciso investir.

Quanto aos livros, entre 1922 e 1927 tem-se conhecimento de apenas trinta publicações de caráter marxista. São poucas as traduções existentes, apenas cinco do total assinalado. Além das citadas acima há o livro de Bukharin, *ABC do Comunismo* (Porto Alegre, PCB, 1927). Houve segunda edição em São Paulo (1933). Quando Astrojildo Pereira presenteou um livro a Leôncio Basbaum em 1925, tratava-se desta obra, provavelmente em francês[36]. Mas Bukharin teve uma edição anterior: *O Comunismo Científico e o Anarchismo*, Rio de Janeiro, Serviço de edições e livraria do Partido Comunista (SBIC)[37], 1923, Preço: $200, com caricatura do autor. Lembremos que Bukharin era conhecido por ele mesmo desenhar caricaturas de amigos.

O partido investia em publicações gratuitas como as volantes, mas não só: folhetos e até livros e jornais. Em 1928 o PC de Santos editou mais de 89 mil impressos. Foram circulares (três mil), avisos e convocações (5 600), organização interna (4 800), manifestos da Comissão Executiva (sete mil), manifestos eleitorais (19 mil), avulsos de propaganda (26 mil), cartazes (3 600), programas (oito mil), cartas particulares (mil), cadernetas (400), artigos publicados na "Praça de Santos" (360), 17 números do *Solidário* (1 900), *A Classe Operária* (8 500). Os gastos chegaram a 14:850$000[38] (1789 dólares).

Heitor Ferreira Lima disse que a literatura teórica que o nutria era a de Lênin, Trótski, Zinoviev, Bukharin e Losovski e ele dizia desconhecer uma obra tão importante como *Que Fazer?* de Lênin[39]. Mais tarde, este seria um livro

---

34. Octávio Brandão, *La Correspondencia Sudamericana*, n. 6, 1926.
35. Edgard Carone, *Da Esquerda à Direita*, Belo Horizonte, Oficina de Livros, 1991, p. 44.
36. Leôncio Basbaum, *Uma Vida em Seis Tempos*, São Paulo, Alfa Ômega, 1976, p. 37.
37. Este serviço era organizado por Canellas.
38. Circular, Santos, 10 de novembro de 1928.
39. Heitor Ferreira Lima, *Caminhos Percorridos*, São Paulo, Brasiliense, 1982, p. 63.

importante para a profissionalização do partido e o veremos citado em muitas biografias de militantes. Gregório Bezerra o lembra em suas memórias[40].

Os Leitores

Em 31 de dezembro de 1924 o PCB tinha 273 aderentes e um ano depois tinha 476[41]. Num relatório de 1928, consta que o partido tinha somente setecentos filiados. Eram quatrocentos no Rio de Janeiro; oitenta em São Paulo; oitenta no Rio Grande do Sul; sessenta em Pernambuco; e o resto espalhado em grupos menores na Bahia e nas cidades de Vitória, Campos, Juiz de Fora etc.[42] Mas é possível que o partido já fosse maior, devido à sua política de alianças e à participação eleitoral no BOC – Bloco Operário e Camponês.

Quando tomamos contato com a história dos dirigentes do PCB observamos que nos seus primeiros anos a direção expressava fielmente a base social, cuja "maioria absoluta era de operários"[43]. Manoel Cendón e Joaquim Barbosa eram alfaiates; João da Costa Pimenta e Mário Grazzini eram gráficos; José Lago Morales era cozinheiro; Julio Kengen, tecelão; Joaquim Nepomuceno, ferroviário; Roberto Morena, marceneiro; Minervino de Oliveira (o primeiro candidato comunista a presidente da República), marmorista. Nenhum "camponês", embora o trabalhador rural Irineu Lopes tivesse se filiado ao PCB em 1929[44].

A base comunista nos anos de 1920 era de marmoristas, marítimos, ferroviários, gráficos, mecânicos, padeiros, alfaiates, garçons, sapateiros etc. Sua base regional mais importante era a cidade do Rio de Janeiro, cuja estrutura social ainda era a mais complexa: a classe média profissional e burocrática, militares de carreira, alunos da escola militar e estudantes de escolas superiores[45]. Tinha, por exemplo, o dobro de funcionários públicos de São Paulo em 1920, embora menos profissionais liberais.

O partido tinha escassa importância de massas, já que não abrangia os trabalhadores rurais (em 1925, 68% da população economicamente ativa do Brasil

---

40. Gregório Bezerra, *Memórias,* Rio de Janeiro, Civilização Brasileira, 1980, p. 219. Também cita *A Mãe* (Górki) e *Dez Dias que Abalaram o Mundo* (J. Reed).
41. PCB, Relatório, 1926.
42. Edgard Carone, *O Movimento Operário no Brasil (1877–1944)*, São Paulo, Difel, 1979, p. 509.
43. *Quelques Notes sur la Situation du Parti Communiste Brésilien*, manuscrito, 1923.
44. Cliff Welch & Sebastião Geraldo, *Lutas Camponesas no Interior Paulista: Memórias de Irineu Luís de Moraes*, São Paulo, Paz e Terra, 1992.
45. Bóris Fausto, *História do Brasil*, São Paulo, Edusp, 1996, p. 298.

estavam na agricultura) e o setor manufatureiro (12%)⁴⁶ onde predominava a indústria têxtil e de alimentos. Ali a influência dos anarquistas e dos sindicalistas "amarelos" permaneceu mais importante. O Distrito Federal tinha em 1920 só 13% de sua população na indústria (154 397 pessoas) e na cidade de São Paulo a classe operária abrangia pouco mais de cem mil pessoas, isto é, 17,3% de uma população de 579 033.

A composição social do PCB muda com a entrada de Luís Carlos Prestes. Depois da Revolução de 1930 aquele partido de trabalhadores manuais atrai camadas médias do estamento militar (os tenentes) e pessoas por eles influenciadas, embora já houvesse militantes como Americano Freire, que participara da Revolta do Forte de Copacabana em 1922. Como reflexo do grande *tournant* obreirista da Internacional Comunista em 1928 e do combate oficial ao "prestismo" (não a Prestes) ainda em 1933, o secretariado do partido (cinco membros) não tinha nenhum intelectual. Mas agora o PCB parece ter uma representação invertida de sua base que é policlassista⁴⁷.

Em 1929, a Federação Brasileira da Juventude Comunista apresentava 85% de operários entre seus membros, 5% eram trabalhadores rurais, 5% comerciários e 5% estudantes. Em 1932 eram 40% os operários (divididos ao meio entre grandes e pequenas empresas), 8% eram trabalhadores agrícolas, 12% empregados diversos, 30% desempregados e 10% foram registrados como comerciários e estudantes. Em 1935, registravam-se apenas no Rio de Janeiro 62 trabalhadores, 33 desportistas e 42 estudantes⁴⁸, o que talvez indique a tendência geral de maior presença de estratos não proletários no PCB.

Já havia estudantes provenientes do Nordeste, como os irmãos Basbaum e Lívio Xavier, e intelectuais como Mário Pedrosa e até um caso como o de Erecina Borges de Souza⁴⁹, que era filha de latifundiários e estudara na Suíça antes de ser redatora do jornal *A Classe Operária*. Erecina, chamada de Cina pelos companheiros de partido, casou-se com Fernando Paiva de Lacerda⁵⁰. O partido tinha poucos intelectuais mais ou menos

---

46. Luiz Pereira, *Ensaios de Sociologia do Desenvolvimento*, São Paulo, Pioneira, 1975, p. 143.
47. Leôncio Martins Rodrigues, "O PCB: Os Dirigentes e a Organização", em Bóris Fausto (org.), *História Geral da Civilização Brasileira. O Brasil Republicano*, Rio de Janeiro, Civilização Brasileira, 1996, p. 433.
48. André R. Mattos, *Uma História da UNE*, mimeo, 2013, p. 102.
49. L. Jeifets; V. Jeifets & P. Huber, *op. cit.*, p. 59.
50. Fernando Paiva de Lacerda era médico e irmão do deputado federal oposicionista Maurício de Lacerda. Ele chegou à secretaria geral do PCB em 1931. Em 1954 foi expulso do partido por fracionismo (cf. J. Leiferts; V. Jeiferts & P. Huber, *op. cit.*, p. 172).

reconhecidos como os escritores Afonso Schmidt, Raymundo Reis, Laura da Fonseca e Silva[51] e V. de Miranda Reis[52].

O prestígio literário não impedia a perseguição. Laura teve de sair do Brasil e mais tarde Dionélio Machado e Graciliano Ramos estavam presos quando foram laureados, respectivamente, com o prêmio Machado de Assis (pelo romance *Os Ratos*) e com o prêmio Lima Barreto (romance *Angústia*). Nos anos 1960, Caio Prado Júnior foi preso depois de ser escolhido o Intelectual do Ano pela União Brasileira de Escritores.

Era diferente o caso de intelectuais militantes com origem numa baixa classe média, como Astrojildo Pereira, Antônio Bernardo Canellas e Octávio Brandão. É que sua origem modesta se combinou a outra formação típica dos meios anarquistas e os três já haviam publicado artigos e folhetos.

Tradutores

Astrojildo Pereira, Brandão e Canellas são leitores, escritores e tradutores. Como pioneiros, eles tiveram que ler as edições francesas. Para difundir as ideias precisaram atuar como tradutores. Depois de aprender francês, Brandão preparava edições na União Soviética.

Nos primeiros vinte anos de existência do PCB as edições de esquerda raramente indicavam a tradução. Pelas pesquisas de Edgard Carone e pelos memorialistas é que conhecemos seus nomes: Octávio Brandão, Leôncio Basbaum, Caio Prado Júnior, a poeta Eneida, Lívio Xavier. Brandão traduziu o *Manifesto Comunista*; Caio Prado traduziu o *Tratado do Materialismo Histórico* de Bukharin em 1934, conforme Carone; neste caso o leitor não deve estranhar o fato de que Bukharin não era mais o principal teórico difundido pela União Soviética. É que a tradução não era uma defasagem com a política soviética. Embora a legislação se tornasse mais dura e as perseguições a opositores "trotskistas" continuassem, Bukharin ainda dirigia o jornal *Isvestia* e em 1935 foi o verdadeiro redator (juntamente com Karl Radek) da chamada "Constituição Stálin", a carta magna soviética de 1936[53].

---

51. Trata-se da esposa de Octávio Brandão, falecida por doença na URSS em 1942. Ela já tinha livros publicados antes de se casar com ele e aderir ao comunismo.
52. Astrojildo Pereira, Rio de Janeiro, 16 de setembro de 1926.
53. P. Broué, *Le Parti Bolchevique. Histoire du PC de l'URSS*, Paris, Minuit, 1971, p. 353.

Lívio Xavier traduziu Hegel (*A Sciência da Lógica*) e o exemplar foi datilografado por Cláudio Abramo. Aristides Lobo e Fúlvio Abramo traduziram *Vida Nova* de Dante no Presídio Maria Zélia, mas usaram os pseudônimos de Paulo M. Oliveira e Blásio Demétrio. Basbaum traduziu romances com cortes porque o editor não queria gastar papel com obras muito volumosas. O poeta Colbert Malheiros traduziu o livro de Romain Rolland, *Antonio Gramsci: Ceux qui Meurent dans les Prisons de Mussolini,* Paris, Éditions du Secours Rouge International, 1934[54]. Em 1940, Graciliano Ramos traduziu *Memórias de um Negro,* de Booker Washington.

O militante comunista Juvenal Jacinto de Souza é um caso à parte porque a Editora Globo de Porto Alegre, onde ele trabalhava, preocupou-se com a qualidade das traduções depois que Henrique Bertaso a assumiu em 1931. O editor anterior, Mansueto Bernardi, era católico e publicara livros anticomunistas (*Moscovo Sem Máscara, A Luz que Vem do Oriente*)[55]. Segundo Erico Verissimo, Juvenal era "sério tradutor. Encaramujado no seu silêncio e na sua discrição, feltro na voz e nos gestos", era "um ser que parece desculpar-se dos outros por estar vivo". Ele traduziu Arthur Koestler (*O Zero e o Infinito*), Sinclair Lewis, Pearl Buck e dezenas de livros da Coleção Nobel[56].

Escola

O Komintern possuía desde 1921 a Universidade Comunista dos Trabalhadores do Oriente (KUTV). Apesar do nome, ela aceitou estudantes da América Latina porque eles provinham igualmente de países "coloniais e semicoloniais". A Escola Leninista Internacional (MLS) foi fundada em fevereiro de 1926 por decisão do VI Pleno ampliado do Comitê Executivo do Komintern. Ela oferecia cursos de periodicidade variável entre nove meses e quatro anos e fechou suas portas aos PCs legalizados em 1936[57].

A Academia Militar M.V. Frunze e várias outras academias do Exército Vermelho também recrutavam estrangeiros. Houve ainda uma Escuela Continental Del Buró Sudamericano de La Comintern com sede em Montevidéu.

54. Romain Rolland, *Os Que Morrem nas Prisões de Mussolini,* trad. Colbert Malheiros, São Paulo, Udar, 1935.
55. Erico Verissimo, *Breve Crônica duma Editora de Província,* Santa Maria (RS), UFSM, s. d., p. 27.
56. João Batista Marçal, *Comunistas Gaúchos,* Porto Alegre, Tchê, 1986, p. 127.
57. L. Jeifets; V. Jeifets & P. Huber, *op. cit.*, p. 17.

Em 1919 surgiu o Bureau Latino-americano da III Internacional, mas por decisão do PC do México. Em 1921 substituiu-o a Agência Americana. O Secretariado Sudamericano (ou Bureau Sudamericano, SSA-IC) foi fundado em fevereiro de 1925 por decisão do Presidium do Comitê Executivo da Internacional Comunista com sede em Buenos Aires (1925-1930) e Montevidéu (1930-1935). Era este órgão o editor da famosa *Correspondência Sudamericana* que circulou em bom número entre quadros do PCB.

A fragilidade de um partido comunista num ambiente ditatorial como o brasileiro impedia o funcionamento de uma escola nacional de quadros. Nos anos primaveris do partido os cursos eram dados em sindicatos e os novos militantes ouviam palestras esparsas de dirigentes comunistas. Leôncio Basbaum deu um desses cursos em 1926 no Sindicato dos Tecelões do Rio de Janeiro. Foram três meses de aulas, duas vezes por semana[58].

O primeiro Plano de Curso do PCB elaborado por Brandão refletia ainda as leituras francesas de um farmacêutico anarquista e evolucionista. O curso teria três partes: I. A Terra (Geografia Geral, Geologia, Astronomia, Climatologia, Cosmologia, Geografia Social e Econômica); II. O Homem (Pré-História, O Homem: Etnografia, História Geral da Civilização, Fisiologia, Psicologia, Economia Política, Legislação, Sociologia, Filosofia, História da Filosofia, Marxismo, Socialismo, Revolução Mundial, experiência russa). Parte Especial: O Brasil (A Situação Econômica dos Trabalhadores)[59].

Embora houvesse a intenção de usar o cinema como propaganda[60], somente os manuscritos (cartas da Internacional Comunista) e os impressos poderiam dar suporte à nova ideologia marxista.

Octávio Brandão conta um pouco do funcionamento de uma efêmera escola do partido da qual ele era o encarregado. Ele diferencia a vanguarda pelas leituras. Os livros usados: *ABC de Bukharin* e o curso de Rappoport, *Rússia Proletária, Manifesto Comunista* (Marx) e *Programa Comunista* (Bukharin). Brandão diz que os mais lidos eram os dois últimos.

Brandão narra que as leituras são feitas em conjunto e os textos analisados. Na improvisada escola de quadros os professores eram: Astrojildo Pereira (Marxismo), José Elias (História), Paulo Lacerda (Direito), Octávio

---

58. Leônio Basbaum, *op. cit.*, p. 40.
59. Carta de Octávio Brandão a Moscou, Rio de Janeiro, 13 de junho de 1923.
60. Carta de Octávio Brandão ao CE da IC, RJ, 8 de abril de 1924.

Brandão (Noções Gerais da Vida e do Universo)⁶¹. Os cursos do PCB totalizaram 240 aulas para 1 440 ouvintes em sete meses e tiveram como público marinheiros, padeiros, metalúrgicos, pedreiros, garçons, operários têxteis.

Heitor Ferreira Lima deixou um relato da sua participação na Escola Leninista Internacional de Moscou, onde ingressou em dezembro de 1927. As aulas para os latino-americanos foram ministradas em francês. O exame de admissão consistia em perguntas que atestassem conhecimento prévio do marxismo. As matérias eram História Universal a partir de 1789; História do Movimento Operário desde o cartismo e do bolchevismo (o compêndio usado era a *História do PC Russo* de Yarolavski); filosofia; estratégia e tática; movimento sindical e agrário; língua russa e treinamento militar básico.

O militante João Lopes, que trabalhou no cais do porto do Rio de Janeiro, tinha só três anos de escolaridade e, embora tivesse ido à Escola Leninista, não citou nenhuma leitura ou aula, salvo jornal do partido, declarando que "passava à frente dos intelectuais"⁶² nos debates.

Uma correspondência da Internacional Comunista, dois anos depois, informava que o próximo curso teria nove meses e seria ministrado em alemão, francês, inglês ou russo. Do aluno exigiam-se lealdade ao partido, combate ao trotskismo, capacidade de rápida absorção das leituras, passar por exame médico e chegar a Moscou sem família⁶³.

Depois de 1931, os cursos intensivos para dirigentes eram organizados em trinta dias. Os cursos extensivos eram aos domingos⁶⁴ e consistiam em palestras dadas nas células por um dirigente ou teórico do partido. Nem sempre pessoas mais intelectualizadas passavam pelo crivo da convivência de classes num partido que oficialmente mantinha os intelectuais como subordinados. Descontando-se o fato de que foi entrevistada cinquenta anos depois dos fatos, a médica Nise da Silveira achava as "apostilas stalinistas chatas e mal escritas" e as pessoas de sua célula "chatíssimas e burras"⁶⁵.

É que as apostilas repercutiam as condições brasileiras de interpretação do marxismo. Quanto aos alunos, não tinham nem o tempo nem o preparo de

---

61. Carta de Octávio Brandão a Bela Kun, Rio de Janeiro, 18 de novembro de 1924.
62. Ângela Castro Gomes (coord.), *Velhos Militantes*, Rio de Janeiro, Zahar, 1988, p. 100.
63. Carta da IC aos partidos comunistas latino-americanos, 17 de maio de 1929.
64. A. P. Palamartchuk, *Os Novos Bárbaros: Escritores e Comunismo no Brasil (1928-1948)*, Instituto de Filosofia e Ciências Humanas, Universidade Estadual de Campinas, 2003.
65. Dulce Pandolfi, *Camaradas e Companheiros*, Rio de Janeiro, Relume Dumará, 1995, p. 101.

um aluno de Medicina. Joaquim Barbosa, por exemplo, era responsável por todo o recrutamento e organização no meio sindical, mas Astrojildo escrevia a Moscou lamentando que Barbosa não fizesse mais porque trabalhava doze horas por dia.

Depois da insurreição de novembro de 1935, os presos políticos do Presídio Maria Zélia em São Paulo, onde Caio Prado Júnior estava, criaram cursos para os menos intelectualizados. Era a Universidade Maria Zélia, a qual tinha o seguinte quadro de professores: Costa Pimenta (Sindicalismo), Reginaldo Carvalho, Oreste Ristori, Ermelino Maffei e Reginato, que davam lições de História do Movimento Comunista, Organização do PC, Teoria Política e Economia Política. Fúlvio Abramo ensinou Antropologia, Teoria da Evolução e Inglês[66]. Havia vários outros professores que eram poetas, advogados, um desenhista, jornalistas etc. Ensinava-se ainda Matemática e fazia-se alfabetização. A biblioteca do presídio tinha centenas de obras e as duas mais procuradas eram o *Tratado de Economia Política* de Lapidus e *A Guerra Secreta pelo Algodão* (Anton Zisca)[67].

Como os Comunistas Liam

Em 1926, Octávio Brandão lamentava que "há pouco hábito de ler: o trabalhador, em regra geral, não sabe ler; quando lê, não digere; quando algum militante explica o que leu, não é capaz de repetir"[68]. Em 1920, menos de um quarto da população brasileira sabia ler e escrever.

Todavia, há livros que conhecemos sem ler. Muitos militantes comunistas dos anos de 1920 ingressaram num ambiente que combinava a ação revolucionária com a sacralização do livro e dos autores. Citações de Lênin e, depois, Stálin autorizavam discursos, propostas, questões de ordem etc. Os amantes do livro sabem como eles também transformam até as vidas de quem não os leem diretamente ou apanham somente trechos ou ainda decoram citações feitas por terceiros.

É curioso como o aprendizado de uma nova teoria numa sociedade em boa medida iletrada parece repetir caminhos da história universal. A leitura em voz alta precedeu a leitura silenciosa[69]. Os primeiros leitores comunistas reagiam

---

66. Cadernos Cemap, ano II, n. 2, maio de 1985, p. 16.
67. Davino Francisco dos Santos, *A Coluna Miguel Costa e Não Coluna Prestes*, São Paulo, Edicon, 1994, p. 159.
68. Octávio Brandão, manuscrito, 12 de julho de 1926.
69. Alberto Manguel, *Uma História da Leitura*, 2. ed., São Paulo, Companhia das Letras, 2010, p. 59.

ao que liam (ou ouviam). Abílio de Nequete afirmou que os membros do PCB provenientes do anarquismo "não podiam estudar nem ouvir leitura comunista" e que os ouvintes de um curso se insurgiram contra a leitura em voz alta do *Manifesto Comunista* porque não estava escrito em português[70]. E há que se lembrar ainda os operários que falavam outras línguas, a maioria em São Paulo e melhor servida pela imprensa de suas comunidades. Não foi à toa que o PCB de Santos pediu jornais comunistas alemães[71]. São Paulo tinha 372 376 habitantes nacionais e 205 245 estrangeiros segundo o recenseamento de 1920.

As leituras desde o início são feitas em voz alta nos cursos (especialmente do *Manifesto Comunista* e da *Crise do Socialismo Mundial* de Paul Louis). As cartas políticas eram lidas em voz alta nas reuniões[72]. O método era leitura coletiva seguida de debates e comentários. Em Niterói houve a leitura comentada do *cours* de Rappoport e do *ABC du Communisme* de Bukharin; em Recife apenas de Rappoport e no resto do país da revista do partido (*Movimento Comunista*)[73].

Para contornar a dificuldade de leitura, o jornal do partido ensina um método para corrigir erros e assimilar ideias:

> Um dos meios de o trabalhador aprender a escrever e, assim, colaborar na *A Classe Operária* sem nos dar o trabalho de passar a limpo os artigos, que ele nos envia, é empregar as horas vagas em copiar colunas inteiras deste jornal. Além disto, por este processo, as ideias entrarão mais facilmente na cabeça[74].

O militante comunista portuário de origem portuguesa Eduardo Xavier, mais conhecido por Abóbora, conta que tinha muita dificuldade de ler, mas que "um ensinava ao outro" e, assim, pôde ter contato com o jornal *A Classe Operária* e conhecer os nomes de Marx e Lênin[75]. Ele tornou-se depois tipógrafo e imprimiu panfletos, volantes e o próprio jornal do partido.

Mário Pedrosa procurou um livro didático e voltou a estudar para dar aulas de Gramática, Aritmética e noções de economia para Mário Grazzini[76].

70. Carta de Abílio de Nequete ao CE da IC, Porto Alegre, 10 de maio de 1923.
71. Elias Lowanovich e Manoel Esteves, Santos, 15 de junho de 1923, Carta à Rote Fahne.
72. Carta de Octávio Brandão a Kuusinen, Rio de Janeiro, 27 de agosto de 1923.
73. Carta de Octávio Brandão a Kuusinen, Rio de Janeiro, 13 de abril de 1923.
74. *A Classe Operária*, n. 5, de 30 de maio de 1925. Agradeço a Felipe Lacerda pela localização deste exemplar.
75. Ângela Castro Gomes (coord.), *op. cit.*, p. 132.
76. José Castilho Marques Neto, *Solidão Revolucionária: Mário Pedrosa e as Origens do Trotskismo no Brasil*, Rio de Janeiro, Paz e Terra, 1993, p. 263.

O maquinista paulista José Duarte ganhou de presente o *Manifesto Comunista*, "leu aos poucos, pensando, analisando. Releu alguns trechos várias vezes, porém não conseguiu entender tudo. Mas do que compreendeu, gostou"[77]. Na prisão, Caio Prado ensinou um operário a ler. Mas as dificuldades de leitura não vinham só da má formação educacional, como era o caso de Abóbora. Mesmo ele adquiriu cultura política e se tornou dirigente. O capitão Davino Francisco dos Santos comprou um resumo de *O Capital* e não conseguiu ler. Aliás, o mesmo tinha acontecido com Leôncio Basbaum anos antes[78]. Ele leu o resumo em duas noites, mas só entendeu metade. O engenheiro Catulo Branco foi convidado por Carlos Marighella a entrar no PCB em 1936. Logo, Heitor Ferreira Lima emprestou-lhe o *Manifesto Comunista*, *Anti-Dühring* e a *Economia Política* de Luiz Cegal. Livros que não entendeu direito, como ele mesmo disse[79]. *O Capital* só era entendido em resumos, discussão conjunta e em cursos. Talvez por isso tenha sido publicado o livro *Como Ler* O Capital, de Adoratski.

O capitão Davino Francisco dos Santos chegou a ser secretário-geral do PCB. Leôncio Basbaum e Catulo Branco tinham formação superior. É preciso considerar que o marxismo era uma "doutrina" absolutamente nova. Ao ler *As Bases Fundamentais do Marxismo* (Plekhanov) Paulo Cavalcanti não teve dificuldade, mas o fez com espírito de contestação. Foram as inúmeras releituras que o converteram à concepção materialista da História[80].

O linotipista José Carlos Boscolo, em seu livro *Verdades Sociais*, lamentava que o espírito bolchevista fosse somente literário[81] e não conseguisse mudar as consciências. Estava errado. Os operários gráficos tinham maiores possibilidades de leitura devido às especificidades de seu labor. Tipógrafos, linotipistas, encadernadores, pautadores, gravadores e impressores compunham uma aristocracia operária do saber e tinham capacidade de entender as piores letras cursivas, já que liam muitos manuscritos nas margens dos textos datilografados. Não por acaso importantes dirigentes comunistas saíram dessa profissão,

---

77. Luiz Momesso, *José Duarte: Um Maquinista da História*, São Paulo, Editora Oito de Março, 1988, p. 33.
78. Leôncio Basbaum, *op. cit.*, p. 40.
79. Catulo Branco, *Conversa Entre Amigos*, São Paulo, Com-Arte, 2013. Coleção Memória Militante.
80. Paulo Cavalcanti, *O Caso Eu Conto Como o Caso Foi*, São Paulo, Alfa Ômega, 1978, p. 182.
81. Edney dos Santos Gualberto, *Vanguarda Sindical. A União dos Trabalhadores Gráficos (1919–1935)*, Universidade de São Paulo (USP), 2008, p. 100.

como já vimos. Mário Grazzini era linotipista, João da Costa Pimenta e Antônio Canellas eram tipógrafos.

Conversão pela Leitura

Muitos operários se convertiam pela ação e não pela leitura. Quando muito, pela leitura alheia que lhes chegava através de conversas e comícios. Mas uma vez no partido o mundo dos livros tornava-se sinal de evolução existencial e conforto num meio culturalmente iletrado.

Além da Agitação e Propaganda (Agitprop), cada vez mais os livros conduziam os intelectuais ao comunismo. Evidentemente, havia outros fatores de ordem profissional, social, conjuntural e até emocional que permitiam a "conversão" ao ideário dos comunistas. Cristiano Cordeiro, proveniente da Faculdade de Direito do Recife, diz ter estudado a doutrina marxista em 1919. Provavelmente leu artigos de jornais franceses e, só depois da fundação do partido, alguns livros de Lênin[82]. Mário Pedrosa chegou ao comunismo pela leitura de Romain Rolland e pelas aulas de Castro Rebello, um "marxista notório"[83]. Leônidas de Rezende chegou ao comunismo depois de estudos sistemáticos da questão social[84]. Em 1927, Astrojildo Pereira levou a literatura marxista a Prestes, quando este estava no exílio. As leituras surtem efeito e em 1930 o manifesto de Prestes "Ao Proletariado Sofredor das Nossas Cidades"[85] já está dominado pelo jargão comunista.

Não devemos esquecer o apelo "científico" do comunismo. Os livros traziam uma doutrina política com forte apelo racionalista, o que explica a adesão de espíritas[86] e maçons que adentraram o partido em Minas Gerais[87] e São Paulo. Positivistas também ingressaram no partido. É que, embora burguesa, a ideologia positivista era racionalista, cultuava o progresso e o iluminismo.

---

82. *Memória e História*, n. 2, São Paulo, Livraria Editora de Ciências Humanas, 1982, p. 83.
83. Carta de Astrojildo Pereira apresentando Mário Pedrosa à Escola Leninista Internacional, Rio de Janeiro, 7 de novembro de 1927.
84. Astrojildo Pereira a Codovilla, 2 de setembro de 1926.
85. Luís Carlos Prestes, "Ao Proletariado Sofredor das Nossas Cidades", *Manifesto de Maio de 1930*, Arquivo da Internacional Comunista/Cedem.
86. Mesmo na fundação do partido é preciso lembrar que o primeiro secretário-geral Abílio de Nequete era espírita.
87. Marco A. T. Coelho, *Herança de um Sonho: As Memórias de um Comunista*, São Paulo, Record, 2000, p. 57.

Entre as festas sociolátricas promovidas pela Igreja Positivista havia a da Revolução Francesa e da morte de Danton.

João Amazonas, contador paraense, interessou-se pela causa comunista ao ler o livro *Um Engenheiro Brasileiro na Rússia*[88]. O químico Otto Alcides Ohlweiler ingressou no PCB depois de 1935 porque os livros científicos não existiam em benefício do povo. Mais tarde ele se fez catedrático de Química Analítica Quantitativa. O escritor Dionélio Machado era balconista da única livraria de Quaraí (RS) até fundar seu próprio jornal (*O Martelo*, 1911). Positivista, já ingressou no PCB em 1934 como escritor estabelecido[89]. Elias Chaves Neto já trabalhava nas Empresas Elétricas Brasileiras quando ingressou na USP em 1935. Um professor francês convidou-o para jantar e lhe disse que emprestaria "um livro escrito por um comunista" e acrescentou: "mas penso que isto não tem importância". Era *A Crise do Progresso*, de Georges Friedmann. Chaves Neto pensou mais tarde: "O livro foi para mim como tirar uma catarata dos olhos"[90]. Jacob Gorender iniciou-se no comunismo pela leitura de Haeckel e, depois, de Darwin[91]. Só o futuro cientista Luiz Hildebrando aderiu à juventude comunista aos quinze anos e, por isso, escolheu uma "carreira social": a medicina e a pesquisa de doenças parasitárias que atingiam "as massas"[92].

No caso dos militares comunistas a experiência de leitura era plena de outras tradições. O serviço *antimil* (organização secreta dos comunistas dentro das Forças Armadas) tinha outra lógica de leitura. Havia entre os oficiais certo grau de homogeneidade intelectual garantido pelo colégio ou pela Academia Militar. As aproximações se faziam mais por uma exigência ética, de camaradagem ou de obediência a um chefe que adere ao partido, cujo exemplo máximo é Prestes.

Roberto Sisson, Silo Meirelles, Hercolino Cascardo e outros oficiais que aderem ao PCB na verdade aderem ao ideário nacionalista da ANL, entendida como continuidade do tenentismo de esquerda. As leituras propriamente marxistas são até secundárias em face da sua tradição positivista. Os oficiais e mesmo soldados e sargentos dedicam-se à literatura muito básica ou aos jornais como *Asas Vermelhas*, *União de Ferro* (antes *Triângulo de Ferro*), *O Marujo Vermelho*, *O*

---

88. Augusto Buonicore, *João Amazonas: Um Comunista Brasileiro*, São Paulo, Expressão Popular, 2006, p. 17. Trata-se da obra de Cláudio Edmundo publicada por Calvino Filho.
89. João Batista Marçal, *Comunistas Gaúchos*, Porto Alegre, Tchê, 1986, pp. 78-79.
90. E. Chaves Neto, *Minha Vida e as Lutas de Meu Tempo*, São Paulo, Alfa Ômega, 1977, p. 66.
91. Carlos F. Quadros, *Jacob Gorender*, USP, 2015, mimeo.
92. Luiz Hildebrando, *O Fio da Meada*, São Paulo, Brasiliense, 1990, p. 36.

Soldado Comunista, Infante Vermelho e *Sentinela Vermelha* (este na Força Pública e Guarda Civil paulistas)[93].

O capitão Davino Francisco dos Santos, da Força Pública Paulista, só tinha lido o livro *Mundo Comunista* antes de entrar no partido. Leu depois *Capitalismo e Comunismo*, de Orlando Ferreira, os artigos de Brasil Gerson em *A Plateia* e *Le Monde Communiste*, de um anticomunista francês (provavelmente Gustave Gautherot). O mesmo livro que constava (entre mais de quatro dezenas de títulos) da biblioteca de outro militar comunista, João Raimondi, preso em 1936[94].

No Presídio Maria Zélia, ele declara que ouviu juntamente com "outros camaradas militares" trechos do *Tratado de Economia*, de Lapidus, e que considerava as explicações e comentários indispensáveis[95].

O capitão Agildo Barata cita, em suas *Memórias*[96], de Marx, *O Capital*; de Lênin, *O Estado e a Revolução, A Caminho da Insurreição, Que Fazer?, Duas Táticas*; de Engels, *Origem do Estado, A Dialética da Natureza, Anti-Dühring*.

Espaços de Leitura

Quando usamos uma palavra de ressonâncias religiosas como "conversão", não podemos olvidar que as leituras marxistas eram complementadas pelos espaços dos leitores. Isso porque o "acesso à cultura letrada consiste, muitas vezes, em práticas coletivas, nas quais os meios de sociabilidade são determinantes para sua difusão"[97].

Na sede do partido, como vimos, as leituras são compartilhadas. A célula era um núcleo de discussão que garantia muita proximidade entre os leitores e ouvintes. Mas já antes do ingresso no PCB as leituras podiam ser feitas nos trens, bondes, livrarias e cafés. Estes eram caros e se reservam para as conversas e encontros marcados.

Ler livros comunistas nas poucas bibliotecas existentes era impraticável. Pela segurança do leitor e pelo fato de que se tratava de novel literatura, ainda

---

93. Paulo R. Cunha, "Comunismo e Forças Armadas", *Mouro*, n. 5, 2011.
94. A. P. Palamartchuk, *op. cit.*
95. Davino Francisco dos Santos, *Marcha Vermelha*, São Paulo, Saraiva, 1948, p. 159.
96. Agildo Barata, *Vida de um Revolucionário: Memórias*, São Paulo, Alfa-Omega, 1978.
97. Marisa Midori Deaecto, *O Império dos Livros: Instituições e Práticas de Leitura na São Paulo Oitocentista*, São Paulo, Edusp, 2011, p. 35.

externa aos catálogos dos bibliotecários. Em 1938, o Brasil possuía apenas 111 bibliotecas abertas ao público nas capitais dos estados, com 832 933 obras catalogadas. Com lacunas nas informações, o número de consulentes registrados foi de 1 079 773 (50% deles em São Paulo). Eram 2,5% da população brasileira, a qual em 1935 ultrapassava os 41 milhões de habitantes.

Não havia livrarias comunistas, senão algumas disfarçadas ou que serviam de local de encontro. Mas eram raríssimas. Em Itajaí (SC) a Papelaria Rangel era um lugar assim por causa da militância de seu dono. Ele mantinha títulos de Lênin (*Imperialismo, Estágio Supremo do Capitalismo*; *Doença Infantil do Comunismo*; *A Luta Contra a Guerra*; *O Estado e a Revolução*; *A Revolução Proletária e o Renegado Kautsky*)[98]. Em João Pessoa, a Livraria Record possivelmente era um lugar de encontro de militantes, pois vendia os boletins da ANL[99]. Em Salvador, já durante o Estado Novo, era a banca de jornal de Abrahim Majdalani defronte à Pastelaria Triunfo, na Praça Municipal[100].

Para os operários o espaço principal era o sindicato. O governo reconheceu 622 novos sindicatos de trabalhadores entre 1931 e 1934[101]. No final dos anos 1920, o jovem Leon Piatigorsky, de dezessete anos, foi à União Regional dos Operários da Construção Civil do Rio de Janeiro a fim de conseguir emprego. Lá recebeu "como presente um exemplar de *A Classe Operária*, após a leitura do qual passara a considerar-se simpatizante do comunismo"[102]. Francisco Ramires, filho de ferroviário, frequentava a escola noturna do sindicato e lia em 1937 o jornal *O Sindicalista* antes de ingressar no PCB de Botucatu (SP)[103].

Tito Batini, leitor já formado em 1930, andava ao léu e foi parar na sede do sindicato. Um operário puxou conversa. Viu que a Revolução de 1930 interessava ao interlocutor. Ao fim do papo deu-lhe um presente: o *Manifesto Comunista*[104]. Mais tarde, suas leituras comunistas se ampliarão e ele vai se interessar por John Reed e pela novela *Fontamara* de Silone, mas seu novo

---

98. Celso Martins, *Os Comunas: Álvaro Ventura e o PCB Catarinense*, Florianópolis, Fundação Franklin Cascaes, 1995, p. 76.
99. Waldir Porfírio, *Bandeiras Vermelhas. A Presença dos Comunistas na Paraíba (1900-1960)*, João Pessoa, Editora Textoarte, 2003, p. 47
100. João Falcão, *Giocondo Dias: A Vida de um Revolucionário*, Rio de Janeiro, Agir, 1993, p. 99.
101. Fonte: IBGE, 1931-1934.
102. Alexandre Fortes, *Nós do Quarto Distrito*, Caxias do Sul, Educs, 2004, p. 298.
103. F. Ramires, *O Sal da Terra. A Luta de Sonhos e Decepções de um Vereador Botucatuense*, Botucatu, 2005, p. 17.
104. Tito Batini, *Memórias de um Socialista Congênito*, Campinas, Unicamp, 1991, p. 159.

comportamento político o levaria a ser demitido da The São Paulo Gas Company e o jogaria de vez na militância revolucionária.

E para um encontro entre um militante e um iniciante há os espaços de possível socialização interclassista: bares, barbearias, bondes (automóveis eram raros mesmo entre pessoas bem aquinhoadas).

Em 1931, Caio Prado Júnior ingressou no Partido Comunista do Brasil (PCB). Ao rememorar o fato, ele apenas diz que foi recrutado por um garçom espanhol, provavelmente de um restaurante que ele frequentava. Não se sabe quem era o garçom. De acordo com alguns relatórios da polícia política, Caio Prado Júnior teve contato com o garçom Constantino Torres, de Santos. Mas este só entrou no PCB em 1934. Ele também conheceu Antônio Brittes, presidente do sindicato dos garçons em São Paulo. O mais provável é que tenha se aproximado do comunismo através do garçom espanhol Elias Sánchez.

Embora Sánchez tivesse sido preso como simpatizante da Liga Comunista Internacionalista (trotskista), ele era adepto do comunismo desde 1930 e tinha contatos com Corifeu de Azevedo Marques e Paulo Lacerda, dois dirigentes do PCB[105]. Além disso, o próprio Caio Prado manteve correspondência com Lívio Xavier, um dos principais trotskistas do período. Viria desse contato a acusação feita pelo PCB a Caio Prado de estar em conluio com trotskistas?

Em 1932 ele havia escrito uma tese para o partido em que discordava da linha política relativa aos camponeses, e o Comitê Regional de São Paulo (CR-SP) do PCB o acusou de trotskismo, como já vimos anteriormente. O que importa é que uma vez no PCB ele pediu em 12 de julho de 1932 seus 47 volumes de livros marxistas em francês: *O Capital*, *Herr Vogt*, a *Correspondência* de Marx e Engels, tomos das *Obras Completas* de Lênin etc.

Eram livros da Editora Costes, sucessora da Librairie Schleicher, que vinha do fim do século XIX[106]. A Felix Alcan, a Stock e a Marcel Rivière publicavam Marx enquanto textos de Trótski saíam pela Rieder. Segundo Edgard Carone, uma nova fase editorial começou em 1926, com modificações editoriais e organizatórias. A editora do *L'Humanité* (nome também do jornal do partido), foi substituída pelo Bureau d'Éditions e pela oficiosa Éditions Sociales Internationales[107].

Joaquim Câmara Ferreira, então estudante da Escola Politécnica de São Paulo, em 1931, sentou-se no bonde ao lado do comunista autodidata Adolfo

---

105. Vide Prontuário de Elias Garcia Sánchez, n. 2.032, DEOPS/SP.
106. Edgard Carone, *O Marxismo no Brasil*, Rio de Janeiro, Dois Pontos, 1986, p. 43.
107. *Idem, ibidem*.

Roitman que atuava em Santos (SP)[108]. Eles estavam na linha Vila Mariana--Ponte Grande. Roitman abriu um livro de Lênin e o jovem Joaquim Câmara Ferreira se interessou pelo assunto. Ambos entabularam a conversação que o levaria a se tornar um dos mais importantes dirigentes do partido[109] e, depois, da luta armada.

A jovem Rosa Brickman, futura esposa de Roitman e que atuava em Santos, disse literalmente aos seus perseguidores que se tornou comunista pela leitura de livros.

A situação dos leitores começou a mudar nos anos de 1930 quando uma variedade de títulos podia ser comprada em livrarias[110]. Uma oferta maior e contínua e o ingresso de estudantes e intelectuais modificaram a relação com a leitura. Muitos textos passaram a ser produzidos internamente.

A entrada no partido podia continuar sendo motivada por uma miríade de fatores singulares, mas nos anos de 1930 e 1940 era preciso estudar os livros básicos. João Falcão, estudante de Direito na Bahia, ingressou no partido em 1938. Emprestaram-lhe os seguintes livros: *Manifesto Comunista* (Marx e Engels), *Materialismo Histórico e Materialismo Dialético* (Stálin) e *Fundamentos do Leninismo* (Stálin). O operário de Santo André Armando Mazzo também cita esta obra em suas *Memórias*[111].

Falcão também leu o *ABC do Comunismo* (Bukharin), obra também citada por Carlos Lacerda[112], Agildo Barata e tantos outros. Lembremos que Bukharin seria fuzilado exatamente em 1938. Por conta própria, João Falcão buscou nos sebos os livros: *A Doença Infantil do Esquerdismo no Comunismo* (Lênin); *Duas Táticas* (Lênin) e *As Bases Fundamentais do Marxismo* (Plekhanov)[113]. Provavelmente se tratava da edição de 1934 da Editorial Calvino.

Muitos exemplos de leitura e "conversão" são individuais porque a leitura é predominantemente um ato solitário. O paranaense Hermógenes Lazier iniciou

---

108. Roitman era de origem russa ou ucraniana e viria a ser expulso do partido, mas provavelmente foi reintegrado depois (cf. Rodrigo Rodrigues Tavares, *A Moscouzinha Brasileira*, São Paulo, Humanitas, 2007, p. 79).
109. Luiz H. C. Silva, *O Revolucionário da Convicção. Vida e Ação de Joaquim da Câmara Ferreira*, Rio de Janeiro, Ed. da UFRJ, 2010, p. 65.
110. Tito Batini, *op. cit.*, p. 163.
111. Armando Mazzo, *Memórias de um Militante Político e Sindical no ABC*, São Bernardo do Campo, Secretaria de Educação, Cultura e Esportes, 1991, pp. 47 e 60.
112. Carlos Lacerda, *Depoimento*, Rio de Janeiro, Nova Fronteira, 1978, p. 35.
113. João Falcão, *O Partido Comunista que Eu Conheci*, Rio de Janeiro, Civilização Brasileira, 1988, p. 44.

seu vínculo com a ideologia comunista de igualdade aos treze anos (1944) quando leu *O Cavaleiro da Esperança*, de Jorge Amado[114]. Dois anos antes, Paulo Gnecco ganhara de seu avô o *Resumo de* O Capital (Carlo Cafiero). Leu em seguida *A História do Socialismo e das Lutas Sociais* (Max Beer)[115]. E a leitura engajada leva à leitura conjunta. Logo em seguida, ele estava em contato com mais três colegas do Colégio Paulistano da rua Taguá, num grupo chamado Ciclo Comunista.

A Economia do Livro

O financiamento das atividades comunistas em geral é um tema de difícil pesquisa. Sabe-se que, além da contribuição de militantes e, posteriormente, do envio de recursos do exterior, o PCB promovia arrecadação em sindicatos, festas e loterias. As festas deviam ser organizadas pelos sindicatos, clubes ou organizações em que os comunistas tivessem a direção. Constavam do evento: pagamento de entrada, programa artístico, bufê e tômbola[116].

Havia as tômbolas em benefício do jornal *A Classe Operária*. Um exemplar do bilhete da "quarta tômbola", que se realizou em 9 de março de 1929, pela loteria federal, anunciava "um retrato de Lênin com uma rica moldura" (1º prêmio) e "uma minúscula bigorna de aço polido, em cujo sepo se adaptam dois tinteiros, uma caneta e um lápis que são os vergueiros de um martelinho e uma enxada" (2º prêmio). O preço do bilhete era 1$000[117].

No início dos anos de 1930 somente o interior de São Paulo e o Rio de Janeiro pagavam pelo jornal *A Classe Operária*. No restante o jornal era gratuito (como a própria capital paulista) ou o dinheiro a ser recebido nunca chegava à redação. Houve momento em que o partido teve que enviar cobrança às células e zonas do Rio de Janeiro a fim de receber o valor das vendas de *A Classe Operária* e do *Programa e Estatutos da IC*[118].

Outros organismos paralelos serviam à arrecadação que sustentava senão o PCB, ao menos atividades do seu interesse. A Juventude Comunista tinha receitas próprias que provinham de vendas de revistas e contribuições ordinárias dos membros[119]. Caio Prado Júnior mantinha financeiramente o jornal

---

114. Adriano Codato & Marcio Kieller (orgs.), *Velhos Vermelhos*, Curitiba, UFPR, 2008, p. 157.
115. Luiz Paulo Gnecco, *Eu Lutei*, São Paulo, s.c.p., s.d., p. 5.
116. Comissão Nacional de Finanças, Circular, 1934.
117. Documento de arquivo pessoal do autor.
118. Circular s. d., secretariado político do PCB.
119. Balancete, maio de 1935.

A Plateia, junto com Maurício Goulart e João Penteado Stevenson. E sua contribuição mensal à ANL era de 100$000[120]. Durante greve de algumas categorias profissionais, o garçom Constantino Torres foi a Santo Amaro, numa reunião do PCB, e obteve de Caio Prado Júnior 500 mil-réis. O senhor Fonseca, comerciante e proprietário de vários imóveis em São Paulo, contribuía com o PCB[121].

Também os simpatizantes eram procurados. A arrecadação do CR-SP é de sete contos mensais entre simpatizantes: comerciantes, advogados e médicos[122]. Um balancete mostra que, entre maio de 1936 e 28 de fevereiro de 1937, o Socorro Vermelho, organização de auxílio dos operários, movimentou 47:713$200 e emprestou ao PC do Brasil 1:000$000.

Quando Palmiro Togliatti solicitou informações sobre o Brasil e recebeu livros e o *Retrospecto Comercial* de 1924 e 1925, Astrojildo não deixou de lembrá-lo da dívida: 120$000 (cerca de vinte dólares) e justificou: "somos pobríssimos"[123]. Quando uma russa radicada no Brasil quis assinar por seis meses a edição russa do *Pravda*, entregou a Astrojildo Pereira a quantia de 50$000[124] em 1928.

O empréstimo era usual entre os militantes, mas a compra exigia um esforço nos anos de 1920 para os membros do partido, que eram trabalhadores braçais na sua maioria. As estimativas de Onody mostram queda de 28% do salário real no Distrito Federal entre 1920 e 1937 e aumento do custo de vida[125].

Em fins dos anos de 1920 Tito Batini trabalhava na Gráfica e Editora Monteiro Lobato por 200$000 réis ao mês. A pensão em que morava à rua Asdrúbal do Nascimento custava 95$000 o quarto, a comida e a roupa lavada[126]. O custo mensal de uma refeição era de 60$360 em 1925 e de 46$190 em 1931. Uma família pagaria três ou quatro vezes mais em aluguel e refeição. O salário médio de um maquinista (um dos maiores da classe trabalhadora) quase não variou (250$000 a 240$000) entre 1925 e 1931. Houve uma deflação entre 1929 e 1931, apesar da elevação do câmbio[127].

---

120. Prontuário Deops 1691. Arquivo do Estado de São Paulo.
121. A. P. Palamartchuk, *op. cit.*, p. 207.
122. Informe, Brasil, Situação Nacional, 20 de outubro de 1936.
123. Carta a Ercoli, Rio de Janeiro, 7 de agosto de 1928.
124. Astrojildo Pereira, manuscrito, 9 de dezembro de 1928.
125. Oliver Onody, *Inflação Brasileira (1820–1958)*, Rio de Janeiro, 1960, p. 264.
126. Tito Batini, *op. cit.*, p. 138.
127. M. Cardim, *Trabalho Apresentado ao Snr. Otto Niemeyer*, São Paulo, Bolsa de Fundos Públicos de São Paulo, 1931. Recordemos que houve uma queda de preços, meio circulante e salários entre 1929 e 1931, apesar da elevação do câmbio. Embora só conheça a edição de 1936 e não o folheto pioneiro de 1931,

Pelos preços anotados em alguns exemplares vemos que havia livros no início dos anos de 1930 que custavam até 8$000, embora fosse um preço acima da média. Um ferreiro paulista ganhava 6$000 por dia em 1931. Um exemplar do *Manifesto Comunista* custava 1$000 enquanto o jornal *O Estado de S. Paulo* no dia do *crash* da Bolsa em 1929 custava metade disso e o *5 de Julho* (jornal dirigido por Canellas) custava $200. A obra *Em Marcha para o Socialismo* (Stálin) custava 3$000.

A coleção de literatura da Editora Pax em 1934 podia ser assinada pelo preço de 50$000 (doze obras). O leitor poderia pagar 10$000 na inscrição e 4$000 mensais durante dez meses. A Coleção Literatura Moderna (Edições Cultura Brasileira) apresentava livros a 5$000 em média. Uma lista do mesmo ano de 1934 da seção de sociologia da Livraria Brasil (alfarrábio), sediada na rua Benjamin Constant, São Paulo, trazia um preço médio de 6$800 réis.

O livro de Alia Rachmanova, traduzido do alemão por Felippa Muniz (*Fábrica do Novo Homem: Episódios da Vida Russa Soviética*, Porto Alegre, Globo, 1936, 280 pp.) custava 7$000 réis.

A Revolução de 1930 do Livro

O mercado editorial brasileiro era pequeno e passivo (o livro não era levado ao leitor). Havia mais tipografias e editoras do que livrarias. Monteiro Lobato levantou apenas 35 livrarias em todo o país em 1919! Por isso inaugurou a consulta aos Correios para criar novos pontos de venda[128].

A distribuição foi sempre um obstáculo às iniciativas editoriais marxistas. Arrumar uma gráfica clandestina e até sustentá-la eram dificuldades sérias, mas que podiam ser suplantadas. Somente quando Leônidas de Rezende ingressou no partido a situação mudou e o jornal *A Nação* tornou-se órgão oficioso do PCB em 1927. Rezende tinha cinco linotipos e uma grande rotativa[129] e permitia que *A Classe Operária* fosse rodada pela manhã. Caio Prado Júnior, por exemplo, manteve uma gráfica clandestina para o PCB no bairro paulistano de Indianópolis. Durante o funcionamento da ANL (Aliança Nacional Libertadora) os impressos eram rodados numa miríade de locais.

Bóris Fausto lembra que o levantamento de Cardim usa apenas média simples e não inclui o macarrão na cesta básica paulistana (Bóris Fausto, *Trabalho Urbano e Conflito Social*, São Paulo, Difel, 1976, p. 166).
128. Olímpio de Souza Andrade, *O Livro Brasileiro desde 1920*, 2. ed., Brasília, INL, 1978, p. 19.
129. Astrojildo Pereira a Codovilla, 2 de setembro de 1926.

O período 1930-1935 ampliou os quadros do PCB e permitiu-lhe um funcionamento editorial mais regular e sede legalmente reconhecida. As Edições Cultura Brasileira situavam-se na rua Quirino de Andrade em São Paulo. A Editorial Pax situava-se na rua Líbero Badaró em São Paulo. Era financiada por Luís Carlos Prestes e fechou durante a Revolução de 1932[130]. A Typographia Cupolo, localizada na rua do Seminário, atendia as editoras e ela mesma mais tarde editou poucos livros comunistas.

Edgard Carone lista as seguintes editoras: a Editorial Pax (1931-1932); Calvino Filho Editor (1929) que será fechada e seus livros apreendidos em 1933; Unitas, propriedade de Salvador Pintaúde e ligada aos trotskistas; Edições Cultura Brasileira, propriedade de Galeão Coutinho; a Caramuru (1934) conta com a ajuda de Caio Prado Júnior; Athena pertence a Pascoale Petraccone; Alba; Nosso Livro; Selma; Editorial Trabalho etc. Editoras ecléticas também se ocupam da literatura de esquerda (a favor e contra). Elas se guiam obviamente pelo mercado como a Livraria do Globo. Livros comunistas encontravam guarida também em empresas sem qualquer ligação ideológica com o partido, simplesmente porque tinham impressoras. A Editora Revista dos Tribunais possuía parque gráfico próprio, depois da aquisição de um lote de máquinas da falida empresa Monteiro Lobato & Cia.[131]. O livro *Evolução Política do Brasil* de Caio Prado Júnior saiu por lá.

Mesmo algumas editoras cujos donos se ligam à esquerda publicam livros sem conotação marxista[132]. Algumas fechavam e retornavam possivelmente com outro nome ou seus editores se associavam a novos. O catálogo podia ser herdado. É assim que o livro de Michael Gold (*Judeus sem Dinheiro*) sai em 1932 pela Pax, em 1934 pela Cultura Brasileira e em 1944 pela Calvino, sempre na tradução de Cid Franco. O que se repete com vários títulos como *A Mãe* (Górki), por exemplo.

A Marenglen é editora do partido. O nome é abreviatura de Marx/Engels/Lênin. Da mesma forma Selma significa Stálin, Engels, Lênin e Marx. A Marenglen não só traduziu e editou muitos livros de propaganda soviética como tinha uma rede de vendedores por consignação, como já acontecia em escala menor com os "pacoteiros" de Astrojildo nos anos de 1920.

---

130. Edgard Carone, *O Marxismo no Brasil*, p. 67.
131. Fernando Paixão (org.), *Momentos do Livro no Brasil*, São Paulo, Ática, 1996, p. 57.
132. Edgard Carone, *O Marxismo no Brasil*, p. 69.

A propaganda do livro *Em Marcha para o Socialismo* (Stálin) em 1931 era feita num panfleto colorido com o preço, as opiniões de críticos e o aviso: "Em todas as livrarias". Em 26 de agosto de 1931, numa nota de entrega de livros da Marenglen constavam dez exemplares deste livro com valor unitário de 3$000. Antônio Mendes de Almeida, o destinatário, obteve 30% de desconto[133].

A Marenglen fazia permutas com as Ediciones Europa-América, a qual se situava em Paris e mudou-se para Barcelona em 1931. É que esta editora publicava livros em português também. Eram enviados em pacotes com fatura e desconto de 50% para o PCB revendê-los[134]. A Marenglen solicitou à Europa-América vários livros marxistas, entre eles a *Historia del Partido Bolchevique*. Embora a Marenglen vendesse obras em espanhol, na correspondência há a solicitação de cem exemplares de cada título em português e somente vinte em espanhol[135].

Mas não era fácil a vida dos editores comunistas no Brasil. A fatura de 31 de outubro de 1931 acusava 113,35 pesetas[136] não pagas. Pela correspondência da editora sabemos que o pacote de livros não foi retirado no correio e retornou à filial de Paris, causando estranheza aos editores[137]. A Editorial Marenglen só depois pôde explicar o que aconteceu. Em setembro de 1931, o gerente foi preso e deportado e somente quatro meses depois os novos responsáveis puderam reorganizar a editora.

A Pax usava comentadores famosos como técnica de divulgação. *Judeus sem Dinheiro*, de Michael Gold, trazia críticas de Afonso Schmidt (*A Plateia*), Medeiros e Albuquerque (*A Gazeta*), Gerolino Amado (*Diário da Noite*) e Menotti del Picchia (também *Diário da Noite*)[138]. O advogado e tradutor Arnaldo Pedroso d'Horta (1914-1973) participou da editora. A citada Coleção Literatura Moderna (Edições Cultura Brasileira) trazia os seguintes títulos com comentadores[139]:

---

133. Cf. Maria Luiza Tucci Carneiro, *Livros Proibidos, Ideias Malditas*, São Paulo, Estação Liberdade, 1997, p. 50. (Reeditado pela Ateliê Editorial em 2002.)
134. Correspondência, Paris, 8 de setembro de 1931. Cedem A2, 13 (2)-4.
135. Correspondência, São Paulo, 7 de janeiro de 1932.
136. Correspondência, Barcelona, 31 de outubro de 1931.
137. Correspondência, Barcelona, 16 de janeiro de 1932.
138. Coleção Humanitas editada pela Editorial Pax, s. d.
139. A lista encontra-se no livro *120 Milhões*, de Michael Gold, tradução de Ricardo Morais (São Paulo, Edições Cultura Brasileira, 1934, preço: 6$000). Uma segunda edição foi feita pela Editorial Calvino em 1944, de acordo com Edgard Carone.

Título	Autor	Comentador
O Volga Desemboca no Mar Cáspio	Boris Pilniak	Limeira Tejo
O Delator	Liam O'Flaherty	Rubem Braga
Djumá, Cão sem Sorte	René Maran	Menotti Del Picchia
Nasceu uma Criança	Charles Yale Harrison	Mucio Leão
O Amor em Liberdade	Léo Goomilewsky	Eduardo Frieiro
Fome	Knut Hamsun	Mario Poppe
Contos Soviéticos	Vários	Esdras Farias
O Lobo da Estepe	Herman Hesse	Jorge Amado
Judeus sem Dinheiro	Michael Gold	Jayme de Barros

Num país de poucas livrarias, como vimos, a ação do PCB foi inovadora na área editorial no conteúdo e na forma porque trouxe à baila nova literatura, novos conceitos e mecanismos inéditos de distribuição e venda.

O Negro

Parafraseando a sentença de Marx, dir-se-ia: um branco é um branco, só em certas condições ele se torna um racista. Durante o Estado Novo prosseguiu o apagamento da cultura do homem e mulher negros:

> Grande parte dos mitos nacionais brasileiros foi criada durante a Guerra do Paraguai e aperfeiçoada desde então, particularmente durante os vinte e quatro anos de governo de Vargas e Dutra. Os governos de Vargas e Dutra dispuseram para este fim de dois poderosos instrumentos: (a) a rede de radiodifusão, elemento chave na massificação social moderna; e (b) a rede nacional de escolas públicas para o ensino fundamental, que permitiu, pela primeira vez, "fabricar os brasileiros em série". Tanto o rádio como a escola primária permitiram à burguesia industrial nascente atingir a consciência dos negros, modificando-lhes os valores e apresentando uma equipe de heróis nacionais, os "pais-da-pátria", que excluíam os próprios antepassados negros[140].

Eram raros os livros comunistas sobre sua condição, embora houvesse negros na direção do PCB no início dos anos 1930. O primeiro candidato comu-

---

140. Wilson Barbosa, *O Caminho do Negro no Brasil*, São Paulo, s.m., 1999.

nista à presidência, Minervino de Oliveira, era negro. Quando o portuário negro Geraldo Rodrigues dos Santos foi convidado a ingressar no PCB em 1944, ofereceram-lhe o livro *O Filho Nativo,* de Charles Wood, cujo conteúdo era a denúncia do racismo nos Estados Unidos[141].

O I Congresso Afro-Brasileiro reuniu-se em 1934 no Recife e o da Bahia aconteceu em 1937, ano em que a Frente Negra Brasileira promoveu o seu congresso. O Estado Novo impediu a existência de partidos políticos e aquela frente mudou o nome para União Negra Brasileira. O *Manifesto do Centro de Cultura Afro-Brasileira* do mesmo ano defendia a instrução da infância negra e o cultivo da memória de grandes negros[142].

Queima de Livros

Num mundo ainda epistolar, ler cartas podia ser um ato cheio de emoções. As correspondências dos militantes usavam pseudônimos ou eram dirigidas à posta-restante, como ocorreu desde o início com algumas cartas oficiais da Internacional Comunista[143]. A posta-restante permite que uma correspondência para um destinatário que não tem endereço fixo ou não o quer fornecer seja enviada para uma agência de Correios do conhecimento do destinatário.

Em 1924, a polícia do Rio de Janeiro queimou mil exemplares do *Programa Comunista* e de *O Comunismo Scientífico* de Bukharin (a tiragem era de dois mil). No mesmo ano, parte da primeira edição de *Rússia Proletária* e centenas de exemplares da primeira edição brasileira do *Manifesto Comunista* foram destruídos em Porto Alegre[144]. Boa parte da segunda edição (São Paulo, Unitas, 1931) foi apreendida pela polícia[145], o que torna a primeira e a segunda edições do *Manifesto* raridades de marxistas bibliófilos. A nova edição do *Manifesto* deveria ter as notas de Riazanov[146], mas é baseada na edição francesa de Amadée Dunois de 1922.

O caso do livro de Amadeo Bordiga é mais trágico. Não há referência dele na época. Sua obra *O Fascismo*, com tiragem de dois mil exemplares, pode ter sido quase totalmente destruída pela polícia[147]. Ao ser visto na The São Paulo

---

141. Lincoln A. Penna, *A Trajetória de um Comunista,* Rio de Janeiro, Revan, 1997, p. 31.
142. Wilson Martins, *História da Inteligência Brasileira*, São Paulo, Cultrix, 1979, vol. VII, p. 102.
143. Carta de Julio Beilich ao Gruppe Communiste du Brésil, 19 de abril (ano impreciso: 1922).
144. Carta de Octávio Brandão a Bela Kun, Rio de Janeiro, 18 de novembro de 1924.
145. Edgard Carone, *Da Esquerda à Direita*, Belo Horizonte, Oficina de Livros, 1991, p. 75.
146. Heitor F. Lima a Astrojildo Pereira, 10 de abril de 1930.
147. PCB, SBIC, Relatório Geral sobre as condições econômicas, políticas e sociais do Brasil e sobre a situação do PC Brasileiro, carta recebida em Moscou a 16 de janeiro de 1924.

Gas Company guardando *Os Dez Dias que Abalaram o Mundo* (John Reed) na sua gaveta, Tito Batini foi censurado por um colega de trabalho[148]. No início do Estado Novo (1937) 1500 exemplares da obra de Jorge Amado haviam sido queimados em praça pública[149]. Até mesmo conferências sobre livros eram vigiadas pela polícia política. As palestras de Caio Prado Júnior sobre a URSS no Clube dos Artistas Modernos (CAM) foram anotadas por espiões. O CAM era um ponto de encontro de intelectuais comunistas ou simplesmente de esquerda e situava-se nos baixos do Viaduto Santa Ifigênia em São Paulo. Das palestras resultou o livro *URSS, um Novo Mundo*, publicado em 1934 a expensas do próprio autor[150]. A primeira edição se esgotou rápido, mas no ano seguinte a segunda foi inteiramente confiscada pela polícia.

Quando o italiano Goffredo Rosini e o professor José Neves foram presos no dia 6 de março de 1934, na esquina entre a rua Major Diogo e a Brigadeiro Luís Antônio em São Paulo, eles estavam cometendo dois crimes: falar de política e levar um livrinho chamado *Rumo à IV Internacional*, editado em 1934, com textos de Trótski e G. Gurov[151].

No ano seguinte, o professor da Faculdade de Direito da USP, Alberto da Rocha Barros, deu uma conferência em Jaboticabal (SP) sobre seu opúsculo *Que É o Fascismo?* (publicado sem editora em 1935 e reeditado depois do golpe militar de 1964). De repente, agentes policiais e integralistas avançaram contra o orador que, previdente, estava protegido por seguranças comunistas de respeitável compleição física. Rocha Barros era do PCB e dirigente da Frente Nacional Democrática, organismo antifascista[152].

Quando ocorreram as derradeiras quedas de dirigentes comunistas em 1939, entre eles Hermínio Sacchetta e Carlos Marighella, a polícia apreendeu na rua Conselheiro Nébias "cinco mil exemplares de propaganda do credo vermelho"[153].

O confinamento da Revolução Russa e a transformação do Komintern numa extensão da política exterior soviética também têm reflexo editorial.

---

148. Tito Batini, *op. cit.*, p. 162.
149. Antonio Risério, *Adorável Comunista*, Rio de Janeiro, Versal, 2002, p. 118.
150. Edgard Carone, "Caio Prado Júnior", *Revista do Instituto de Estudos Brasileiros*, São Paulo, n. 32, 1991, pp. 214-217.
151. Polícia do Estado de São Paulo, Delegacia de Ordem Social (1ª seção), prontuário nº 173, registro geral em 26 de fevereiro de 1946.
152. Rocha Barros saiu do partido na cisão de Hermínio Sacchetta (1937) (cf. Depoimento do saudoso A. L. da Rocha Barros, seu filho que se tornou professor do Instituto de Física da USP e membro do PCB).
153. *Comércio Popular*, Campinas, 31 de maio de 1939.

Num inquérito realizado por uma revista em 1934, Caio Prado Júnior apontou os livros que seriam indispensáveis à iniciação a uma cultura socialista. Com exceção de Anton Menger (1841-1906), socialista de cátedra austríaco, todos os outros eram autores russos: Plekhanov, *Princípios Fundamentais do Marxismo*; Bukharin, *Tratado de Materialismo Histórico*; Lapidus e Ostrovitianov, *Princípios de Economia Política*; Lênin, *O Estado e a Revolução* e *Imperialismo, Etapa Superior do Capitalismo*; Anton Menger, *L'État Socialiste*[154]. Por isso o anticomunismo se confunde com o ódio à URSS.

Se falar não se podia, muito menos ler. Os leitores tinham que disfarçar suas edições. A *Revista da Internacional Comunista*, número 1, trazia o artigo "Sobre a Conspiração", mas a capa tinha o título "Atualidades Mundiais"[155]. Quando o cabo Giocondo Dias montou uma célula militar em Salvador, o vendedor Abrahim Majdalani vendeu "por baixo do pano" *A História do PCUS*; o livro do Deão de Canterbury; *El Poder Soviético*; e o resumo de *O Capital*[156].

Em 1941 a literatura proibida na cidade de Salvador provinha da Editorial Claridad da Argentina, como *O Cavaleiro da Esperança* (Jorge Amado), mas era comercializado sob a capa de *Vida e Martírio de São Luíz*. O resumo de *O Capital* era apresentado sob a capa de uma obra de Churchill (*Passo a Passo*).

Eppur si muove. Curiosamente, o livro apreendido podia voltar ao mercado. O pernambucano Paulo Cavalcanti deveu sua iniciação no comunismo a um amigo que trabalhava na Delegacia de Ordem Política e Social (DOPS), no Recife. Este amigo contou-lhe que havia uma verdadeira biblioteca de livros apreendidos dos estudantes e intelectuais pernambucanos. Ele oferecia uma sociedade para que vendessem os exemplares às escondidas. O preço era dois mil-réis para os menores e cinco mil os maiores ou em dois volumes.

Anticomunismo

Sem uma editora própria, o PCB teve seu antípoda não no socialismo ou no liberalismo, correntes que não se organizaram no Brasil. Como na França (segundo Emannoel Todd) e na Itália, o negativo doutrinal do comunismo é o anticomunismo sob o invólucro do conservadorismo católico.

---

154. *Revista Acadêmica*, n. 9, Rio de Janeiro, 1934.
155. Manuscrito, 1936-1938.
156. João Falcão, *Giocondo Dias*, p. 99.

O anticomunismo é a operação de propaganda que consiste em exacerbar, inventar ou mesmo distorcer conceitos marxistas e leninistas com o escopo de criar uma caricatura do comunismo. Georges Labica em seu *Dictionnaire du Marxisme* acentua este aspecto que é a caricaturização do comunismo. Não se trata de operação intelectual ou tradução política de uma teoria. O anticomunismo não é uma teoria e sim um conjunto de preconceitos. Por exemplo: a ideia de que os comunistas socializarão a propriedade privada dos meios de produção é apresentada como a coletivização ou apropriação pelo Estado de uma pequena casa ou mesmo das crianças.

Outras formas do anticomunismo foram importantes, mas o que deve ser assinalado é que, assim como o comunismo tinha uma dimensão de doação pessoal a uma causa, o anticomunismo tinha um peso ontológico. Dizia respeito mais a uma condição do que a uma simples posição no espectro partidário.

O anticomunismo se inicia efetivamente no Brasil depois do levante de 1935. Antes, ele tem um caráter difuso. De 1935 até o auge da ditadura militar (1975, quando os grupos da luta armada estavam derrotados), comunismo e anticomunismo se reforçaram e combateram mutuamente. Depois de 1975 o anticomunismo declina juntamente com três processos: a laicização, o declínio do monopólio católico (crescimento dos neopentecostais) e a mercantilização da sociedade civil com novas oportunidades de sociabilidade fora dos espaços religiosos.

O ambiente posterior à derrota da insurreição de 1935 é marcado pela diminuição dos livros comunistas. Algumas obras mantêm a circulação de certas ideias a contrapelo. Livros anticomunistas aumentam em número como o de Alia Rachmanova (*Estudantes, Amor, Tscheka e Morte*, Porto Alegre, Globo, 1936, 326 pp.). O romance é um exemplo das possibilidades da leitura. A obra prende o leitor pelo enredo pleno das aventuras de uma adolescente durante a Revolução Russa. Lênin e os bolchevistas são demonizados, mas a autora não se cala diante da situação difícil do povo, da desolação da guerra. O Exército Branco acaba sendo mostrado como salvador da civilização contra os vermelhos, cuja arrogância é representada num sobrinho de Trótski.

Para uma publicação feita no sul do Brasil talvez não fosse estranha uma epígrafe em alemão e sem tradução: "*Du magst ohne Furcht sprechen wenn Du Dich nur durch Dein Gewissen leiten lasst*". Epígrafe irônica se cotejada com o ambiente de repressão que se instalaria no Brasil em 1937, pois nos diz que você pode falar sem medo quando você se deixa levar pela sua consciência. O livro traz inúmeras informações que não eram comuns na época: foi traduzido do alemão por Felippa Muniz, tem capa de Edgard Koetz, retrato da autora e traz um glossário de termos russos. O fato de que outra novela da mesma autora trouxesse um vocabulário ao fim da obra não deixa de nos remeter ao jargão.

Obras filonazistas e integralistas circulam muito e não é meu intuito elencá-las aqui. Mas chama a atenção o anticomunismo que se utiliza da crítica da extrema-esquerda à Rússia soviética. Heitor Moniz, por exemplo, cita Trótski e todos os perseguidos por Stálin a favor de sua tese antissoviética. O autor se regozija com a situação de Harry Berger, o comunista alemão cuja tortura revelou a face mais monstruosa do Estado Novo. O seu livro foi distribuído pela polícia! O exemplar da biblioteca da Faculdade de Direito da USP traz o carimbo do Serviço de Divulgação da Polícia Civil do Distrito Federal.

Obras de Goebbels e Hitler também circulam em português e têm como alvo o comunismo. É isso que justifica sua difusão no Brasil. A Typographia Wenig, à rua Vitória, edita obras nazistas em São Paulo.

O Novo Vocabulário

Antes da chegada das primeiras notícias da Revolução de 1917 o termo camarada não era de amplo uso, salvo em alguma tradução de artigo socialista europeu. Os anarquistas usam-no depois de 1917 e os soldados usavam-no para se referir aos "camaradas de armas".

Mas depois da fundação do PCB a palavra é bolchevizada e monopolizada pelo partido. Só são camaradas os membros. O próprio termo russo era amplamente escrito, lido e falado: *Tovarischtschi*, segundo uma transcrição da época. O termo russo foi adotado pelos comunistas brasileiros em conversas informais ao lado de outros brasileirismos como "pécus" para se referir ao PCUS – Partido Comunista da União Soviética.

As sessões, círculos, clubes, centros e outras denominações do socialismo reformista subsistem nos anos de 1920, mas vão sendo substituídas por: célula, agitprop, bureau (ou birô), massas, base, proletarização, estratégia e tática. A Internacional Comunista é conhecida pelo termo russo *Komintern* (Astrojildo, por exemplo, usava este termo)[157] e o seu boletim é chamado de *Imprekorr*. Usa-se também o francês *Correspondance Internationale*.

---

157. Carta de Astrojildo Pereira a Heitor Ferreira Lima, Corumbá, 18 de janeiro de 1928.

Na França, o estabelecimento do *Front Populaire* "nacionaliza" a linguagem comunista: Frente, Aliança, Unidade etc. O *Front Unique*, termo que se opõe ao oportunismo da social-democracia é substituído por *Front Uni*, para evitar o desvio sectário[158]. No Brasil temos a partir de 1934: aliança, frente única. E os adjetivos: democrática, antifascista e nacional. Mais tarde, o jornal do PCB deixará de ser *A Classe Operária* para se tornar a *Voz da Unidade*. Embora isso se dê em outra conjuntura, estava perfeitamente radicado na tradição comunista. O jornal fundado por Gramsci na Itália se chamava *L'Unità*.

O jargão podia ser nacionalizado. É assim que depois da viragem do VI Congresso da Internacional Comunista (1928), o PCB se "proletariza", submete-se à representante de Moscou no Brasil (Inês Guralsky), afasta os "intelectuais" Astrojildo, Brandão, Paulo Lacerda, Casini etc. e chama em 1931 de "astrojildismo"[159] o desvio de direita de Bukharin[160].

Desse modo, os termos liquidacionista, fracionista, desvio de direita e de esquerda, sectarismo, esquerdismo, oportunismo (de direita e de esquerda), centrista e muitos outros eram invocados nas resoluções acusatórias. O termo trotskismo ocupa várias páginas dos manuscritos de comunistas brasileiros e de livros, sempre acompanhado. Por exemplo: "Cães trotskistas"[161]. Os "acusados" e expulsos como tais quase nunca eram adeptos de Trótski: Corifeu de Azevedo Marques, Nise da Silveira, Sadi Garibaldi (que permaneceu no partido depois) e, mais tarde, Hermínio Sacchetta, Rocha Barros, entre muitos.

As Mulheres

Em seu livro *Rebeldias* (1921, prefaciado por Everardo Dias) Paulo Lacerda criticava a criminalização do aborto, mas sua vaga inspiração libertária escondia-se sob linguagem moralizante. Quando Patrícia Galvão publicou *Parque Industrial* (1933) teve que usar o pseudônimo de Mara Lobo. Sua linguagem direta e telegráfica e o vocabulário sexual e feminista incomodavam os comunistas.

---

158. Annie Kriegel, *Communisme au miroir français*, Paris, Gallimard, 1974, p. 104.
159. Luiz A. Zimbarg, *O Cidadão Armado (Comunismo e Tenentismo: 1927-1945)*, Unesp, *campus* de Franca, 2001, Dissertação de Mestrado.
160. Marcos Del Roio, *A Classe Operária na Revolução Burguesa. A Política de Alianças do PCB: 1928–1935*, Belo Horizonte, Oficina de Livros, 1990, p. 214.
161. Lauro Reginaldo da Rocha (Bangu), manuscrito, 19 de janeiro de 1938.

A citada anteriormente Editora Pax publicava os primeiros livros feministas de Alexandra Kollontai: *O Amor na Sociedade Communista, A Nova Mulher e a Moral Sexual*. Também: *Passageiros de 3ª* (Kurt Klaber), comentada no catálogo por Thomas Mann; *O Despertar da Ásia* (Worsky Riera); *O Livro de Goha, O Simplório* (Alberto Adés e Alberto Josipovici), obra feita por dois egípcios como denúncia da situação da mulher sob o serralho; *A Liberdade de Amar* (Léo Goomilewsky), *Análise do Problema Sexual na Rússia*.

Mas entre a leitura e a mudança dos costumes há um longo aprendizado. Vejamos uma história.

No romance *A Locomotiva* o escritor comunista Afonso Schmidt faz uma crítica contundente da Revolução Constitucionalista de 1932. Embora escrito um quarto de século depois dos eventos, o autor recorda aspectos da vida cotidiana dos comunistas daquele período. Ele descreve uma reunião clandestina em São Paulo onde um dirigente do Rio de Janeiro dirige os trabalhos. Isto se devia ao fato de que os paulistas haviam sido todos presos. O autor não nos dá nomes verdadeiros, mas indica que se trata de homem nascido em Vassouras (RJ) e pertencente às altas rodas da sociedade fluminense.

Trata-se provavelmente de Fernando Paiva de Lacerda, um dos novos dirigentes da fase conturbada do obreirismo no PCB em 1931 ao lado de Leôncio Basbaum. Mas neste ano o irmão de Fernando, Paulo Lacerda, era o ex-dirigente do Rio de Janeiro que juntamente com Astrojildo Pereira fora excluído da direção e deslocado para o comitê regional de São Paulo.

A "moda" comunista consistia em chapéu barato, amarrotado. A barba ficava por fazer, a roupa velha, suja e deformada pelo uso, sem gravata, combinava-se a sapatos cambaios e meias baratas. O comunista devia fumar cigarros baratos. Tomar banho todos os dias era hábito pequeno-burguês[162]. Até a companheira Nezinha, que o acompanhava (também de origem de classe superior)[163], é retratada com "jeito de arrumadeira despedida". "Estava-se na fase do obreirismo", completa o autor[164].

---

162. Leôncio Basbaum, *Uma Vida em Seis Tempos*, p. 75.
163. "Nezinha", talvez Erecina Borges, aqui já citada. Também conhecida como Cina.
164. Affonso Schmidt, *A Locomotiva*, São Paulo, Zumbi, 1959, p. 19.

Ao se enamorar de Linda, uma simpatizante paulista do PCB, cunhada do jornalista Osvaldo Costa, Honório Freitas Guimarães foi impedido de viver com ela, pois era de origem "pequeno-burguesa". Como seus colegas de direção também viviam sós, Honório concordou![165]

Quando Cina, a esposa de Fernando Lacerda, foi proposta para o Comitê Central do PCB, Leôncio Basbaum a impediu e lhe destinou um cargo burocrático de secretária. Mais tarde, Cina alegou ter direito a voto por ser proletária. Ela alegava que, mesmo sendo oriunda da classe média, trabalhava para o marido. O CC aceitou o argumento. Mas, quando ao perder uma discussão Cina chorou, Basbaum exclamou: "Isso, camaradas, não é comunismo, é mulherismo!" Por isso, ele foi acusado de ter um conceito burguês sobre as mulheres e o comportamento feminino e, contra a vontade, fez uma autocrítica pública[166]. Mas recorreu ao Birô Sul Americano e Cina voltou ao cargo de mera secretária.

Cina mais tarde abandonou os filhos e o marido, doente do coração. Para "piorar" sua reputação, foi embora com um comunista dos Estados Unidos que passara pelo Brasil.

Em 1931, quando Paulo Lacerda (irmão de Fernando) foi preso em São Paulo, depois ficou louco, surgiu a lenda masculina de que ele tivesse sido enfeitiçado por uma mulher do *bas-fond* de São Paulo. Ele era "pai de família". Paulo foi expulso para o Uruguai onde foi encontrado caminhando nu pelas ruas (morreu em 1967).

Evolução Política

O PCB era um partido leninista de vanguarda. Depois do II Congresso (1925) o partido adota a linha de aliança com a pequena-burguesia (liderada pelos tenentes). O Brasil é definido pelo dualismo agrarismo *versus* industrialismo e a estratégia seria de duas etapas: Revolução Burguesa e, depois, proletária. De janeiro de 1927 a agosto do mesmo ano o PCB foi legalizado e manteve como vimos um jornal diário oficioso (*A Nação*, 3 de janeiro a 11 de agosto).

A política de alianças do PCB havia levado ao Bloco Operário em 1927. O PCB ampliava sua atuação mediante o acordo com um deputado federal

---

165. WilliamWaack, *Camaradas*, São Paulo, Companhia das Letras, 1993, p. 69.
166. Leôncio Basbaum, *op. cit.*, pp. 114-117.

(Azevedo Lima) e do jornal *A Nação*, aqui citado. Aquele deputado, todavia, afastou-se do partido. Mais tarde, o PCB reorganizou sua frente eleitoral com o Bloco Operário e Camponês (BOC) e elegeu em 1928 como intendentes, no Rio de Janeiro, Octávio Brandão e o marmorista negro Minervino de Oliveira. Embora demonstre o avanço de um partido, o lançamento de um negro à presidência do Brasil é sintomático que depois de sua prisão em 1930 nada mais se tenha sabido dele.

Ainda assim, o PCB sofreu cisões na área sindical. Por exemplo, a saída dos operários sindicalistas Joaquim Barbosa e João da Costa Pimenta[167]. O PCB tentou criar federações regionais sindicais. No Rio de Janeiro, Joaquim Barbosa foi eleito presidente da federação local e, depois, substituído por João da Costa Pimenta. Em fevereiro de 1928, ambos são responsabilizados pelo fracasso da ação sindical partidária. Quarenta membros (alfaiates na maioria) da célula 4R dirigida por Barbosa abandonam o partido[168].

O PCB também viu surgir um primeiro grupo trotskista liderado por Lívio Xavier, Mário Pedrosa, Rodolfo Coutinho, Hilcar Leite, Aristides Lobo, Fúlvio Abramo, Plínio Mello e outros membros da juventude comunista. Nesta se fazia sentir a influência do professor do Colégio Pedro II (Distrito Federal) Rodolfo Coutinho, que levou consigo vários alunos.

A crise desaguou no III Congresso de 1928. Não por acaso foi o ano da viragem da Internacional Comunista em que a aliança com os sociais--democratas é condenada. No Brasil a linha de proletarização dos quadros dirigentes (obreirismo) e isolamento diante dos demais partidos foi criticada por Josias Carneiro Leão como algo "inteiramente fora das condições brasileiras"[169].

O III Congresso alijou o PCB de qualquer participação na Revolução de 1930, sepultou a experiência do BOC e excluiu do partido toda a sua primeira camada dirigente fundadora do partido, em acordo com o secretariado sul--americano da Internacional Comunista[170]. Em 1929, o recém-formado SSA-IC lançou a "Carta Aberta aos Partidos Comunistas da América Latina Sobre os Perigos de Direita", aprovada pelo PCB em seguida.

---

167. Marcos Del Roio, *op. cit.*, pp. 49 e ss.
168. Antonio Ozaí da Silva, *História das Tendências no Brasil*, São Paulo, s. ed., s. d., p. 46.
169. Eliezer Pacheco, *O Partido Comunista Brasileiro (1922-1964)*, São Paulo, Alfa Ômega, 1984, p. 120.
170. Sobre este período vide Marcos Del Roio, *A Classe Operária na Revolução Burguesa: A Política de Alianças do PCB, 1928-1935*.

Astrojildo estava em Moscou e o líder do partido interinamente era Cristiano Cordeiro. Em abril de 1929 assume Paulo de Lacerda, intelectual fluminense e irmão de Fernando e do deputado socialista Maurício de Lacerda. Paulo seria logo substituído por uma direção coletiva de que participavam seu irmão Fernando e Leôncio Basbaum.

Em janeiro de 1930 Astrojildo retorna e é criticado. Começa a caça às bruxas com a autocrítica de Astrojildo Pereira. Octávio Brandão e Minervino de Oliveira são criticados e Fernando Lacerda e Leôncio Basbaum, afastados da direção. Astrojildo denuncia os erros de Cristiano Cordeiro em Pernambuco e assim sucessivamente. Em dezembro o partido substitui Astrojildo e coloca em seu lugar Heitor Ferreira Lima. Mas Heitor, aparentemente, resistiu a aplicar a nova linha política do SSA-IC e em junho foi mandado para organizar o partido no Nordeste e Fernando Lacerda assumiu seu posto.

Como o obreirismo solicitava operários no comando, começa um instável período em que secretários-gerais proletários se sucedem sem se estabilizar no comando. Em janeiro de 1932 o operário metalúrgico José Villar (Miguel) assumiu; em novembro, o gráfico do estado do Rio de Janeiro, Duvitiliano Ramos; em dezembro o tecelão baiano Domingos Brás, que vivia em Petrópolis. Brás segurou-se no cargo até ser substituído por outro baiano em junho de 1934, o professor primário Antônio Maciel Bonfim (Miranda).

A formação do Grupo Comunista Lênin, em maio de 1930 (dele faziam parte nomes como Mário Pedrosa e Lívio Xavier), por outro lado, trazia o trotskismo ao cenário nacional. Este grupo editou o jornal *Luta de Classes* e participou ativamente do jornal antifascista *O Homem Livre*. O trotskismo não era insignificante em São Paulo e, de acordo com alguns dados, poderia mesmo suplantar a importância do PCB. Segundo cálculo do cônsul dos Estados Unidos, em 1934 o trotskismo contava com dois mil adeptos em São Paulo e os comunistas com 1 500.

No PCB a luta interna é, neste momento, eivada de autocríticas humilhantes e acusações mútuas. Expulsões se sucedem e o partido passa a ser dirigido por autênticos operários.

Para sobreviver politicamente, Fernando Lacerda alia-se à enviada da IC (Inês Guralsky), torna-se defensor atroz do anti-intelectualismo e propõe que intelectuais não possam mais votar nas reuniões partidárias. Em janeiro de

1932, a sessão plenária do CC do partido expulsa Astrojildo Pereira, Cristiano Cordeiro, José Casini, Minervino de Oliveira, Everardo Dias, Carlos Villanova, João Freire de Oliveira e o médico Odilon Machado[171].

Em 1934, chegou a vez dos dirigentes sindicais Mário Grazzini, Heitor Ferreira Lima e Corifeu de Azevedo Marques. Era o fim da ala "direita" sobrevivente da antiga direção de 1928 acusada de astrojildismo e bukharinismo. Leôncio Basbaum também seria excluído e o "sobrevivente" Fernando Lacerda seria enviado à União Soviética e só seria expulso mais de dez anos depois.

A nova direção "de esquerda" entraria para a história pelo seu caráter abertamente proletário, evidenciado até pelos apelidos de alguns deles: Bangu (Lauro Reginaldo da Rocha, um mestre-escola de Mossoró – RN), Tampinha (Adelino Deícola dos Santos), Abóbora (aqui já citado) e Gaguinho (José Cavalcanti). Miranda era o secretário-geral até ser substituído por Honório Freitas Guimarães, que pertencera à elite, estudara na Inglaterra e atuava em São Paulo[172] e, em seguida, por Bangu.

Parte da crítica evidencia preconceito contra aqueles dirigentes, hoje apagados da história. O próprio PCB, refundado por volta de 1943, não se interessou por eles. No IV Congresso, realizado em 1954, somente 13,6% dos delegados tinham entrado no partido antes de 1935. Astrojildo Pereira estava lá, mas o percentual denota a mudança geracional e o apagamento das direções proletárias dos anos 1930-1938, especialmente se levarmos em conta que a maioria dos dirigentes daquele período que permaneceram eram oficiais militares prestistas.

Além disso, a maneira de resolver divergências políticas por métodos administrativos não era privilégio da direção "obreirista". Foi uma constante na história do comunismo mundial. Astrojildo, como vimos, em sua autocrítica acusou velhos companheiros, Basbaum e Fernando Lacerda se acusaram mutuamente etc.

O PCB teve maior autonomia até 1928. Assim sendo, sua estratégia naquele período foi a de se aliar à pequena-burguesia, representada pelos tenentes, e apoiar a "terceira revolta". A primeira fora a dos dezoito heróis do Forte de Copacabana e a segunda a Revolução Paulista de 1924, à qual se seguiu a Coluna

---

171. Marcos Del Roio, *op. cit.*, p. 201.
172. Eliezer Pacheco, *op. cit.*, p. 232.

Prestes-Miguel Costa. Bem ou mal, o partido enxergou a realidade: a contestação fundamental da política dominante estava no movimento tenentista e por isso Prestes foi procurado para estabelecer uma aliança.

A aproximação foi frutífera, ainda que os frutos caíssem nas mãos de outros dirigentes e numa nova linha de atuação. Prestes rompeu com a maioria dos tenentes, criou a Liga de Ação Revolucionária, mas depois foi para Moscou e ingressou no PCB.

Mas depois da queda do grupo dirigente de 1928-1930 não há um vazio teórico. A nova direção é assistida pelo SSA-IC, mas seus membros eram verdadeiros militantes como os da antiga direção. A orientação esquerdista não era só imposição da IC. Derivava também da desilusão com os rumos da Revolução de 1930, de resto partilhada por Luís Carlos Prestes. A antiga direção é acusada de prestismo, mas a nova terá a seu lado, a partir de 1934, o próprio Prestes como impulsionador da Aliança Nacional Libertadora (ANL). Prestes se declara um crítico do prestismo.

O PCB ingressa na Frente Única Antifascista que, em outubro de 1934, expulsa os integralistas da Praça da Sé em São Paulo. Aproxima-se de forças democráticas e forma a ANL com programa democrático contra o latifúndio e o imperialismo. Ou seja, a *mesma* direção esquerdista retoma em novo patamar uma política de alianças. E é o obreirismo que leva o partido a crescer desde 1930 até 1934, mesmo que saibamos que o aumento exponencial dos simpatizantes se deve a Prestes.

A ANL foi para qualquer padrão de nossa história política um sucesso. Organização de massas com cerca de trezentos mil adeptos, ela foi simplesmente proibida pelo governo. Depois disso, na clandestinidade ela se retrai e o levante militar de 1935 é feito em seu nome, mas tem participação quase nula de seus antigos dirigentes e do próprio PCB. Mas a ANL tem uma composição social com alto grau de participação operária, embora os dados sejam escassos. No Distrito Federal 52% eram operários e soldados e, entre os 412 presos da ANL em São Paulo, 65% eram operários[173].

Somente a partir de 1934, quando começa a se elaborar uma saída do isolamento na Internacional Comunista, o PCB teve crescimento vertiginoso. Durante a formação da ANL o partido cresceu no meio de uma verdadeira

---

173. Robert Levine, *O Regime de Vargas*, Rio de Janeiro, Nova Fronteira, 1980, p. III.

organização de massas com 1 600 núcleos. A ANL foi fechada em julho de 1935, depois do discurso de Prestes conclamando todo o poder à ANL. Aos poucos ela se reduz à estrutura do PCB[174] e afasta os seus vários dirigentes não comunistas que temem se envolver numa revolução.

Esta foi tentada em novembro de 1935, levando ao colapso do partido. Prestes havia sido eleito em agosto membro do Comitê Executivo da IC. A insurreição era o modelo típico das tentativas comunistas de tomada do poder na Rússia, Alemanha etc. O Brasil foi o último lugar em que uma seção da IC empregou o modelo insurrecional. A tentativa começou no dia 27 de novembro no 3º Regimento de Infantaria sob comando do capitão Agildo Barata e na Escola Militar de Aviação com o capitão Agliberto Vieira. Em Natal, iniciou-se no 21º Batalhão de Caçadores, onde se instalou um governo "soviético" por cinco dias com distribuição de dinheiro à população e tarifa zero no transporte público. No 29º BC de Recife, sob liderança de Gregório Bezerra, o levante foi esmagado em um dia.

Apesar disso, o PCB se manteve parcialmente ativo na Bahia e em São Paulo onde o levante militar não ocorreu. O PCB tinha cinco a dez mil membros em 1935, reduzindo-se a mil e quinhentos depois da insurreição comunista. Outro relatório dá conta de 2 964 membros, sendo 933 em São Paulo[175]. Foi a partir daí que o partido tentou se reestruturar. Depois da anistia conhecida por Macedada[176] houve certo alívio entre simpatizantes do partido, embora a maioria se mantivesse presa.

As eleições programadas contraporiam José Américo de Almeida e Armando de Salles Oliveira e o PCB se dividiu sobre a oportunidade de apoiar um dos candidatos. Bangu apoia o primeiro candidato e, no Pleno ampliado de agosto de 1937, vence a posição de Sacchetta, que acusa a maioria de ser artificial e querer transformar as células do PCB em comitês eleitorais. Sacchetta e seus seguidores são expulsos, mas ficam com o aparato de imprensa do partido[177].

---

174. José Segatto, *Breve História do PCB*, Belo Horizonte, Oficina de Livros, 1989, p. 48.
175. Fonte: *Estado Organizativo/Estado das Regiões Depois da Luta*, manuscrito, s. d. (1936?). Os dados financeiros e de efetivos podiam ser ampliados pelos dirigentes brasileiros para animar seus superiores do *Komintern*. De toda maneira, as tiragens do jornal do partido são índices que em outros anos ajudam a estimar o número de aderentes (ainda que simpatizantes).
176. Em alusão ao ministro da Justiça Macedo Soares.
177. Antonio Ozaí da Silva, *História das Tendências*, p. 67.

Sacchetta forma o Comitê Pró-Reagrupamento da Vanguarda, o qual se funde com o Partido Operário Leninista (POL). O POL, criado em 1936 com a maior parte da LCI (Liga Comunista Internacionalista), era dirigido por Mário Pedrosa e, mesmo sendo trotskista, apoiava criticamente a candidatura simbólica de Prestes. Parte do grupo de Sachetta e o POL criam o Partido Socialista Revolucionário em agosto de 1939, filiado à IV Internacional (trotskista).

Balanço

O partido mantinha suas próprias instalações mesmo depois da *débâcle* de novembro de 1935, quando a maior parte de seus quadros foi presa. Quando em 1936 caiu a tipografia do Comitê Regional (CR-SP), outras quatro foram logo colocadas em funcionamento[178].

Com a saída de Sacchetta, Rocha Barros e outros militantes e com as quedas de março de 1939, Maxim Carone, Noé Gertel (aluno da Faculdade de Direito da USP), o operário têxtil Domingos Brás, Osvaldo Costa, Elias Reinaldo da Silva (André), Sebastião Francisco, chefe do PC no Distrito Federal, Honório de Freitas Guimarães, Davino Francisco, Abóbora e Bangu se deslocavam constantemente para garantir o funcionamento da organização. O chefe da Comissão Militar, Almir de Oliveira Neves, estava detido.

Depois de perder sua última tipografia apreendida pela polícia, Bangu e Abóbora adquiriram por 4:500$000 uma máquina impressora posta à venda por uma companhia salineira. Ela foi usada no Rio de Janeiro até março de 1940. Em abril, Sebastião Francisco comprou por três contos uma nova impressora. No começo de maio ela caiu em mãos da polícia[179].

Com as últimas quedas de 1941, dezenas de dirigentes são presos numa tipografia do partido em São Paulo. Somente o Socorro Vermelho continuou em funcionamento. Em São Paulo havia um sistema de arrecadação junto ao Comitê do partido em Santo André, Sorocaba, Comerciários, Sindicato da Construção Civil, operários metalúrgicos e tecelões.

---

178. Brasil: Resumen de um Informe, 30 de setembro de 1936.
179. John W. Foster Dulles, *Arnaquistas e Comunistas no Brasil*, Rio de Janeiro, Nova Fronteira, 1977, p. 201.

Bangu foi preso e barbaramente torturado com a "auréola dos anjos", que lhe torcia a cabeça. Dele os policiais disseram que não era homem comum, pois não se importava com a dor física ou moral. Nada falou. Mas em 1953 uma publicação oficial do PCB considerou a direção de Bangu "covarde", acusando-o com os mesmos argumentos de Sachetta em 1938. Mas na época Bangu era apoiado pela IC e Sacchetta fora expulso como trotskista!

O PCB cresceu apenas de 123 membros em 1922 a cerca de mil no fim do decênio. A partir de 1928 até 1935 o PCB teve sua direção de origem anarquista destituída, pulverizada ou expulsa. Sua subordinação à URSS se consolidou com a proletarização dos dirigentes; os tenentes de esquerda e sua forma de militância muito mais adaptada ao bolchevismo eliminaram os "resquícios anarquistas" do partido; sua base se tornou policlassista a partir de 1935, o PCB cresceu muito além de qualquer ano anterior, atingindo dez mil militantes.

O número de simpatizantes revela uma grande capacidade de organização de seu pequeno número de militantes, o que foi a característica do partido durante toda a sua história. Mas a influência é maior depois da Revolução de 1930 e durante a ANL. Ou seja, acompanha momentos de massificação da atividade política em geral.

O que espanta é que a direção que possuía mais intelectuais tinha maior presença de delegados operários no Congresso do Partido. Já em 1935, com o apoio também na classe média, a direção era mais "proletária". No III Congresso, o qual se realizou em Niterói de 29 de dezembro de 1928 a 4 de janeiro de 1929, participaram trinta e uma pessoas que deixaram de lado as festas de fim de ano. Era uma delegação operária e jovem (50% eram operários e tinham menos de trinta anos). Somente dois tinham mais de quarenta. Além disso, só cinco deles possuíam curso superior[180].

A literatura comunista teve um *boom* entre a Revolução de 1930 e o Golpe do Estado Novo, quando decaiu. Chilcote estima em trinta mil a tiragem de *A Classe Operária* em 1928-1929[181]. Mas tal tiragem contrasta com os números anteriores e posteriores de que se dispõe.

---

180. Marcos Del Roio, *op. cit.*, p. 71.
181. Ronald Chilcote, *O Partido Comunista Brasileiro. Conflito e Integração – 1922-1972*, Rio de Janeiro, Graal, 1982, p. 182.

Depois de novembro de 1931 até junho de 1932 *A Classe Operária* era quinzenal. Honório Freitas Guimarães e sua esposa, Maria de Figueiredo, venderam o sítio que possuíam e compraram uma tipografia. Eles aderiram ao partido depois de pertencerem à Liga de Ação Revolucionária de Prestes. Depois de ficar viúvo em 1932, Honório manteve uma modesta renda de três contos (trezentos dólares)[182] e financiava *A Classe Operária*.

São Paulo distribuía três mil exemplares (metade na capital e a outra no interior). Outros estados: Rio de Janeiro (três mil), Pernambuco (quinhentos), Rio Grande do Sul (trezentos). A periodicidade podia passar a ser semanal, como no Rio de Janeiro em agosto. Outros jornais eram: *Vanguarda Proletária* no Norte; *União de Ferro* (dois mil exemplares); *Marujo Vermelho*; *Soldado Consciente*. Os livros distribuídos são: *Plano Quinquenal* (Grinko), *Theses do BSA*[183], *Luta pelo Leninismo*, *Carta de Stálin*. Em preparação: *Discurso de Molotov sobre o II Plano Quinquenal* e um folheto: *Trabalhador Ocupa o Teu Posto*[184].

Em 1937, *A Classe Operária* tinha tiragem de nove mil exemplares[185]. Ainda outro relatório assinala que até abril daquele ano, o órgão central do partido era editado com quatro páginas (às vezes seis), quinzenal, 2 200 exemplares[186]. A redução dos livros também adveio do fato de que o partido tinha que se concentrar nos folhetos e volantes de denúncia da situação dos seus presos políticos. Em 1936 o estado de São Paulo tem mil aderentes, grande parte no interior[187] posto que o estado não viveu os levantes de 1935 e a estrutura do PCB resistiu melhor à repressão.

Um dos primeiros livros da Editora Vitória, cuja ação o leitor observará no próximo capítulo, conta a história de Itelius, antigo romano. Riquíssimo, ignorante e preguiçoso, comprou os clássicos gregos e obrigou seus escravos a recitarem ao jantar a fim de impressionar os convivas[188]. Aquele que garim-

---

182. William Waack, *Camaradas*, p. 68.
183. Trata-se do Bureau Sul-Americano.
184. Manuscrito, 1933.
185. Information du delegué du Parti Communiste du Brésil, 5 de fevereiro de 1937.
186. Fernando de Lacerda, manuscrito, 6 de janeiro de 1938.
187. Situation de l'Organisation du Parti Communiste au Brésil, 29 de outubro de 1937. Some-se a isto um pequeno contingente de membros ativos na Bahia. Provavelmente este é o número total aproximado de aderentes.
188. M. Ilin, *Preto no Branco: A História do Livro e da Iluminação*, Editora Vitória, 1944, p. 9. (201 p, Cr$ 15,00.)

pa alfarrábios está acima do colecionador abastado. A epígrafe de Astrojildo Pereira há de nos ensinar algo.

Este autor ainda lembra quando viu no sebo do velho Folco Masucci (o Leia) uma primeira edição francesa de *Revolução e Contrarrevolução na Alemanha,* de Engels, ainda com autoria de Marx na capa. Desencorajado, ele deixou passar para possuir depois. É claro que não estava mais lá. Às vezes é preciso agarrar o momento pelos cabelos.

Capítulo 3
A Hegemonia Comunista

O marxismo tinha duas tarefas: combater as ideologias modernas na forma mais refinada e esclarecer as massas populares, cuja cultura era medieval. Esta segunda tarefa, que era fundamental, absorveu todas as forças, mas não só "quantitativamente" mas "qualitativamente"; por razões "didáticas", o marxismo se confundiu com uma forma de cultura um pouco superior à mentalidade popular, mas inadequada para combater as outras ideologias das classes cultas, quando, ao contrário, o marxismo originário era exatamente a superação da mais alta manifestação cultural do seu tempo.

GRAMSCI, *QC* 423

O Komintern foi dissolvido por Stálin em 1943. A aliança entre Estados Unidos e União Soviética levou alguns comunistas a acreditar rápido demais numa fase democrática perene.

Nos Estados Unidos, os comunistas procuraram dissolver o partido. Uma *primeira corrente* do PCB que buscava o mesmo foi por isso denominada grupo browderista[1]. Seus membros Fernando Lacerda, Silo Meirelles, Caetano Machado e Lourival da Mota Cabral foram acusados de liquidacionistas[2].

A autocrítica de Fernando Lacerda foi feita em 1946, na qual ele se humilha publicamente e pede ajuda do partido para "emendar os seus erros"[3], o que não o impediu de ser expulso em 1954, a pretexto de divergências sobre a linha do PCB diante de Vargas; o Comitê Central lembrou-lhe seu passado liquidacionista e o expulsou.

---

1. Earl Browder era o dirigente do PC dos Estados Unidos que defendeu a dissolução do partido em nome da aliança antifascista.
2. Luiz A. Zimbarg, *op. cit.*
3. Arquivo Público Mineiro, pasta 3775 /{Partido Comunista} documento 170.

As alterações nas relações internacionais depois da guerra levaram o governo soviético a criar o Kominform em 1947 na Polônia. O novo organismo congregava, além do partido daquele país, também os comunistas da Bulgária, Tchecoslováquia, Hungria, Romênia, Iugoslávia e o PCUS. Pela sua importância estratégica, dois partidos comunistas de massas da Europa Ocidental também ingressaram no Kominform: Partido Comunista Francês e Partido Comunista Italiano. Em 1948 a Liga dos Comunistas da Iugoslávia saiu e o titoísmo[4] foi considerado uma nova heresia no movimento comunista internacional.

Embora os demais PCs não fizessem parte do Kominform, tinham funcionários em alguma das organizações mundiais mantidas pelos partidos membros nas áreas sindical, da juventude, das mulheres, congressos de luta pela paz etc. E isso continuou mesmo depois do fim do Kominform em 1956.

A *segunda corrente* no PCB era a da Comissão Nacional de Organização Provisória – CNOP, que defendia o apoio a Getúlio Vargas. Tal política defendida pelo grupo baiano seria a vitoriosa na Conferência da Mantiqueira em 1942.

A *terceira corrente* que se esboçava no PCB estava nos Comitês de Ação; teve sua maior força no estado de São Paulo e contava com a simpatia de Astrojildo Pereira, Heitor Ferreira Lima, Caio Prado Júnior e Tito Batini[5].

Muitos escritores se afastaram da órbita comunista quando Prestes passou a apoiar Getúlio Vargas. Edgard Cavalheiro conta que, entre seus amigos do Congresso Brasileiro dos Escritores que se realizara ainda no fim do Estado Novo e que teve presença de muitos comunistas, ele passou a ser alcunhado de trotskista por Caio Prado Júnior[6]. Há uma resistência ao aparelhismo das entidades culturais por parte dos comunistas e estes por sua vez atacam os escritores não filiados ao PCB, especialmente depois da ilegalidade do partido. O poeta Carlos Drummond de Andrade é chamado de traidor por Osvaldo Peralva, por exemplo. As contradições se explicitam no II Congresso dos Escritores em 1947 e nas eleições da Associação Brasileira dos Escritores em 1949. Entre comunistas

---

4. Alusão a Josip Broz Tito.
5. Frederico José Falcão, *Os Homens do Passo Certo. O PCB e a Esquerda Revolucionária no Brasil (1942–1961)*, São Paulo, Sundermann, 2012, p. 33. O autor considera a existência de quatro grupos na reorganização do PCB. É óbvio que o esquema se complica quando observamos que a CNOP cooptou membros do partido em São Paulo e que o Comitê Regional da Bahia teve divergências. Mas elas não eram essenciais e residiam no grau de apoio a Getúlio Vargas e não na orientação de união nacional contra o fascismo.
6. Nelson Werneck Sodré, *Memórias de um Escritor*, s.l.p., Editora Ottoni, 2011, p. 286.

havia três categorias de escritores: "proletários", "camponeses" e *poputchiki* (companheiros de viagem). Estes eram os simpatizantes.

A estética dominante é a do realismo socialista segundo a interpetração do dirigente soviético Zhdanov. Ele não é um estilo, mas um instrumento literário, na visão do crítico literário Otto Maria Carpeaux. O conteúdo proletário importa mais do que inovações de forma. No Brasil, o dirigente Diógenes Arruda controla a produção artística de pessoas ligadas ao partido e que querem ou dependem das editoras partidárias. Arruda era deputado federal (não perdera o mandato por ter sido eleito pelo PSP de São Paulo). Representava o PCB na URSS e tinha grande prestígio no partido. Dele se dizia que jogara xadrez com Stálin...

O documento programático que orientou o IV Congresso foi discutido com o representante do PCUS para a América Latina e corria nas bases do PCB que o próprio Stálin havia modificado o texto a partir de uma tradução russa das resoluções pecebistas. É preciso acentuar que a anedota não era inverossímil porque o PCB era o principal partido comunista das Américas e Prestes era o responsável por dirimir disputas internas em todos os demais PCs do subcontinente latino-americano.

O PCB de 1945 é outro partido pela sua composição social, pelo número de aderentes e por seu quadro dirigente. Dos vinte e um membros do Comitê Central somente cinco eram trabalhadores manuais, sendo um deles, o estivador catarinense Álvaro Ventura, ex-deputado classista. Por outro lado havia sete oficiais militares. Uma grande percentagem de operários no PC era um objetivo oficial dos comunistas, mas raramente ela era tão elevada em países periféricos devido à escassa industrialização. No Leste europeu só o PC tcheco (58% de operários em março de 1946) e o polaco (64,7% de operários em dezembro de 1946) tinham uma maioria absoluta[7].

É claro que alguns velhos dirigentes voltaram ao partido, como Astrojildo Pereira, Leôncio Basbaum e Octávio Brandão. Destes, Astrojildo foi o mais prestigiado pelo partido, embora sem cargos importantes. Ele voltou a escrever na imprensa partidária, nas revistas teóricas, dirigiu duas delas e fez o discurso de abertura do IV Congresso do PCB em 7 de novembro de 1954.

No novo ambiente de pós-guerra surge uma corrente socialista alternativa ao comunismo nos meios intelectuais. Ela não terá nenhuma penetração na organização dos trabalhadores, mas sua influência intelectual não será despre-

---

7. Emil Borsi, *A Formação das Democracias Populares da Europa*, Lisboa, Avante, 1981, pp. 54-59.

zível. Fora dos quadros comunistas, os liberais da União Democrática Nacional (UDN), socialistas democráticos e trotskistas muitas vezes serão confundidos como uma única linha alternativa. Mas a esquerda propriamente dita foi animada pelo surgimento da esquerda democrática em torno da candidatura do brigadeiro Eduardo Gomes (UDN) em 25 de agosto de 1945.

O PCB torna-se um partido de massas e os espaços de sociabilidade de comunistas se ampliam porque eles atuam em escolas de samba, centros espíritas, associações de bairro e promovem concursos de beleza ("A Rainha do Trabalhador"). Um contraste com a organização monolítica. Tinham os comunistas uma maior presença na vida nacional e eram mais profissionais. Mas perdiam parte daquele caráter revolucionário que animava suas primeiras leituras.

Na atuação prática isto ganhava correspondência na moderação. Ocorreram, em contrapartida, greves espontâneas. Um levantamento parcial registrou oitenta greves no Brasil em 1946[8]. O PCB desestimulava o confronto. Afinal, o partido vinha à luz da legalidade com um senador e vários deputados federais e estaduais. Havia quinhentas células comunistas no Rio de Janeiro e 361 em São Paulo. Os comunistas elegeram 190 vereadores em todo o estado[9] de São Paulo.

O aumento do custo de vida gerava verdadeiras revoltas diante das quais o PCB se acanhava. Em São Paulo, depois da transformação dos réis em cruzeiros, quando o bonde sofreu aumento de vinte para cinquenta centavos, houve em 1947 uma verdadeira revolta com a destruição de dezenas de ônibus e centenas de bondes e a nova Companhia Metropolitana de Transportes Coletivos (CMTC) adquiriu o apelido de "Cavalheiro, Mais Trinta Centavos"[10]. No Rio de Janeiro, os estudantes da UNE protestaram dois anos depois contra o aumento de tarifas dos bondes da Light.

Com a Guerra Fria e a cassação do registro do partido, o PCB lançou o *Manifesto de Janeiro de 1948*, recuando de seu colaboracionismo patronal. Traído pelos acordos com a burguesia e perseguido pela polícia do governador Ademar de Barros em São Paulo (eleito com o apoio dos comunistas), o partido lançou em 1950 o *Manifesto de Agosto*[11]. A luta armada foi defendida e nos anos 1950 o PCB animou guerrilhas rurais localizadas.

8. Arnaldo Spindel, *O Partido Comunista na Gênese do Populismo*, São Paulo, Símbolo, 1980, p. 97.
9. *A Classe Operária*, 25 de novembro de 1947.
10. Depoimento de Hans Karl Reisewitz, 18.11.2012.
11. *Voz Operária*, 5 de agosto de 1950.

Obviamente o contexto da Guerra da Coreia fazia com que o governo soviético indicasse aos partidos comunistas a oportunidade de abrir frentes de combate na retaguarda do inimigo (os EUA)[12]. Basta lembrar que a possibilidade do uso de artefatos atômicos e a hipótese da entrada da URSS numa guerra ainda era um temor real para os soviéticos.

Com seus dirigentes presos ou clandestinos, o PCB também orientou seus trabalhadores a organizar sindicatos paralelos. Mas a partir de 1952 voltou aos sindicatos oficiais. O Pacto de Unidade de Ação incorporou cem organizações sindicais e questionou a estrutura sindical vertical. Em 1954 o seu IV Congresso atacou o governo Vargas, mas nas eleições de 1955 apoiou Juscelino Kubitschek.

Novas Leituras

A imprensa comunista criou uma rede de leitores em várias cidades do Brasil, apesar das apreensões, empastelamentos e dificuldades financeiras. O jornal do partido em São Paulo (*Hoje*) era inicialmente impresso nas oficinas de *A Noite* do governo federal, mas sofria as intempéries do comércio. Caio Prado Júnior, por exemplo, avisou ao PCB paulista que o aluguel da sede do jornal não estava sendo religiosamente pago. O proprietário o procurara e havia a possibilidade futura de despejo dos comunistas[13].

No Ceará, o PCB também conseguiu um jornal diário depois de apoiar a candidatura de Olavo Oliveira ao senado. Depois de eleito, ele vendeu com facilidades aos comunistas o jornal de sua propriedade, *O Democrata*. O jornal circulava diariamente (segunda-feira a sábado) com oito páginas em média, ao preço de Cr$ 0,40. A assinatura anual do vespertino custava Cr$ 110,00 ou 44 reais de 2015 e a assinatura semestral, o valor de Cr$ 60,00. Um linotipista, por exemplo, ganhava doze cruzeiros por hora em 1948[14] ou 1152 reais por mês em valores de 2015.

Levando-se em conta as tiragens mais elevadas de cada jornal do PCB, Pedro Rocha Pomar estimou que oito ou nove jornais comunistas em seu conjunto produzissem em torno de cem mil exemplares por dia.

A imprensa comunista é mantida por vendas avulsas, assinaturas, campanhas de doações e publicidade de óticas, farmácias, depósitos de material de construção, profissionais liberais, relojoarias, sapatarias etc. Ela tinha o apoio

---

12. Conversa com José Luiz Del Roio, USP, 2013.
13. Carta de Caio Prado Júnior a Câmara (Ferreira?), São Paulo, 11 de abril de 1946.
14. Laurence Hallewell, *op. cit.*, p. 571.

do pequeno comércio de subúrbio. Ela é importante. Na crise do partido, *A Voz Operária* foi invadida em 18 de janeiro de 1957 por militantes enviados pelo Comitê Central para retomar o jornal, que estava nas mãos da ala "Revisionista".

Leitores

Não deixa de ser surpreendente que um partido com apenas cem militantes em 1942 atinja 82 mil membros em 1945.

Jorge Amado estimava em apenas cinquenta mil leitores o mercado potencial para livros com uma tiragem considerada grande: de cinco mil exemplares[15]. Isto para o ano de 1941, quando a tiragem média de um livro em São Paulo era de cerca de seis mil exemplares. O livro *Cacau* custava neste ano oito mil-réis enquanto na Argentina custava 2500 réis ao câmbio da época. Em 1939 a taxa de câmbio foi fixada em 18$500 por um dólar. Em 1941 a Coleção Brasiliana da Companhia Editora Nacional atingiu o número 200, totalizando 203 volumes de livros[16]. O preço médio de um volume era 12$430 réis.

Economia do Livro

Em 1942 foi adotado o cruzeiro. O período 1939-1945 assistiu ao aumento dos custos gráficos em 120%[17]. Mesmo assim, a produção de papel para impressão de 1938 a 1946 aumentou de 34838 toneladas para 50742. Em agosto de 1944 um livro traduzido, que era vendido a vinte cruzeiros, custava nos Estados Unidos dois a três dólares ou de quarenta a setenta cruzeiros segundo o câmbio da época.

O livro brasileiro não era caro, o mercado era reduzido devido ao analfabetismo e ao padrão de vida baixo. O preço de capa era definido tradicionalmente pela multiplicação do preço de custo unitário por cinco ou mais. Mas em mercados maiores aquele mesmo livro, uma vez terminadas suas possibilidades de venda àquele preço unitário, podia ser reeditado em livro de bolso a 25 *cents*. Mas para isso era necessária uma tiragem de duzentos mil exemplares em máquinas rotativas que usavam papel bobina resistente, mais barato que

---

15. Jorge Amado, "Problemas do Livro Brasileiro", *Observador Econômico e Financeiro*, Rio de Janeiro, fevereiro de 1940.
16. *Catálogo Brasiliana*, 1941.
17. Laurence Hallewell, *op. cit.*, p. 571.

o papel em resma. Tais máquinas imprimiam quinze mil folhas por hora[18]. A *História da Civilização* de Will Durant (Companhia Editora Nacional) custava trinta cruzeiros e sua edição original cinco dólares[19].

Como o PCB no período de 1946 a 1964 não usou as expropriações (como os militantes da luta armada no pós-1964), buscou apoio entre financiadores conhecidos como Caio Prado Júnior, Leôncio Basbaum e uma miríade de pequenos acionistas, anunciantes e assinantes de jornais comunistas além de rifas e festas. Só o resultado das vendas não manteria uma máquina partidária que chegou a ter algumas centenas de funcionários profissionalizados.

Certamente este número no Brasil nunca passou de meio milhar até os anos 1960. Mas boa parte deles estava envolvida no trabalho de escritório, jornalístico e editorial. Alguns figuravam como proprietários de gráficas e prédios, pois o partido não podia ter sedes próprias.

Tudo isto escapa à quantificação e permanece como conjunto de indícios lacunares de uma história subterrânea que acompanhou os partidos revolucionários clandestinos no mundo todo. Ainda assim, sabemos que o tamanho desta rede de infraestrutura não era desprezível e o volume de livros, jornais e outras ações do partido o demonstram.

As Mulheres

Em 1947 o PCB publicou o jornal *Movimento Feminino*. Os comunistas eram programaticamente progressistas, mas a sua cultura era conservadora como o seu tempo. Este autor ainda se lembra de que, em plenos anos 1980, um comunista podia ler com apreensão *A Educação Comunista* de Kalinin e ouvir de um camarada os princípios morais que deveria seguir para ser respeitado em sua área de atuação.

No Brasil já havia preocupação com a leitura feminina entre os comunistas. E o PCB foi a única organização (exceto aquelas nitidamente feministas) a tentar incorporar a mulher em termos de igualdade com os homens. E se não o conseguiu, isto foi em parte produto da sociedade em que frutificou.

---

18. Nelson Palma Travassos, *Livro sobre Livros*, São Paulo, Hucitec, 1978, p. 194.
19. As obras de Will Durant ainda eram compradas nos anos 1980 e vistas como formadoras para o jovem militante de esquerda que precisava conhecer a base histórica "universal". É nos espaços acadêmicos que elas se tornam malvistas.

Isaura Nepomuceno, Maria Lopes e Rosa Bittencourt pertenceram à direção do Bloco Operário e Camponês em 1927. As duas primeiras eram esposas de operários comunistas e Rosa foi a primeira mulher filiada ao PCB em 1922[20]. Laura Brandão, como já vimos, foi uma intelectual da área de influência do PCB e, depois, ativa simpatizante. Lidia Besouchet, Nise da Silveira, Patrícia Galvão (Pagu) e Rosa Brickman foram outras mulheres ativas no partido nos primeiros anos. Todavia, se uma militante era mandada ao Congresso de Mulheres na URSS, os homens a escolhiam. E isso continuou assim até 1964[21].

O capitão Davino Francisco dos Santos se enrubescia com o líder da Juventude Comunista Maxim Tolstoi Carone. Quando presos juntos, ele conta que reclamou ao coletivo partidário na cadeia porque Maxim se agarrava libidinosamente com sua esposa em dias de visita na frente dos demais. Mas ele devia saber que Maxim havia sido preso exatamente no dia de seu casamento. Ele também reclamava de seus companheiros que liam *O Cimento*, romance proletário que ele considerava pornográfico. E desdenhava os comunistas (especialmente Maxim, que era um jovem professor secundário de Filosofia) por sua febre de leitura[22].

A questão da opressão da mulher aparece embrionariamente nos catálogos, como já vimos, mas só depois da Segunda Guerra haverá maior interesse na formação de comitês de mulheres comunistas e em publicações de jornal. Embora o primeiro comitê date de 1927, quiçá antes e uma das frentes de atuação da ANL fosse feminina.

Na imprensa comunista a iconografia feminina se fará presente, embora quase assexuada e transformada em mãe e heroína, segundo o modelo da mãe de Prestes, que era uma mulher corajosa e que inspirava o comportamento militante ascético.

Quando a pedido da Frente das Mulheres Paulistas a costureira Elisa Branco levantou uma faixa contra a Guerra da Coreia em 1953 e foi condenada a mais de quatro anos de prisão, Prestes defendeu a "mãe de família" que traduzia "os sentimentos mais nobres do amor materno". Elisa seria a segunda ganhadora do Prêmio Stálin da Paz (o primeiro havia sido Jorge Amado em 1951).

---

20. Maria Elena Bernardes, *Laura Brandão: A Invisibilidade Feminina na Política*, Unicamp, 2007, p. 112.
21. *Tribuna Livre*, CA XI de agosto, São Paulo, maio de 2014.
22. Davino Francisco dos Santos, *Marcha Vermelha*, pp. 354 e ss.

Não é sem importância a publicação de *Uma Jovem Brasileira na* URSS *(1953)* de Zuleika Alambert. Ela dirigia a Juventude Comunista do partido e tinha sido deputada estadual paulista. No IV Congresso (1954) ingressou no Comitê Central. Se descontarmos a breve presença de Cina, Zuleika teria sido a primeira mulher a ser efetivada na direção do PCB, o que, segundo ela mesma, se constituiu como um álibi[23] para rechaçar críticas ao partido. Mas na verdade houve outras mulheres eleitas ao Comitê Central de 1954.

Nos anos 1950 os dirigentes de base olhavam com repreensão a militante que cruzou as pernas e deixou mostrar suas coxas[24]. Documento da Juventude Comunista de 11 de novembro de 1950 atacava as histórias em quadrinhos e os romances que exaltavam o sexualismo[25]. Células do partido se reuniam para dissolver namoros ou condenar suspeitas de homossexualidade[26].

Quando em 1953 o deputado comunista Geraldo Rodrigues dos Santos fazia a escola de quadros na União Soviética, teve que dançar com seu camarada Armênio Guedes numa festa porque ali a direção do PCB não permitia contatos físicos entre homens e mulheres do partido[27].

A obra *Homens e Coisas do Partido Comunista*, de Jorge Amado, é exemplar a respeito da "moral comunista". Obra rara, nunca mais reeditada, encontradiça só nos sebos por preços astronômicos; era vendida na época por CR$ 5,00. O opúsculo de 61 páginas sai pelo Editorial Horizonte.

Trata-se de livro destinado a combater o trotskismo[28]. Mas o que nos importa aqui é que quase não há mulheres no texto, salvo uma ou outra companheira de algum abnegado militante. Nenhuma tem sobrenome. É verdade que o autor diz incorporar uma "teoria" de uma amiga argentina chamada Teresa. É a única mulher que possui uma importância explicativa no texto. É definida como "boa amiga". Mas sua teoria é sobre homens e para homens. Ela também não possui sobrenome. A sua teoria é a da "raça dos homens tristes".

23. Rachel Soihet, "Do Comunismo ao Feminismo: A Trajetória de Zuleika Alambert", *Fazendo Gênero*, 9. *Diásporas, Diversidades, Deslocamentos*, Florianópolis, 23 a 26 de agosto de 2010.
24. Antonio Carlos Felix Nunes, *PC Linha Leste*, São Paulo, Livramento, 1980.
25. Edgard Carone, *O PCB*, São Paulo, Difel, 1982, vol. II, p. 304.
26. Antonio Carlos Felix Nunes, *op. cit.*
27. Lincoln A. Penna, *A Trajetória de um Comunista*, p. 92.
28. Fiz uma análise deste livro no *Dicionário Jorge Amado*, organizado por Marcos Silva.

Escola

Ainda assim, este partido promoveu uma espetacular política de formação. O Bureau Político do Comitê Central do PCB tinha sete membros (depois, o número ampliou-se para onze). Ele deliberou em 1951 a sistematização do marxismo para a militância na forma de cursos e publicações como as *Obras Completas* de Stálin. As indicações de Maurício Grabois no Pleno de fevereiro de 1951 eram: *História do Partido Comunista* (Bolchevique) da URSS, a biografia de Stálin, o *Manifesto do Partido Comunista* e *O Partido* (Stálin).

O livro *A História do Partido Comunista Soviético* (Bolchevique) formou toda uma geração de comunistas desde sua primeira edição em 1938. Era conhecido pelo seu subtítulo *Curso Breve* e fora dirigido pessoalmente por Stálin, que chegou a escrever trechos da obra. A Editora Vitória o publicou em 1945, mas ele circulara na versão espanhola desde 1939. Na URSS só em 1959 o governo soviético substituiu aquele livro por outro: *A História do PCUS*[29]. Em 1961 a mesma Editora Vitória publicou a nova *História do Partido Comunista Soviético* de Ponomariov.

O curso elementar durava três dias, com noções de Economia. Havia cursos médios e os chamados Cursos Stálin (Filosofia, Política e Realidade Brasileira) para dirigentes do partido. Tratava-se da Escola de Quadros do Comitê Central, o que mimetizava uma estrutura militar com sua Escola de Comando do Estado Maior da Revolução. Entre 1951 e 1954 o PCB formou 1 960 alunos no curso elementar, que durava somente três dias. Os cursos intermediários duravam uma ou duas semanas e formaram 1 492 alunos. Os cursos superiores (os mencionados Cursos Stálin) formaram 554 alunos[30]. Mas a sua duração variou. O Curso Stálin tinha turmas de vinte alunos em média.

Tais dados foram apresentados no IV Congresso do partido em 1954. A organização do PCB seguia sendo a mesma em traços gerais. As conferências regionais do partido elegem os delegados ao Congresso. Estes elegem o Comitê Central, que por sua vez elege o Presidium, a Comissão Central de Controle, a Comissão Central de Finanças e o Secretariado Geral. A organização de base tem no mínimo três membros. Entre os delegados do IV Congresso 92% haviam feito algum curso no partido (48% operários) e 53,3% tinham entre trinta

---

29. P. Fedenko, *A Nova História do Partido Comunista Soviético*, Rio de Janeiro, Edições GRD, 1965.
30. *Problemas*, n. 64, dezembro de 1954. Também *Voz Operária*, 18 de dezembro de 1954.

e quarenta anos de idade (36,5 anos a média de idade), sendo que a maioria ingressara no PCB durante a legalidade de 1945 a 1947.

Em abril de 1954, ocorreu o primeiro ativo nacional de educação (encontro setorial, na linguagem posterior do PT nos anos 1980). "De maio a agosto deste ano, quando a atividade escolar foi temporariamente interrompida, receberam aquele curso 705 alunos, em todo o país." O Comitê dos Marítimos entre maio e agosto realizou: cinco cursos sobre o Programa, sendo dois de aulas apenas aos domingos, abrangendo sessenta alunos; 25 sabatinas sobre o Programa e os Estatutos, atingindo 211 assistentes; cinco palestras sobre o Programa e Estatutos somando 54 assistentes; dois círculos de estudo da "História do PCUS" e um círculo feminino de leitura da *Voz Operária*. Cursos, sabatinas e palestras serviam obviamente para recrutamento também.

O documento também nos dá uma ideia do público a quem os cursos se dirigiam. A percentagem de operários nos cursos de mais de dez dias, durante o ano de 1953 e três primeiros meses de 1954, foi: 95% no Comitê dos Marítimos, seguindo-se o Comitê do Rio de Janeiro, com 64%; o Comitê do Rio Grande do Sul, com 59% (sendo 20% de grandes empresas, aquelas com mais de quinhentos trabalhadores); e o Comitê de Pernambuco, com 56% (sendo 25% provenientes de grandes empresas). Nos demais a percentagem de alunos operários foi sempre abaixo de 50%. Em Minas, foi de 47,8% (e só 13% de grandes empresas) e, em São Paulo, de apenas 30%, justamente o estado mais industrializado do país. Na escola nacional da União da Juventude Comunista a percentagem de alunos operários foi de 26%[31].

Em 1955 o PCB manteve 35 escolas. Exatos 3 397 alunos frequentaram cursos elementares, 912 alunos fizeram o Curso Stálin (40% operários) e 729 alunos assistiram aulas na escola central da UJC, totalizando 5 038 alunos. Embora seja possível que um mesmo aluno tivesse feito duas modalidades de curso, o número impressiona para um partido clandestino. As mulheres eram 11% no curso básico e 14% no curso superior[32], sendo que entre os delegados do IV Congresso, onde se congregavam os dirigentes de vários escalões, elas eram apenas 9,3%.

A escola partidária era responsabilidade da Comissão Nacional de Educação, onde atuaram ao longo do tempo Apolônio de Carvalho, Jacob Gorender,

---

31. *Idem, ibidem.*
32. *Voz Operária*, 21 de janeiro de 1956.

Mário Alves, Wilson do Nascimento Barbosa e outros. Apolônio de Carvalho, por exemplo, especializara-se em Materialismo Dialético. Esta comissão elaborou mais tarde a *Cartilha Margarida*, assim conhecida por causa de sua encadernação azul com uma margarida branca na capa. Tratava-se do ABC do PCB, uma cartilha que acompanhava o aluno em cada aula sobre: Partido, Realidade Brasileira, Estratégia do Proletariado, Tática e Condições Internacionais.

As leituras essenciais dos quadros dirigentes e mais intelectualizados compreendiam os livros de Rozim e Rosenthal sobre materialismo dialético; o manual de Kuusinen; o *Dicionário de Filosofia* de Iudin e apostilas criadas pelos responsáveis pelo curso. Num curso em Porto Alegre o texto de referência era o *Curso de Filosofia* de Georges Politzer[33]. Num curso de marxismo oferecido em Santo André a base teórica foi Politzer, Stálin, Lênin, Marx e Engels. Lógica Formal e Dialética, Organização do Partido, Centralismo Democrático etc.[34].

O militante Cloves Castro morava na Vila Moraes em São Paulo quando foi recrutado para o PCB pelo professor João Batista Camargo, ex-vereador comunista em Itapeva (SP). Logo ele estava nos Plenos do partido, acompanhando as atividades culturais comunistas na Aliança Francesa e outros lugares. Mas foi só depois que fez o curso de Filosofia Marxista em que leu Politzer. Antes, a sua leitura fundamental havia sido *Os Subterrâneos da Liberdade*, de Jorge Amado[35].

Victor M. Konder relatou que os cursos eram localizados em casas (aparelhos) do partido em zonas rurais próximas à cidade ou mesmo em sindicatos, quando se tratava de palestras ou cursos rápidos. As salas de aula tinham cerca de quinze alunos que se repartiam nas horas vagas em comissões de segurança, limpeza etc. Não havia barulho ou atrasos[36]. Osvaldo Peralva fez o curso intermediário e se tornou um quadro dirigente porque foi enviado a Moscou e, depois, se tornou representante do PCB em Bucareste, onde funcionava o Kominform. O curso que ele fez no Brasil foi de quinze dias em tempo integral e também em local desconhecido dos alunos[37] que para lá iam de olhos vendados.

33. Raúl Mateos Castell, *Como Perdi Meu Tempo*, São Paulo, Terceira Margem, 2010, vol. 1, p. 301.
34. C. G. Vieitez, *Reforma Nacional-democrática e Contrarreforma: A Política do PCB no Coração do ABC Paulista/1956-1964*, Santo André, Fundo de Cultura do Município de Santo André, 1999, p. 174. A. W. B. de Almeida, "As Bibliotecas Marxistas e Escolas de Partido", *Religião e Sociedade*, p. 178.
35. Cloves Castro, depoimento ao autor, SP, 8 de maio de 2014. Mais tarde Cloves integrou a ALN, a Oposição Metalúrgica de São Paulo e, finalmente, o PT.
36. Victor Márcio Konder, *Militância*, São Paulo, Arx, 2002, p. 109.
37. Osvaldo Peralva, *O Retrato*, Porto Alegre, Globo, 1962, p. 6.

Bem mais tarde, alguns alunos já eram enviados diretamente à União Soviética para fazer o curso de aspirante a quadros (um a três anos). Os cursos no exterior eram vistos como prêmios para os militantes. Alguns obtinham bolsas de estudo para cursos regulares na Polônia, Alemanha oriental ou União Soviética.

Gaúcho de Alegrete (RS), Sergio Faraco era militante comunista em Blumenau (SC) quando em 1963 foi enviado pelo PCB para fazer o curso oferecido aos comunistas estrangeiros na União Soviética junto ao Instituto Internacional de Ciências Sociais de Moscou. O curso compreendia cinco matérias: Filosofia Marxista, Economia Política Marxista, Movimento Operário, História do PCUS e Língua Russa[38]. Decerto, naquele tempo muitos estrangeiros frequentavam cursos universitários regulares na Universidade da Amizade dos Povos Patrice Lumumba.

Nesta época de semilegalidade Jacob Gorender andava por todo o Brasil dando um curso de marxismo baseado no recém-lançado livro de Roger Garaudy, *Perspectives de l'Homme: Existentialisme, Pensée Catholique, Marxisme*, publicado em 1959 na França. Quando ocorreu o golpe de 1964 ele estava em Goiânia proferindo palestras marxistas.

A esquerda não comunista manteve publicações, palestras e estudos próprios. Um exemplo foi a Universidade Popular Presidente Roosevelt por iniciativa do Centro de Cultura Social em 1946. Mas só o PCB estruturou com regularidade cursos de formação política. Não há dados exatos sobre o número de alunos que formou. Somente na primeira metade do decênio de 1950 foram cerca de dez mil alunos. Segundo Wilson Barbosa, a S.E.P (Seção de Educação e Propaganda) reestruturou os antigos cursos do partido, criando em seu lugar os cursos "básicos" (formação na linha política), "médio" (formação na leninista em geral), e "superior" (formação aprofundada na marxismo-leninismo). Entre 1961 e o golpe de 1964, a SEP teve mais de 43 mil alunos em seus cursos básico e médio. A meta era meio milhão de alunos, até as eleições de 1965.

Editoras

O PCB tinha uma estrutura organizativa centralizada e espalhada pelo país e usava terceiros para manter a propriedade de gráficas, editoras, livrarias,

---

38. Sergio Faraco, *Lágrimas na Chuva: Uma Aventura na URSS*, Porto Alegre, LPM, 2011, p. 25.

despachantes (para cuidar de passaportes, por exemplo) etc. Uma livraria da Editora Vitória no Rio de Janeiro, por exemplo, situava-se na rua das Marrecas[39]. Em Fortaleza os livros comunistas podiam ser encontrados na biblioteca do Comitê Estadual do partido e na Livraria Alaor, mas isto no tempo da legalidade. Em São Paulo, a Editora Brasiliense (rua Barão de Itapetininga), a Livraria das Bandeiras (rua Riachuelo) e algumas outras livrarias vendiam obras comunistas.

Os espaços de compra eram variados porque o PCB participava de muitas organizações nominalmente suprapartidárias, ou seja, organizações de massas em que a temática não era diretamente vinculada à sua ideologia. Em fins dos anos 1950 dom Agnello Rossi escreveu um livro anticomunista no qual delatava dezoito instituições "infiltradas" pelos comunistas: eram associações de amizade, defesa da paz, petróleo, de turismo, dos democratas etc.[40]. E nas reuniões havia os empréstimos e entregas de livros encomendados.

A Editora Calvino havia sido retomada em 1942, a Brasiliense foi fundada em 1943 e a Editora Vitória em 1944. De acordo com o seu proprietário, a Editora Calvino conseguiu imprimir e distribuir meio milhão de exemplares entre 1942 e 1944[41].

Entre as editoras do PCB ou de pessoas vinculadas a um ideário comunista estava a Itambé, que publicou historiadores soviéticos. A Editora Fulgor chegou a ter 112 títulos[42] ao menos. Pertencia a Leôncio Basbaum e tinha tendência nacionalista como a Brasiliense de Caio Prado Júnior. A Editora Obelisco publicou a *Sociologia do Materialismo* de Basbaum e *Rebeliões da Senzala*, o clássico de Clóvis Moura. A Editora Felman Rego era do socialista português Vitor Cunha Rego e de sua esposa Ivonne Felmann. Publicou obras do português luxemburguista Paulo de Castro. A Editora Problemas Contemporâneos lançou Fausto Cupertino (que traduziria Lênin mais tarde).

No jornal cearense *O Democrata* há uma propaganda dos livros de uma editora do PCB na época de sua legalidade.

---

39. Depoimento de Wilson do Nascimento Barbosa.
40. Dom Agnello Rossi, *A Filosofia do Comunismo*, Petrópolis, Vozes, 1958. Outros relatos do mesmo nível: Gil Lorca, *Esta É a Verdade*, São Paulo, A Noite, 1947; O. Carvalho, *Evolução do Comunismo no Brasil*, Rio de Janeiro, DNP, 1939.
41. Calvino Filho, "Estudemos o Marxismo", *Divulgação Marxista*, ano I, n. 3, Rio de Janeiro, agosto de 1946.
42. *Catálogo da Editora Fulgor*, 1963.

EDIÇÕES HORIZONTE LTDA. UMA EDITORA A SERVIÇO DO POVO – APRESENTA SUAS ÚLTIMAS PUBLICAÇÕES AUTORIZADAS PELO PARTIDO COMUNISTA DO BRASIL.

Clássicos do Marxismo	
A Doença Infantil do Esquerdismo no Comunismo – V. I. Lênin	Cr$ 10,00
Manifesto Comunista – Karl Marx e F. Engels	Cr$ 5,00
A Luta Contra o Trotskismo – J. Stálin	Cr$ 4,00
Materialismo Dialético e Materialismo Histórico – J. Stálin	Cr$ 4,00
Clássicos Nacionais	
União Nacional para a Democracia e o Progresso – Luiz C. Prestes	Cr$ 1,50
Os Comunistas na Luta pela Democracia – Luiz C. Prestes	Cr$ 4,00
O P.C.B. na luta pela Paz e pela Democracia – Luiz C. Prestes	Cr$ 4,00
Cultura Popular	
Os Cartéis – A. B. Mogil	Cr$ 4,00
Patriotismo – W. Boltzky	Cr$ 1,50

Outro anúncio trazia a *História do Partido Comunista da URSS* ao preço de Cr$ 30,00: "Um livro indispensável para a formação de sua cultura marxista". O preço era alto para "um volume brochado"[43]. A Editora Horizonte tinha 52 títulos à venda no final dos anos 1950[44].

As Edições Horizonte responsabilizavam-se pela literatura diretamente vinculada ao PCB e de ensaístas nacionais. Autores: Prestes, João Amazonas, Ruy Facó, Brasil Gerson, Edson Carneiro. Seus livros eram mais baratos. Num catálogo da Editora Vitória sem data (provavelmente posterior a 1961), em que além das obras desta editora havia a oferta de livros da Horizonte, alguns livros de editoras comerciais e obras estrangeiras marxistas, o preço médio dos livros do editorial Horizonte era de apenas Cr$ 3,33; o preço médio de 34 livros da

---

43. Ildefonso R. Lima Neto, *Escrita Subversiva: O Democrata, 1946-1947*, UFCE, 2006. Vide também Francisco Moreira Ribeiro, *O PCB no Ceará: Ascensão e Declínio – 1922-1947*, Fortaleza-CE, UFC/Stylus Comunicações, 1989.
44. Cf. *Catálogo*, s. d.

Vitória era de Cr$ 17,64; os oito livros de outras editoras era de Cr$ 28,12; e o de 72 obras importadas (excluindo revistas) era de Cr$ 24,80 por exemplar, já que algumas obras tinham preços por título mas só eram vendidas em conjuntos de vários volumes, como *El Capital*, cinco volumes por Cr$ 380,00. Mesmo assim, o exemplar individual era relativamente caro, pois custaria Cr$ 76,00.

Segundo levantamento de Flamarion Maués, a Editora Vitória publicou 179 obras (livros e livretos) entre 1944 e 1964. Ele estimou a tiragem média de mil exemplares, o que resultaria em mais de duzentos mil exemplares editados, no entanto somente o livro *Zé Brasil* de Monteiro Lobato teve duzentos mil exemplares[45]. O ápice se deu de 1954 a 1956 e em 1961-1962[46]. A coleção Romances do Povo tinha tiragem mínima de dez mil exemplares, como o leitor verá mais adiante.

Rosa Luxemburgo

Num ambiente em que a importância cultural do PCB na esquerda aumentara, mas não era a única, uma autora como Rosa Luxemburgo podia ser reivindicada à margem da apropriação comunista de seu nome, por exemplo. Já em 1931 na sua *Introdução à Ciência do Direito*, Hermes Lima citava Rosa Luxemburgo contra o perigo da ditadura do proletariado tornar-se um governo de camaradas[47].

O jornalista santista Adolfo Roitman, que o leitor já conheceu por ocasião da "conversão" de Joaquim Câmara Ferreira, citava em sua correspondência de 4 de janeiro de 1932 com a namorada Rosa Brickman o livro *Reforma ou Revolução*, de Rosa Luxemburgo. Talvez a coincidência do belo nome animasse Roitman, pois ele acalentou o projeto de traduzir a obra supracitada e Rosa Brickman, numa resposta que podia ter vários sentidos, escreveu-lhe que ele devia fazer isto depressa, "para que ninguém chegue antes"...[48]

Não se sabe se o namorado entendeu logo o sentido oculto da missiva. Eles acabariam por se casar mais tarde. Mas, de acordo com o seu prontuário

---

45. *Imprensa Popular*, 13 de fevereiro de 1951. Mas o livro circulou também pela Calvino e em contratações.
46. Flamarion Maués, "A Editora Vitória e a Divulgação das Ideias Comunistas no Brasil, 1944–1964", em António Simões do Paço; Raquel Varela & Sjaak van der Velden (eds.), *Strikes and Social Conflicts towards a Global History*, Lisboa, Universidade Nova de Lisboa, 2011.
47. Hermes Lima, *Travessia*, Rio de Janeiro, José Olympio, 1974, p. 82.
48. Rodrigo Rodrigues Tavares, *A Moscouzinha Brasileira*, p. 69.

no Deops, "desquitaram-se" anos depois. Já o livro *Reforma ou Revolução* só foi traduzido no ano de 1946. O artigo de Rosa Luxemburgo, "Pausas e Recuos do Marxismo" sai no livro de Max Beer, *Carlos Marx: Sua Vida e Sua Obra* da editora Calvino.

Rosa Brickman inspirou a personagem Rosa Lituana no romance *Parque Industrial* de Patrícia Galvão. Sobre ela a polícia política registrou que era "mulher culta, profunda conhecedora das teorias marxistas"[49]. Rosa provinha da Europa Oriental e foi militante ativa desde 1932 como tesoureira da sua célula partidária e membro da Juventude Comunista. Era professora da Escola de Comércio de Santos. Rosa compartilhava a militância nos anos 1930 com seus sobrinhos, marido e os irmãos comunistas Roitman. Era uma célula quase familiar[50]. É provável que tenha participado da divulgação do nome de Rosa Luxemburgo em Santos, pois lá havia uma célula comunista com o nome da revolucionária polonesa[51].

Em 1946, Rosa Brickman participou da direção santista do PCB, da seção feminina das donas de casa, do Centro Cívico Feminino (do qual seria expulsa), do Centro de Estudos do Petróleo e, quando voltou do Congresso Mundial da Paz (México, 1949), trouxe vários livros e revistas apreendidos pela polícia. Foi decerto leitora de Rosa Luxemburgo e talvez a coincidência do nome e a condição feminina num partido e numa sociedade "masculinos" tenham animado sua admiração por Rosa Luxemburgo.

Segundo o levantamento pioneiro de Edgard Carone em sua obra *O Marxismo no Brasil* registram-se seis títulos de Rosa Luxemburgo em livros no período 1933-1946.

O jornal *Vanguarda Socialista*, ligado ao Partido Socialista Brasileiro, publicou doze artigos de Rosa Luxemburgo (1946-1947) e no mesmo ano a Editora Flama, de São Paulo, editou *Reforma Social ou Revolução*, reeditado depois pela Editora Elipse e pela Global Editora, sempre em São Paulo. O PCB publicou de K. Funk um artigo sobre Rosa Luxemburgo e Karl Liebknecht[52]. Mas tratava-se de texto laudatório a Lênin (por ver os erros de Rosa) e a Liebknecht.

---

49. Prontuário Deops – SP 5955, 4 de fevereiro de 1955. Rosa teve sua militância vigiada até 1955 ou mais.
50. Oswaldo Lourenço, *Vida de Coragem*, São Paulo, Editora Maturidade, 2005, p. 84.
51. Célula Rosa Luxemburgo. Prontuário Deops – SP 82257 Caixa 54.
52. *Problemas – Revista Mensal de Cultura Política*, n. 12, julho de 1948.

Outras Leituras

Na biblioteca particular do colecionador e estudioso Dainis Karepovs contam-se 136 títulos da Editora Vitória. Vê-se que, embora Marx, Lênin e Krutchev estivessem presentes, há que se notar a publicação das obras de Stálin em seis volumes. Foram traduzidas do italiano. Separavam-se mil exemplares da tiragem em papel especial encadernado e cinquenta exemplares de luxo. A aquisição em 1952 podia ser feita diretamente na Editora Vitória em sua sede na rua do Carmo.

A preeminência do stalinismo como prática política pode ter sido grande em alguns períodos da história do PCB. Mas nunca teve uma hegemonia editorial incontestada no marxismo brasileiro.

Note-se que, logo que são publicadas, as obras de Stálin já cedem lugar a Krutchev e a um título de Togliatti, ambos autores que, mesmo tendo uma trajetória fiel ao pensamento de Stálin, personalizaram a fase de *aggiornamento* pós-Stálin.

Em termos de marxismo, a Editora Vitória deixa de lado muitos autores importantes como Rosa Luxemburgo. Liu Schao Tsi é editado antes de Mao Tsé-Tung. E este é editado em 1961, quando ocorre a ruptura entre o PCUS e o PC chinês. As obras de Mao Tsé-Tung ficam no primeiro volume e só muitos anos depois a Editora Alfa Ômega irá editá-lo no Brasil. É claro que a revista *Problemas* havia editado artigos de Mao (números 20, 30 e 37), além de outros dirigentes chineses. Ele também já era citado como autoridade militar.

Literatura Proletária

A Vitória manteve também a coleção Romances do Povo iniciada com a obra *Um Homem de Verdade*, de Boris Polevoi. Em nome do realismo socialista, a coleção visa combater uma "literatura decadente, suicida e impopular", como escreve seu diretor Jorge Amado no catálogo. Uma bem cuidada feição gráfica e ilustrações de artistas de renome deveriam dar a "digna apresentação" aos livros.

A Editora Vitória pretendia manter-se também com o concurso de sócios. A coleção iniciada em 1953 teria o lançamento programado de um romance por mês com tiragem mínima de dez mil exemplares, sendo uma parte com papel de custo menor para edições populares e outra com papel de qualidade superior para venda a preço corrente de mercado. O capital da coleção foi antecipado pela editora (30%), sendo os custos restantes cobertos pela participação de sócios avulsos, à razão de três mil cruzeiros por quota subscrita em três prestações de Cr$ 1000,00. De acordo com o número de quotas que adquirira, o sócio se tornava automaticamente dono de bens da editora ou de um número de exemplares de qualquer dos livros pertencentes à coleção (para este cálculo o valor dos livros seria o de seu preço de venda menos desconto de 30%).

Dez meses depois o sócio poderia resgatar as quotas, acrescidas de lucros até no máximo 15% sobre o capital integralizado, independentemente dos resultados do negócio. Havia a possibilidade de resgatar as quotas antes do prazo de dez meses desde que em livros da coleção. Havia 37 romances programados na data do lançamento da coleção[53].

Os temas desta "literatura proletária" são a guerra contra o nazismo, greves, reconstrução da URSS, vida no campo soviético (mas também na Argentina, Brasil, Estados Unidos, novos países socialistas), as conquistas geográficas ou científicas dos soviéticos, humor soviético e os primeiros anos do regime socialista.

Pode parecer distante do gosto do leitor atual este tipo de literatura, mas a prova de que ela possuía um público cativo é que a edição de autores engajados nos problemas sociais se deu no Brasil desde os anos 1930 por várias editoras, "de esquerda" ou não. A Editora Globo, por exemplo. Um dos livros da Vitória (*Assim se Forjou o Aço*, de Nicolau Ostrovski) foi mesmo relançado no século XXI pela Editora Expressão Popular.

Revistas Teóricas

Os anos 1950 e 1960 abriram uma batalha de revistas. A direita, com financiamento do empresariado e, por vezes, de agências estadunidenses, manteve publicação, como a revista *Ação Democrática*, com tiragem de 250 mil exemplares.

O PCB publicava várias revistas, como *Fundamentos*, *Brasiliense* (de propriedade de Caio Prado Júnior) e *Problemas: Revista Mensal de Cultura e Política*, que circulou de 1947 a 1956 e teve 73 edições. Passou à Editora Vitória em junho de 1954. Depois de doze números na rua venderam-se cem mil exemplares ao preço fixo de Cr$ 3,00. Não se tratava de uma revista dedicada aos problemas brasileiros. Ela era publicada em várias línguas. Nos anos 1980, quando ela voltou a circular e este autor a lia, ela geralmente trazia informes dos PCs dos vários países. Mas no seu período inicial a revista reproduzia principalmente autores soviéticos e secundariamente dos novos países socialistas. Numa análise de uma amostragem de 333 artigos publicados em

---

53. Coleção Romances do Povo da Editora Vitória Ltda., Rio de Janeiro, 1953, *Catálogo*.

trinta números alusivos ao período 1947 a 1955 digitalizados[54], não menos do que 61,25% dos artigos eram assinados por autores estrangeiros.

Por seu turno, a revista *Brasiliense* em seus 51 números entre 1955 e 1964 era uma revista quase toda voltada para problemas brasileiros e seus artigos assinados por autores nacionais. Sua circulação atingia mais os intelectuais, obviamente. Na biblioteca de um operário de Santo André encontravam-se obras de Lênin, Stálin, Jorge Amado, Caio Prado (*O Mundo do Socialismo*), Marx e alguns autores russos. A preferência era pelas ideias gerais do socialismo e não por temas nacionais[55]. Quando Joaquim Pinto Silva, presidente do Sindicato dos Trabalhadores da Construção Civil do Paraná, foi preso, tinha consigo o *Manifesto Comunista* e folhetos sobre Cuba. Embora se declarasse brizolista[56].

Para incorporar intelectuais simpatizantes, o partido manteve a revista *Literatura*, fundada por Astrojildo Pereira em setembro de 1946. O primeiro número trazia a colaboração de Octávio Tarquínio de Souza, Manuel Bandeira, Jorge de Lima e Graciliano Ramos. Mas a revista durou pouco. Mais tarde o partido lançou outra revista: *Estudos Sociais*, novamente dirigida por Astrojildo Pereira. Era uma revista oficial e publicava autoridades do Leste europeu como Szigeti, ministro húngaro que atacara o filósofo marxista Georg Lukács depois da invasão da Hungria em 1956 por tropas soviéticas. Mas em seu número de março-abril de 1959 Astrojildo Pereira publicou a versão do acusado, o prefácio de sua obra *A Destruição da Razão*[57]. Mas isto se deu no clima de debate posterior à Declaração de Março de 1958. Mais tarde, em 1963 o PCB criou o Comando dos Trabalhadores Intelectuais, mas a experiência soçobrou logo depois no golpe militar de 1964.

Outras revistas em português ou espanhol eram lidas pelos comunistas brasileiros. Originavam-se da União Soviética, China, Cuba, Coreia do Norte etc. Totalizavam mais de quarenta títulos. A maioria mensal. Alguns jornais comunistas portugueses também chegavam (e continuaram chegando ao Brasil até 2012 pelo menos). Mas parece que sua leitura era restrita à comunidade de exilados. Nos anos 1960 os comunistas portugueses estavam organizados em São

---

54. Disponível em: <http://grabois.org.br/portal/cdm/>.
55. C. G. Vieitez, *op. cit.*, p. 174. A. W. B. de Almeida, "As Bibliotecas Marxistas e Escolas de Partido", *Religião e Sociedade*, n. 9.
56. Reginaldo J. Fernandes, *Revolução e Democracia (1960-1980)*, São Paulo, USP, Tese de Doutorado, 2013, p. 130.
57. Leandro Konder, *A Democracia e os Comunistas no Brasil*, Rio de Janeiro, Graal, 1980, p. 111.

Paulo e editavam o jornal *Portugal Democrático*. A massa potencial de leitores de língua portuguesa no mundo em 1961 era de 25 milhões de pessoas enquanto a de língua espanhola era três vezes maior e a de língua inglesa, dez vezes maior[58].

Distribuição

A compra de livros era difícil devido ao preço e à circulação. Como diz Maria Amélia de Almeida Telles, "naquela época os livros não eram descartáveis, os livros eram raridades, então fazíamos trocas de livros. Juntávamos um caminhão, um aparelho de som e a gente juntava as pessoas para uma troca de livros"[59].

Nos anos 1960, a Editora Vitória ("Uma editora a serviço o povo", como se autodenominava) tinha escritório na avenida Rio Branco e depósito na rua do Mercado, Rio de Janeiro. Atendia por reembolso postal e havia ampliado as áreas de seu catálogo. A Vitória era distribuidora das Edições Horizonte, Editorial Páginas (Havana, Cuba), Lautaro (Buenos Aires, Argentina), DIAP (Santiago, Chile) e Problemas (Buenos Aires).

A Agência Intercâmbio Cultural de São Paulo, na rua 15 de Novembro, de J.C. Amaral Guimarães, era uma distribuidora comunista[60]. E com boas relações com a Editora Brasiliense de Caio Prado Júnior, pois todos os livros deste autor e alguns de sua editora tinham destaque no catálogo[61]. A *Dialética do Conhecimento*, de Caio Prado Júnior, custava Cr$ 22,00, enquanto a *Formação do Brasil Contemporâneo* custava Cr$ 12,00.

A assinatura do autor nos exemplares também é um elemento de reafirmação da relação do leitor com o livro. Muitos leitores de autores marxistas buscavam autógrafos. O hábito de autografar está associado ao lançamento da obra ou a conferências do autor. Caio Prado Júnior participou de muitos lançamentos. Os meios comunistas, no entanto, não tinham autores consagrados até os anos de 1940. Alguns eram professores já estabelecidos, como Leônidas de Rezende, mas a maioria era de militantes provenientes do anarquismo.

Depois a situação muda com a presença de grandes nomes da literatura que se firmam juntamente com o crescimento da influência do partido: Jorge Amado, Graciliano Ramos, Carlos Drummond etc. Nas ciências humanas Caio Pra-

---

58. Olímpio de Souza Andrade, *O Livro Brasileiro*, Brasília, INL, 1978, p. 51.
59. *Tribuna Livre*, CA XI de agosto, São Paulo, maio de 2014.
60. Relação dos livros mais procurados para o estudo das ciências econômicas e culturais, março de 1963.
61. *Edições Brasiliense*, abril de 1963.

do Júnior já se estabelece neste período como historiador importante ao lado de Leôncio Basbaum e Nelson Werneck Sodré. Mesmo assim, tais autores recorrem a editoras não comunistas por duas razões: evitar discussões diretas (com o partido) e porque, dotados de nomes consagrados, não tinham dificuldade em encontrar editoras comerciais. No caso de Caio Prado ele mesmo era um editor.

Embora o país garantisse a circulação de literatura proveniente da União Soviética e os mandados de prisão contra Prestes e outros dirigentes comunistas tivessem sido retirados durante o governo JK, a situação do Partido Comunista jamais era tranquila. Quando o marechal Henrique Teixeira Lott, ministro da Guerra e defensor da legalidade, quis punir o coronel Mamede por causa de seu pronunciamento golpista no enterro do general Canrobert, Lott ao mesmo tempo propôs ao presidente Café Filho a proibição da imprensa comunista[62].

Mesmo as exposições e feiras eram perigosas. Em 1962, um major da Aeronáutica colocou bananas de dinamite na Feira de Exposição Russa em São Cristóvão. Outras bombas seriam colocadas em aeronaves soviéticas no aeroporto Santos Dumont. Como de praxe, as autoridades abriram inquéritos e declararam-se estarrecidas com o atentado terrorista. O major implicado disse ter sido convidado por comunistas a participar da operação [*sic!*][63]. Este é o mais perfeito retrato da democracia racionada.

---

62. O coronel Mamede foi o "idealizador" do Manifesto dos Coronéis contra o aumento do salário-mínimo em 1954.
63. *O Estado de S. Paulo*, 22 de maio de 1962.

Capítulo 4
A Hegemonia Compartilhada

Até então não se tinham manifestado visivelmente fora da burguesia forças que impusessem "culturas" paralelas. No fim do decênio de 50 e começo do de 60 a coisa começou a mudar. Naquela altura, começamos a ver no Brasil, não de maneira isolada, através de vanguardas, mas como grandes movimentos de estudantes, populares e intelectuais, um esboço de movimento muito mais intenso, capaz de interessar setores mais vastos da sociedade em seus diversos níveis.

ANTONIO CANDIDO[1]

Se entre 1945 e 1958 o PCB oscilou em sua política, o próprio país não teve nenhuma estabilidade entre governo e oposição em torno da aceitação das regras do jogo democrático. O Brasil vivia aquilo que Marighella denominou a "democracia racionada". Militantes eram presos, torturados e até assassinados. O PCB permanecia ilegal. Sucessivos golpes militares da direita foram tentados contra a legalidade instituída.

O período seguinte é o da redefinição de linhas doutrinárias e tentativa de cristalização de formas políticas. Governos tentam política externa mais independente dos EUA e planos de reformas econômicas e sociais. O PCB dá uma guinada de 180 graus e cria nova estratégia para a revolução brasileira.

Evolução Política

Com o aparecimento do relatório do XX Congresso do PCUS, o PCB mergulhou numa crise que se estendeu de 1956 a 1962. Depois de dirimidas as dúvidas sobre a autenticidade do documento publicado na imprensa burguesa, houve uma vaga de críticas aos dirigentes. Na imprensa comunista abriu-se

---

1. Antonio Candido, "Feitos da Burguesia", *Discurso*, n. 11, São Paulo, ed. Ciências Humanas/Departamento de Filosofia da USP, novembro de 1979, p. 128.

um debate livre como não se via desde 1928. Osvaldo Peralva, Agildo Barata, Leôncio Basbaum, Vítor M. Konder e muitos antigos dirigentes abandonaram o partido.

O PCB dividiu-se entre renovadores, conservadores e, depois, um centro assumido por Luís Carlos Prestes. Muitos renovadores saíram derrotados logo no início. Mas ao fim do processo os críticos do revisionismo fundaram o PC do B.

O detalhe importante da luta interna é que ela envolveu a disputa pelo aparato editorial. Quando o Presidium do PCB decidiu demitir o diretor da *Voz Operária* e enviou um novo diretor à sede, os jornalistas se recusaram a aceitá-lo. Por isso, o partido mandou até lá um grupo de operários que literalmente atacou a sede do jornal que contava com 32 jornalistas.

Em fins de 1957, Agildo Barata, então tesoureiro do partido, saiu do PCB e levou consigo todos aqueles jornalistas da *Voz Operária*, alguns outros da *Imprensa Popular* e membros da Comissão de Finanças do CC[2]. Também o único deputado federal do PCB sai e renega o próprio comunismo, como o faria também Osvaldo Peralva, que trabalhara junto ao Kominform em Bucareste. Tudo isso causa um impacto financeiro no PCB. Todavia, a revogação do pedido de prisão de seus dirigentes e a quase legalidade em que atuou depois de 1958 lhe garantiram o aumento da influência de massas, embora não da militância.

A Declaração de Março de 1958 foi uma alteração importante na orientação do PCB. Mas apesar das oscilações do partido entre a moderação de sua legalidade (1945-1947) e o esquerdismo dos anos 1948-1954, a tônica geral do partido foi a de integrar a ordem e ser por ela reconhecido. Isto refletia também as oscilações do discurso soviético entre a retórica da guerra fria e a política pela paz mundial.

A declaração do PCB em 1958 pela democracia não foi feita por métodos de democracia interna partidária. Ela não foi produto de um congresso partidário e sim do Comitê Central (mais especificamente de um grupo designado por Prestes). Rompe-se com o conteúdo de uma política, mas refirma-se a armadura do partido leninista. Mais tarde (1968), como o leitor terá oportunidade de ver, grupos da esquerda armada farão exatamente o contrário.

---

2. Eliezer Pacheco, *O Partido Comunista Brasileiro (1922-1964)*, p. 215.

A declaração caracteriza o Brasil pelo predomínio da produção agropecuária e pela dependência externa através do comércio desigual com o exterior e da penetração do capital monopolista nos pontos-chave de nossa economia. O importante, contudo, é que "o desenvolvimento capitalista nacional constitui o elemento progressista".

O segundo aspecto relevante do documento é que aquele desenvolvimento capitalista levaria a maior democratização da sociedade. Por isso, a política de alianças deveria abranger os políticos nacionalistas de diversos partidos e ter como base militar o "setor nacionalista das Forças Armadas".

O terceiro aspecto é a inspiração maoísta do documento. Parece surpreendente, porque Mao Tsé-Tung não era muito lido no Brasil. Seus textos não deixam de ser ambivalentes ao teorizar um método de luta armada ao lado da afirmação de objetivos não imediatamente socialistas. Ele preconiza a aliança com a burguesia nacional, reafirma o primado da classe operária e do "seu partido", cita Lênin e Stálin e ainda não se havia operado a ruptura entre China e URSS.

A declaração, portanto, estabelece três contradições:

1. Nação × Imperialismo.
2. Desenvolvimento das forças produtivas × Relações semifeudais na agricultura.
3. Proletariado × Burguesia.

A terceira seria uma contradição secundária e as duas primeiras as contradições principais. Logo, o desenvolvimento do capitalismo nacional corresponderia aos interesses do proletariado e o caráter da revolução não seria socialista.

Os agentes internos do imperialismo eram: intermediários do comércio exterior, sócios do capital monopolista norte-americano, latifundiários e agentes de negócios bancários e comerciais.

Quatro classes e duas frações de classe poderiam se opor aos agentes internos do imperialismo: proletariado, campesinato, pequena-burguesia urbana, burguesia interessada no avanço do capitalismo nacional; setores do latifúndio contrariados pelos preços de exportação e pela ação extorsiva de empresas estadunidenses e grupos burgueses ligados a monopólios rivais dos EUA.

Embora o documento fale em "hegemonia do proletariado", é uma declaração de submissão do PCB à burguesia. Ele proíbe palavras de ordem radicais. Como a declaração foi uma resposta às mudanças do XX Congresso do PCUS e o partido vivia cisões e críticas internas nunca antes expressas publicamente na própria imprensa partidária, a declaração termina se opondo simultaneamente à degenerescência revisionista e ao sectarismo dogmático.

O revisionismo, termo clássico da literatura socialista, teve uma primeira aparição internacional no chamado Debate de Bernstein, na Alemanha de 1898, quando Eduard Bernstein questionou o que para ele eram teses ultrapassadas de Marx. A II Internacional foi chamada de revisionista. Com o *Relatório de Krutchev*, a própria União Soviética faz uma revisão de sua doutrina política e busca a coexistência pacífica com o mundo capitalista. Para seus apoiadores no Brasil foi uma renovação. Assim, o PCB acusava o grupo reformista de Agildo Barata de revisionista. E o grupo de Grabois e João Amazonas acusa o PCB também de revisionista.

Para a direção do PCB o revisionismo aparecia naqueles que abandonavam o partido "pela direita", como Agildo Barata. O erro subjetivista (o de não calcar a política nas condições objetivas do país) era o dos que recusavam a nova orientação "pela esquerda" (muitos dos quais fundariam em 1962 o PC do B, como João Amazonas).

A queda de Krutchev em 1964 não alterou a nova linha política, mas revelava os limites do movimento comunista internacional. *A desestalinização se dera no conteúdo e não na forma*: crimes foram denunciados, houve alguma liberdade artística limitada e o secretário-geral passou a depender mais do birô político e de toda a hierarquia burocrática, já que ninguém mais dispunha do poder pessoal de Stálin.

Leitores

No Brasil, a linha de 1958 foi confirmada pelo V Congresso em 1960. Resultou daí uma política de alianças e intensa participação eleitoral dos comunistas. Nas eleições de 1962 o PCB elegeu quatro deputados federais. Em São Paulo os eleitos tiveram seus mandatos cassados, o que resultou na anulação de mais de 180 mil votos[3]. Se somarmos os votos recebidos por todos eles e mais alguns eleitos como deputados estaduais, a influência eleitoral do PCB no período alcança mais de trezentas mil pessoas.

---

3. Larissa Rosa Corrêa, "Trabalhadores e os Doutores da Lei: Direitos e Justiça do Trabalho na Cidade de São Paulo – 1953 a 1964", *Revista Histórica*, nº 26, outubro de 2007.

O golpe de 1964 assinala definitivamente o fim de uma hegemonia. Atingido pela repressão, mas também responsabilizado pelos novos militantes por uma derrota colossal, o PCB declinou.

Em janeiro de 1962, o PCB conseguiu mais de setenta mil assinaturas pela sua legalização. Em 1964 estimam-se em 42 400 os seus membros. O PCB tinha mais de cem funcionários. E indicava cerca de quatrocentas pessoas em instituições do Estado[4].

Para Leôncio Basbaum, em 1963 "o PCB oficial possuía cerca de 30 mil membros, em todo o país, embora a maioria fosse de inativos (membros que, bem ou mal, apenas contribuíam financeiramente)". Ivan Alves Filho apresenta o mesmo número[5]. Ronald Chilcote, acompanhando as fontes do Departamento de Estado dos EUA, estima os membros do PCB entre 25 e 35 mil.

Têm razão os que consideram que o número de militantes naquele período não espelha toda a influência que o partido obteve através de sua política de alianças.

Há que se considerar que a cisão do PC do B foi pequena. Cerca de cem pessoas apoiaram o manifesto do Racha e cerca de quinhentas abandonaram o partido[6]. Alguns anos depois, o PC do B tinha alguma influência entre os bancários do Rio de Janeiro, os ferroviários do Rio Grande do Sul e os mineiros de Santa Catarina. Aquele partido tinha cerca de dois mil militantes em 1964.

Na arena intelectual o PCB procurou novas formas de enquadramento de uma intelectualidade que se lhe podia escapar, especialmente os jovens. A União da Juventude Comunista fora extinta em 1957 e substituída por uma seção juvenil do partido.

Os Cadernos do Povo Brasileiro são iniciativa fenomenal nos anos 1960. Coleção dirigida por Ênio Silveira e Álvaro Vieira Pinto, ela atinge a cifra de um milhão de exemplares[7]. Muitos títulos têm uma visão do Brasil próxima do PCB.

O radicalismo pós-PCB levou a novos caminhos dentro do marxismo. A renovação provinha da França com Sartre e Althusser; da Itália com a difusão de Gramsci e Togliatti. Mas principalmente devido à Revolução Cubana.

---

4. Informação de Wilson Barbosa.
5. Valter Pomar, *Comunistas do Brasil: Interpretações sobre a Cisão de 1962*, Dissertação de Mestrado, USP, São Paulo, 2000.
6. Cf. Milton Pinheiro, mensagem ao autor, agosto de 2013.
7. Angélica Lovato, "Um Projeto de Revolução Brasileira no pré-1964: *Os Cadernos do Povo Brasileiro*", em Marisa Midori Deaecto & Jean-Yes Mollier, *Edição e Revolução*, p. 159.

Mesmo nas publicações do partido, Cuba era uma presença desproporcional. Entre 143 jornais *Novos Rumos* apreendidos pela repressão política de 1961 ao golpe de 1964, 37% dos exemplares tinham artigos sobre Cuba. Numa coletânea de 622 páginas que reuniu relatos de ex-militantes políticos da luta contra a ditadura militar, os termos Marx e marxismo aparecem onze vezes, Lênin 26 e Prestes 27. Embora isto não seja um índice de leituras, especialmente no caso de Prestes, que publicava apenas alguns documentos oficiais do PCB, é importante notar que as referências a Che Guevara foram feitas 58 vezes[8].

É possível que o público tenha sofrido modificação importante. No período 1945-1964 os intelectuais e estudantes compartilharam a demanda pelos livros marxistas com operários do PCB que passavam pelas escolas, cursos e mesmo reuniões e ativos. Com a ditadura militar este tipo de militante trabalhador tendeu a se recolher ou se expor mais facilmente a perseguições e dificuldades na aquisição de livros de esquerda.

Um estudo feito a partir da relação de organizações da esquerda clandestina no Brasil, por profissão dos indiciados pela Justiça Militar nas décadas de 1960 e 1970 revela que, entre os militantes processados e atingidos pela ditadura, as classes sociais mais baixas (compostas por lavradores, militares de baixa patente e majoritariamente trabalhadores manuais urbanos) compunham aproximadamente 17% dos presos, as camadas de transição, na verdade uma baixa classe média (autônomos, empregados, funcionários públicos, técnicos médios e outros) eram 26,3%; as camadas médias e altas intelectualizadas (artistas, empresários, estudantes, oficiais militares, professores, profissionais liberais ou com formação superior e religiosos) eram 46%, enquanto 10,32% não tinham ocupação definida no levantamento. Evidentemente (e como aconteceria cada vez mais), os estudantes teriam grande papel na atuação da esquerda[9]. Isoladamente, o PCB era o mais proletário com 23,9%[10] de membros nas classes baixas.

Claro que a base é pequena (4 124 pessoas), quando sabemos que a ditadura militar atingiu direta ou indiretamente dezenas de milhares de pessoas nas classes trabalhadoras sem deixar rastros ou provas. Mas a pesquisa é um *índice*

---

8. Eliete Ferrer (org.), *68 a Geração que Queria Mudar o Mundo: Relatos*, Brasília, Ministério da Justiça, Comissão de Anistia, 2011.
9. Fabrício Silva, *História e Guerrilha: Entre a Tradição Rural e a Prática Urbana*, Franca, Unesp, 2013. Dissertação de Mestrado.
10. Valter Pomar, *Comunistas do Brasil: Interpretações sobre a Cisão de 1962*, USP, São Paulo, 2000. Dissertação de Mestrado.

para o universo da militância mais reconhecida e que compunha uma parte permanente da demanda pela leitura de livros marxistas.

Mas simplesmente mostrar que os estudantes tinham presença marcante na guerrilha não responde por todas as condicionantes do fenômeno. Como disse José Luiz Del Roio, "o movimento estudantil era ativo antes do golpe, mas não tão importante quanto o dos camponeses e operários. Quando estes foram duramente golpeados, o movimento estudantil fica mais importante".

Por outro lado, "essa história de que os estudantes eram ricos é muito teoricamente. Na verdade, alguns eram de famílias mais ricas, mas a maioria era estudante trabalhador. Muitos vieram do interior e moravam em pensões, em repúblicas"[11].

O PCB tradicionalmente estava implantado nos sindicatos. Um exemplo: somente na zona metalúrgica de Santo Amaro, o partido tinha mais de quinhentos operários em 1964[12]. No VI Congresso o partido decidiu-se pela implantação do Placcompe (Plano de Construção e Consolidação do Partido nas Empresas). O plano parecia distanciar socialmente a estratégia do PCB e dos grupos armados. Num primeiro momento teve algum sucesso: em 1972 aproximadamente 50% dos novos militantes eram operários de fábrica ou empregados do setor de transportes[13].

Nova Oferta

Talvez nenhum livro espelhe melhor a renovação dos modelos da esquerda em relação ao período anterior a 1964 do que o eclético *Pedagogia do Oprimido*, concluído em Santiago do Chile, no outono de 1968, e publicado em 1970, prefaciado por Ernani Maria Fiori. A Editora Paz e Terra lançou-o em 1975. Entre os autores citados na obra há Hegel, Marx, Engels, Lênin, Fromm, Sartre, Marcuse, Fanon, Memmi, Lukács, Debray, Freyer, Kosik, Goldmann e Althusser e repetidas menções a Mao Tsé-Tung, Fidel Castro, Che Guevara e Camilo Torres[14]. A força do livro estava na forma: uma escrita em que os argumentos sobressaíam pela linguagem liberta da opressão de construções acadêmicas.

---

11. José Luiz Del Roio, Depoimento, CEDEM – Unesp.
12. Informação dada por Wilson do Nascimento Barbosa.
13. Ricardo Rodrigues Lima, *Relatório de Pós Graduação na UFG*, Goiânia, novembro de 2012.
14. Angela Antunes, "Paulo Freire", *Intérpretes do Brasil*, cit.

Decerto, outras obras registravam a percepção cultural da esquerda como *Para Ler el Pato Donald* (Ariel Dorfman), que circulou a partir dos anos 1970 em espanhol e foi publicado no Brasil em 1977. Até mesmo Rosa Luxemburgo, uma autora já clássica, mas pouco editada no Brasil, era redescoberta.

A leitura marxista no período da ditadura militar se tornou um objeto de difícil aferição. Em primeiro lugar, o marxismo universitário surgiu no Brasil como um lugar social em que os produtores passaram a produzir uns para os outros em busca de reconhecimento e progressão na carreira.

No exílio a edição de textos que circulavam no Brasil ou fora era forte. Pelo menos noventa títulos de jornais brasileiros foram feitos por exilados.

Em segundo lugar, o marxismo revolucionário ficou circunscrito a pequenas organizações que editavam textos mimeografados, cópias de livros portados com capas falsas e os espaços de sociabilidade e difusão (como livrarias) praticamente desapareceram.

O comunismo era anatematizado pela universidade e não deixava oportunidades para carreiras estabelecidas. O intelectual comunista e editor Antonio Roberto Bertelli conta em suas memórias que na tarde de 27 de março de 1964 estava no Sindicato dos Operários Navais. No *hall* havia um pequeno e idoso homem atrás de uma mesa vendendo seus próprios livros. Era Astrojildo Pereira. A ironia trágica daquele homem de 74 anos que dedicara a vida inteira à justiça social e, sobretudo, aos livros revela um pouco o país que herdamos.

Crítica das Armas

A luta armada decaía e novos movimentos emergiam durante o governo do ditador Geisel. A ALN tinha 120 guerrilheiros e uma rede de apoio logístico e a frente de massas. Mas somando todos os grupos que aderiram à luta armada em 1973, o governo dos EUA estimava haver mil guerrilheiros ativos no Brasil[15], sem contar as redes de apoio e logística.

Depois da derrota em 1964, a esquerda se fragmentou em muitas organizações, porém ampliou sua base de conceitos, teorias, táticas e comportamentos.

A formação militante provém de quatro grandes troncos.

---

15. World Strength of the Communist Party Organizations, 1972.

1. O tronco representado pela Polop, adepto de um marxismo heterodoxo, se diluiu nos anos 1980 sem chegar a ter ação editorial importante, ainda que alguns livros de Erich Sachs tenham sido editados.
2. Os trotskistas conseguem montar uma gráfica e, apesar de sua divisão no período da abertura controlada pelos militares, concorreram para a difusão de literatura marxista.
3. O PCB retoma com dificuldades sua formação, mas não logra mais retomar a pujança do passado.
4. O último tronco é representado pelos remanescentes da Ação Popular e do PC do B. Este se firma no movimento estudantil e com uma editora.

A esquerda se pluraliza no plano organizativo especialmente depois do VI Congresso do PCB em 1967. O processo não é inteiramente consciente, pois nasce da negação do partido *no interior do marxismo-leninismo* e não contra ele.

Na impossibilidade de assumir o partido como sua forma, pois falta o concurso da classe operária em massa, os militantes formam oposições, grupos de ação etc. As teorias rendem homenagens ao conteúdo do marxismo-leninismo, mas a ação viola sua forma. E a mudança da forma produz indícios de uma renovação conteudística.

É o caso da Ação Libertadora Nacional (ALN), cujo programa é de libertação nacional, mas admite pequenos grupos autônomos que desejam lutar contra a ditadura.

É claro que novos partidos surgem como o PC do B (1962)[16] e o PCBR. Takao Amano, que chefiaria mais tarde um Grupo Tático Armado da ALN, resumiu bem a situação:

> Dentro da esquerda do partido havia duas grandes alas, o Marighella e o Toledo achavam que não era necessária a constituição de um partido político igual ao PCB para continuar a luta. O importante era a ação. Nós já tínhamos discutido muitos anos, o momento não era mais de discussão, mas sim de partir para ações concretas. Esta era a posição do comitê estadual, o racha de São Paulo, que depois será o agrupamento comunista. A outra ala estava com o Mário Alves, o Gorender, o Grabois e aquele grande lutador que foi o Apolônio de Carvalho, combatente da Guerra Civil Espanhola. Eles formaram particularmente a partir

---

16. Em 1961, para efeito de legalização, o PCB (Partido Comunista do Brasil) muda o nome para Partido Comunista Brasileiro e mantém a sigla. Os ortodoxos do partido, que já vinham atacando a linha da Declaração de Março, fundam o PC do B, mantendo o nome original de 1922, mas não a sigla. Este se declara continuador do PCB de 1922.

do Rio de Janeiro o PCBR – Partido Comunista Brasileiro. Botaram o "R", revolucionário e não reformista. Eles tinham uma concepção de que era necessário continuar esse partido, só que com conteúdo diferente[17].

Os trotskistas evitam a luta armada. Agem em pequenos grupos e só depois terão importância na formação do PT. Nos anos 1990 formam novos partidos. Outros grupos persistem como oposição ao PCB sem se definirem plenamente no aspecto orgânico.

Não é fenômeno só brasileiro. O Brasil se insere na crise mundial das esquerdas dos anos 1960. Na França o Mao-Spontex é um exemplo de defesa do espontaneísmo tático[18] sem abandono do marxismo oficial. O maoísmo da Revolução Cultural trazia em si esta contradição.

Depois o maoísmo declina, mesmo no principal partido que o adotara, o PC do B. Já em 1973 seu dirigente João Amazonas questionava o caráter revisionista de Mao. Em outros artigos posteriores aprofunda-se a crítica da filosofia eclética maoísta e da teoria dos três mundos defendida por Deng Xiao Ping, segundo a qual o terceiro e o segundo mundo deveriam se unir contra o social imperialismo soviético. Até mesmo parte do primeiro mundo (EUA) poderia ajudar na disputa.

Leituras Perigosas

Apesar de livros de Marx serem editados, não era uma boa ideia andar com eles ou folheá-los publicamente numa livraria. Muitas obras tinham que ser pedidas a um livreiro conhecido, pois não estavam expostas nas bancadas ou estantes. Entre 1971 e 1974 o já antigo militante comunista Paulo Gnecco escreveu um pequeno manual de materialismo dialético e histórico que só viria a publicar em 1988. A consulta aos livros era feita pelo autor na casa de amigos e parentes. Quem era militante (especialmente no caso de alguém sem perfil de estudante como ele) temia um livreiro ou bibliotecário delator.

Decerto, o problema principal não era a simples consulta, mas andar com os livros. Porque era muito comum ser apanhado numa *blitz* da repressão que bloqueava as ruas e revistava todas as pessoas indiscriminadamente.

---

17. Takao Amano, *Assalto ao Céu*, São Paulo, Com-Arte, 2014 (Coleção Memória Militante).
18. Richard Gombin, *As Origens do Esquerdismo*, Lisboa, Dom Quixote, 1972, p. 22.

Naquele tempo de luta armada se lia pouco e se comprava pouco, como diz Artur Scavone, então estudante de Física na USP. Segundo Vanderley Caixe, da Forças Armadas de Libertação Nacional de Ribeirão Preto, a formação era em tempo curto com a apresentação do "elemento ideológico, o quadro e a forma de luta"[19], ou seja, a ideologia, a conjuntura e os princípios básicos da luta armada.

Lembremos que na acepção do maoísmo o método principal de aprendizagem da guerra se dá através da participação na própria guerra: a atuação é aprendizagem. Não se aprende primeiro e, depois, se luta[20].

Já na prisão os militantes formaram turmas de aulas ou círculos de leituras, dependendo das condições carcerárias. Scavone estudou todo *O Capital*, que foi conseguido de forma clandestina. As famílias ou advogados traziam os volumes disfarçados precariamente e os presos encadernavam, colocando as primeiras folhas e capa com autores anódinos[21].

É evidente que a esquerda produziu vários livros que só podiam ser lidos em cópias mimeografadas, como o *Livro Negro da Ditadura Militar* (1972), iniciativa da Ação Popular (AP). Outro exemplo foi o *Manual do Guerrilheiro Urbano*, assinado por Carlos Marighella. Tratava-se de uma produção coletiva inspirada por Marighella e que foi traduzida em vários idiomas. Uma versão posterior do *Manual* em alemão informa que o livro foi um importante texto de base (*Hintergrundtext*) para as discussões da esquerda em 1968[22]. Seu objetivo não era ensinar a luta armada, mas propagá-la.

Além disso, as direções das organizações faziam círculos de estudos e debates. A futura Vanguarda Popular Revolucionária debateu o livro *Que Fazer?* em abril de 1968[23]. O sindicalista José Ibrahim conta que discutia com os operários os livros *Trabalho Assalariado e Capital; Salário, Preço e Lucro*; e *História da Riqueza do Homem*[24]. Entre os novos operários recrutados no "partidão" em 1971 a leitura para discussão era a cartilha *O ABC do PCB*. Em 1971 o PCB fez

---

19. Alessandra Bagatim, *Forças Armadas de Libertação Nacional: O Grupo de Esquerda Armado Ribeirão Pretano (1967–1969)*, Unicamp, 2002, p. 40.
20. Robert Taber, *Teoria e Prática da Guerrilha. A Guerra da Pulga*, Lisboa, Iniciativas Editoriais, 1976, p. 67.
21. Depoimento de Artur Scavone, 12.11.2012.
22. Carlos Marighela, *Handbuch des Stadtguerillero*, s. l. p., 1996.
23. João Quartim de Moraes, "VPR: Os Leninistas e Outros", em Antonio Carlos Mazzeo e Maria Izabel Lagoa (orgs.), *Corações Vermelhos*, São Paulo, Cortez, 2003, p. 230.
24. Celso Frederico, *A Esquerda e o Movimento Operário*, São Paulo, Novos Rumos, 1987, vol. I, p. 204.

uma série de reuniões comemorativas do centenário de Lênin com o objetivo de que seus militantes estudassem a concepção de partido leninista. Um contraponto a estruturas como a ALN.

O manual histórico contra a guerrilha foi *A Estratégia da Pulga* (Taber). Ele teve difusão em inglês e espanhol entre militantes brasileiros porque só foi traduzido ao português depois da Revolução dos Cravos (1974). A literatura própria da guerrilha, como os ensaios de Ernesto Martins (pseudônimo de Erich Sachs), circulava mimeografada. Era uma espécie de uso da técnica russa do *Samizdat*.

O PCB visava estruturar-se diretamente nas empresas, já que sua presença na direção dos sindicatos era muito difícil. De acordo com Lucio Bellentani, metalúrgico e membro do Comitê Estadual do PCB paulista, em 1971 o partido manteve uma base de 150 operários na Volkswagen e que contribuíam com 0,5% do salário. O número de exemplares por edição distribuídos da *Voz Operária* na fábrica chegou a trezentos. Mas em 1972 a célula foi descoberta pela repressão e vários operários presos, o que inviabilizou a continuidade do trabalho político nas principais fábricas do ABC paulista. O jornal *Voz Operária* era datilografado e rodado em mimeógrafo no Brasil pela militante Zuleide de Melo[25]. Em janeiro de 1975 foi localizada e invadida a sede onde era rodado o jornal[26].

No fim da ditadura militar, os livros marxistas podiam vir às vitrines bem como os jornais comunistas. A *Tribuna Operária* do PC do B era vendida em bancas em 1983. O jornal posadista *Frente Operária* era distribuído em comícios livremente. No período da distensão do ditador Geisel já havia vindo a lume obras sobre a luta armada e a repressão. *Em Câmara Lenta,* de Renato Tapajós, abriu o circuito deste tipo de livro, mas *O Que É Isso Companheiro?* (Fernando Gabeira) e *Os Carbonários,* de Alfredo Sirkis, tiveram maior sucesso de vendas. Gabeira, jornalista de profissão, destacou-se pelo estilo[27], embora sem o valor estético de Paulo Emilio de Salles Gomes, cujo conto *Duas Vezes Helena* tinha (subjacente a uma complexa dimensão narrativa) a sutil trajetória de um pai fascista até o filho martirizado pela ditadura militar.

25. "Zuleide Fariz de Melo: Militante Comunista de Toda uma Vida" (Entre Vista), *Novos Temas*, São Paulo, 2014, p. 28.
26. Anita Prestes, *Luiz Carlos Prestes (1958–1990)*, p. 182.
27. Davi Arrigucci Junior, "Recompor um Rosto", *Discurso*, n. 12, pp. 69-82, 1980.

Espaços de Leitura

A Livraria Brasiliense continuou sendo um lugar de compras de obras radicais na cidade de São Paulo ainda durante a ditadura militar[28], assim como a Livraria Duas Cidades. Em Goiânia a principal livraria de esquerda, desde os anos 1970, era a Livraria do Spar, pertencente à Diocese de Goiânia, cuja sede era no edifício anexo da Catedral Metropolitana. O bispo titular dom Fernando era um dos principais opositores do regime militar no país[29]. Em Belém do Pará o livreiro comunista Raimundo Antônio da Costa Jinkings manteve a principal casa livreira de esquerda do Norte e Nordeste.

Nos anos 1980, a geografia das livrarias paulistanas ainda era dominada pela imponência de um centro decadente. Na "cidade nova" destacava-se a Livraria Tecnocientífica, na rua Barão de Itapetininga, importadora de livros soviéticos e das revistas *Socialismo: Princípios, Práticas e Perspectivas* e *União Soviética*, que vinham de Moscou e eram em português. Na mesma rua a Livraria Brasiliense tinha um livreiro chamado Chiquinho, que depois se transferiu para a Livraria do Fondo de Cultura Económica, em Perdizes. O sr. Barroso o substituiu. Eram os que conheciam a literatura marxista à venda.

Na rua 7 de Abril, a Livraria Editora Ciências Humanas, do livreiro Raul Castell (que foi parar numa banca no prédio de Ciências Sociais da USP), teve também um papel significativo. Ele mantinha a Editora Ciências Humanas e a revista *Temas de Ciências Humanas*, órgão que publicou textos de autores comunistas como Nelson Werneck Sodré e Caio Prado Júnior. Mas antes disso, em 1974, ele já possuía uma banca de livros no prédio de História da USP. *O Capital* podia ser adquirido em espanhol no centro de São Paulo. A edição do Fondo de Cultura Económica era vendida em 1976[30].

A Livraria Duas Cidades, inaugurada em dezembro de 1954, pelo frei dominicano José Petronillo da Santa Cruz, na Praça da Bandeira, desde 1967 situava-se na rua Bento Freitas[31] e tinha livros de esquerda ou de sua própria editora (obras do marxismo universitário). Evidentemente, havia livros marxistas na Livraria Siciliano e na Livraria Francisco Alves, bem como

---

28. Depoimento de Takao Amano, 2012.
29. Depoimento de Ricardo Musse, 11.11.2012.
30. Depoimento de Marcos Del Roio, 12.11.2012.
31. *Urbs*, n. 20, fevereiro-março de 2001.

no saldo da avenida São João, perto da esquina com a avenida Ipiranga. Muitos livros sobre a esquerda podiam ser adquiridos ali. Do militante comunista alemão arrependido Wolfgang Leonhard havia a obra *O Futuro do Comunismo Soviético* (Editora Nórdica, 1977). Os sebos completavam a oferta para estudantes pobres, como o de Antônio Lisboa na rua José Bonifácio.

A esquerda mais organizada e com recursos também transcendia as livrarias e se encontrava nos bares dos centros das cidades (no caso de São Paulo o antigo Riviera, o Ferro's e vários outros). Os partidos de esquerda não tinham espaços próprios. Intelectuais do PCB, sob a liderança de Noé Gertel, criaram o Clube dos Ursos e se encontravam desde 1986 na pizzaria Micheluccio defronte ao cinema Belas Artes[32].

Os irmãos Barrocco vendiam números antigos da coleção Os Economistas em capa dura (Editora Abril). Ali este autor adquiriu *O Capital* (cinco tomos) em 1984. A livraria situava-se numa galeria da rua Marquês de Itu. Também a Freitas Bastos, Livraria Brasiliense, Italiana, Francesa, Portuguesa (Ebradil de Luiz Botelho e Alexandre Pereira), Ediouro (rua Conselheiro Crispiniano) a Belas Artes (que começou ligada ao Partido Obrero da Argentina[33] e depois pertenceu ao físico e ativista cultural José Luiz Goldfarb). A livraria do Pereira no Copan ajunta nos anos 1980 Heitor Ferreira Lima, Edgard Carone, Tinhorão e vários militantes da tradição comunista.

Outras capitais tinham uma tradição própria de leitura. Em Porto Alegre, certamente os militantes de esquerda podiam ler com mais facilidade as obras da Editora Mercado Aberto, especialmente a revisão da história do Rio Grande desde uma perspectiva marxista, promovida pela Série Documenta. Também a Sulina e a Livraria do Globo ainda eram frequentadas, assim como a Livraria Palmarinca[34].

Salvador na Bahia era dominada pelos sebos Graúna e Brandão. A Graúna tinha duas lojas: uma na Barra e outra no coração da cidade, no Largo 2 de Julho, conhecido como Campo Grande (em frente ao Hotel da Bahia, que no passado foi estatal!). Era ali, também, que a CUT fazia o Primeiro de Maio. Já o Sebo Brandão (que também manteve lojas em São Paulo e no Recife) estabeleceu-se na rua Rui Barbosa, próximo ao Arquivo Municipal e à Praça

---

32. M. Feijó, "O Centenário de Noé Gertel", *Política Democrática*, n. 38, Brasília, março de 2014, p. 182.
33. Depoimento de Osvaldo Coggiola, 2012.
34. Depoimento de Benito Schmidt, 5 de janeiro de 2012.

Castro Alves, perto do Pelourinho. Mas, além dos sebos, havia também as livrarias convencionais: Grandes Autores e a LDM, na rua Direita da Piedade (hoje desaparecida), a Livraria Vozes, na rua Carlos Gomes, paralela à avenida 7 de Setembro, no centro antigo, e a cadeia de lojas da Livraria Civilização Brasileira[35].

A Bahia também tinha seus espaços específicos de militância livreira. A Literarte era uma livraria especializada em títulos de esquerda e ficava na avenida 7 de Setembro, nas Mercês, em Salvador. Tinha como donos o cartunista Nildão e o livreiro Getúlio. O segundo era irmão de uma guerrilheira assassinada no Araguaia. Mas existia, também, uma livraria ligada ao PCB: chamava-se Práxis e situava-se no Largo 2 de Julho, coordenada por dois comunistas: Almerico, operário, ex-presidente da CUT local e George Gurgel, formado em Moscou na Universidade Patrice Lumumba[36].

Espaços da cultura negra foram conquistados ou retomados. O MNU (Movimento Negro Unificado) fez em 1978 sua assembleia nacional no Rio de Janeiro com trezentos militantes. Em São Paulo, a Eboch (editora e livraria) é iniciativa ímpar. Tratava-se de livraria voltada ao público negro. Situada no bairro do Bexiga, ela foi fundada pelo sociólogo Márcio Damásio e pelo químico Isidoro Teles em 1986. O programa da livraria apareceu no boletim informativo *Acorda Negro* e anunciava mil títulos só de literatura negra[37]. O espaço voltou-se para o lançamento de livros e palestras de velhos militantes da causa.

Mais tarde, o Selo Negro, editora de São Paulo, publicou livros sobre a questão racial.

Queima de Livros

A repressão incidiu sobre os livros com especial sanha fascista depois de 1964. Os cinco mil exemplares do primeiro volume das *Obras Completas* de Lênin foram queimados pela repressão militar. A obra vinha sendo traduzida pelo erudito Álvaro Vieira Pinto e seria lançada pela Editora Civilização Brasileira de Ênio Silveira.

---

35. Depoimento de Aldrin Castelucci, 2012.
36. Depoimento de Milton Pinheiro, 17 de janeiro de 2016.
37. Clóvis Moura, *Dialética Radical do Brasil Negro*, São Paulo, Anita Garibaldi, 1994.

O PCB, mesmo destruído em grande parte, ainda respondia por parte significativa das publicações proibidas ou oficiais através de editores legalizados, embora sempre perseguidos (como Ênio Silveira[38] e Fernando Gasparian)[39]. Em 1967, o PCB ainda tinha uma gráfica clandestina ativa em um prédio da Alameda Barros em São Paulo, comandada por Dario Canale, um italiano. Ali era a gráfica do comitê estatual do PCB, onde se fazia o jornal *O Combate*[40].

A ditadura militar impediu muitas manifestações culturais. Embora pareça uma contradição que ela visasse reprimir também os costumes, isto estava de acordo com a ameaça que os novos sujeitos incorporados pela esquerda depois de 1968 apresentavam.

Segundo levantamento de Zuenir Ventura em *1968 – O Ano Que Não Terminou*, entre 1968 e 1978 foram censurados aproximadamente quinhentos filmes, 450 peças de teatro, duzentos livros, dezenas de programas de rádio, cem revistas, mais de quinhentas letras de música e uma dúzia de capítulos de sinopses de novelas.

Numa lista de 430 livros proibidos[41] (21% de autoria de brasileiros), não mais do que 15% dos livros censurados no Brasil tinham algum viés político. Outra listagem apresenta 492 obras submetidas à censura. Do total, 179 (36%) foram liberadas[42].

Mesmo entre estes havia livros que continuaram circulando por já estarem nos sebos, como *A Revolução Brasileira* de Caio Prado Júnior e *História Militar do Brasil* de Nelson Werneck Sodré. Mas é óbvio que a maioria dos títulos socialistas sequer era considerada pelos editores, pois a censura para eles era uma certeza.

A censura recaía de forma esmagadora sobre livros que tratavam de massagem sensual, traições, relações sexuais e outras formas do êxtase físico.

Mulheres

Entre as leituras preferidas de mulheres trabalhadoras estavam livros de educação sexual, cuidados com os filhos, mas também romances sentimentais que

---

38. Fundador da Editora Civilização Brasileira e da Paz e Terra.
39. Comprador da Editora Paz e Terra em 1975 e dono da Livraria Argumento no Rio de Janeiro (1978).
40. Disponível em: <http://www.zedirceu.com.br/del-roio-sobre-o-golpe-de-64-nao-so-a-violencia-mas-a-ignorancia-tomou-conta-do-pais/>.
41. Dionísio Silva, *Nos Bastidores da Censura*, São Paulo, Estação Liberdade, 1984. Sobre a censura ainda: Paolo Marconi, *A Censura Política na Imprensa Brasileira: 1968–1978*, 2. ed., São Paulo, Global Editora, 1980.
42. Sandra Reimão, *Repressão e Resistência: Censura a Livros na Ditadura Militar*, São Paulo, Edusp, 2012.

permitiam escapar de uma opressão cada vez mais percebida além da fábrica. Numa pesquisa com operárias de uma fábrica da Zona Oeste paulistana no início dos anos 1970, Ecléa Bosi descobriu que 33% das trabalhadoras não liam jornais e 38% não liam livros. Mas, quando se lhes perguntava o motivo, 75% das que não liam declaravam desinteresse (no caso do jornal) e só 13% no caso dos livros. 67% alegavam falta de dinheiro, de tempo ou tinham cansaço[43]. Lembremos que entre as classes baixas da cidade de São Paulo no período 1969--1972 havia 73,9% que não liam jornal e 79,7% não conheciam biblioteca[44].

Os livros eram lidos pelas operárias durante a semana de trabalho fora de casa e não aos domingos, pois as mulheres têm dupla jornada e continuam labutando para os homens no fim de semana nas tarefas domésticas.

Outro aspecto importante é o local de compra. As livrarias sempre foram ambientes pouco acolhedores para pessoas simples. São espaços de convívio das classes médias ou dominantes. Em centros culturais, teatros, cafés e livrarias de áreas nobres o indivíduo malvestido ou negro sofre reações de seguranças de terno e gravata, diretamente proporcional ao grau de "ameaça visual" que representa. Desde a revista na saída até as mais sutis perguntas na entrada: "Pois não? Deseja ir aonde? Vai falar com quem?"

Era esperado, por isso, que somente 20% das operárias houvessem adquirido livros em livrarias enquanto o restante comprara na porta da fábrica, em bancas de jornal ou com volantes. Uma Kombi visitava empresas e na hora do almoço era comum que operários de ambos os sexos folheassem as ofertas. No caso das operárias pesquisadas por Ecléa Bosi, livros de conteúdo sentimental.

Entre este universo feminino e a esquerda havia um abismo. Um documento do PCB, de janeiro de 1975, *Trabalho do Partido Entre as Mulheres*[45], admitiu que o partido deixara para as mulheres "tarefas materiais práticas apenas (finanças, guarda de casas, trabalho de datilografia, tradução, apoio logístico etc.)". O partido se esforçou. Entre 1976 e 1979 o Comitê Central convocou quatro "Ativos Femininos", mesmo depois que um terço do seu Comitê Central tinha sido assassinado pela repressão.

---

43. Ecléa Bosi, *Cultura de Massa e Cultura Popular. Leituras de Operárias*, 5 ed., Petrópolis, Vozes, 1981, p. 102.
44. Daniel Hogan & Manuel Berlinck *et al.*, *Cidade: Usos e Abusos*, São Paulo, Brasiliense, 1978, p. 140.
45. Maira Luisa Gonçalves Abreu, "O PCB e a Questão Feminina (1970-1979)", *Fazendo Gênero 8: Corpo, Violência e Poder*, Florianópolis, 25 a 28 de agosto de 2008.

Num documento de maio de 1979, o partido fez autocrítica e defendeu a descriminalização do aborto, mas lembrou que em 1954 promoveu uma conferência para discussão feminina, manteve uma publicação voltada à mulher e sempre se referiu em seus documentos à luta pela igualdade entre os sexos[46].

Com ou sem os partidos as mulheres se organizaram. O Movimento do Custo de Vida de São Paulo que teve suas origens nos clubes de mães da paróquia São Remo em 1973 são um exemplo. O movimento se formalizou em 1977 e dois anos depois realizou um encontro nacional no qual adotou o nome de Movimento Contra a Carestia. Chegou a ser reprimido na Praça da Sé em São Paulo, em 27 de agosto de 1978. No ano seguinte realizou-se o I Congresso da Mulher Paulista com setecentas pessoas.

Não à toa a Editora Global, criada em 1973, lançaria em 1980 *A Situação e Organização da Mulher,* da comunista Zuleika Alambert.

Leituras da Diversidade Sexual

Os comunistas consideravam os homossexuais como "invertidos", segundo a linguagem da época. Nisto estavam de acordo com a ideologia dominante. E isto não mudou depois. Na revista *Fundamentos,* Jacob Gorender considerava o existencialismo uma filosofia de "homossexuais e degenerados". Na mesma época, o diário do PCB ressaltava como sintoma da decadência dos EUA o fato de que supostamente um em cada três estadunidenses era homossexual[47].

O movimento *gay* ganhou impulso em tendências alternativas, como as trotskistas (Convergência Socialista, por exemplo). Os comunistas insistiam em subordinar as opressões "não tradicionais" às lutas de classes.

A Editora Marco Zero, de Porto Alegre, publicava as primeiras obras polêmicas de Rose Marie Muraro, reconhecida feminista daquele período. Rose ajudou a editar a autobiografia do transexual Lóris Ádreon, *Meu Corpo, Minha Prisão*. Também Herbert Daniel, Marta Suplicy, Fernando Gabeira e vários outros se colocaram na defesa de várias formas de expressão da sexualidade.

As lésbicas albergavam-se no Grupo Somos, o qual tratava da homossexualidade em geral e editava o primeiro jornal da causa *gay*: Lampião. Mas o

---

46. *A Condição da Mulher e a Luta para Transformá-la: Visão e Política do PCB*, São Paulo, maio de 1979.
47. *Imprensa Popular*, 5 de junho de 1952.

grupo, que se reunia também no Largo do Arouche, antigo "gueto" dos *gays* da capital paulista, dedicava-se mais às demandas deles[48].

Dali saiu o Subgrupo Lésbico-Feminista. Ele participou do II Congresso da Mulher Paulista, em março de 1980, e, em 1981, denominou-se GALF – Grupo de Ação Lésbico-Feminista, que editou o boletim *Chanacomchana*[49]. Mais tarde formou-se o coletivo de *gays* e lésbicas do PT que, em 1996, promoveu um debate sobre homossexualidade e socialismo e ajudou a organizar a primeira parada *gay* de São Paulo[50].

Para a velha esquerda era difícil ver na sexualidade um tema de importância igual ao da classe social. Em 1982 o secretário-geral do PCB, Giocondo Dias, declarou que a homossexualidade não existia como fato social. No entanto, na mesma época Prestes foi ao teatro cumprimentar o ator Raul Cortez e foi criticado. Ele ignorou as críticas. É que corria o boato de que Cortez havia sido expulso do PCB sob a acusação de comportamento homossexual[51].

Nova Oferta

A renovação pretendida pelos intelectuais eurocomunistas só atingia o conteúdo e não a forma. Tanto que suas ideias foram incorporadas pelo centro dirigente do PCB e muitos dos eurocomunistas saíram do partido. O PT levou a vantagem de ser *inicialmente* a expressão quase direta e espontânea desses movimentos sociais que precisavam de um novo meio institucional para exercer pressão.

O PCB entrou em nova crise durante a ascensão do PT. Este apresentava inovações na forma e entre 1978 e 1984 os movimentos que o criaram se mantiveram ligados muito mais numa estrutura federativa na prática. Foi a ação que criou a organização e só mais tarde ela passaria por um processo de centralização que afastaria muitos militantes de base[52].

O eclipse temporário de um partido traz à tona suas memórias. Algumas poucas obras autobiográficas de militantes do PCB haviam sido publicadas nos

---

48. Néstor Perlongher, *O Negócio do Michê*, 2. ed., São Paulo, Brasiliense, 1987.
49. Em 1985 no décimo número em *off-set*, 25 páginas. Luiz Mott, *O Lesbianismo no Brasil*, Porto Alegre, Mercado Aberto, 1987, p. 157.
50. Participaram como palestrantes John Kennedy Ferreira e Lincoln Secco.
51. Delcio M. Lima, *Os Homoeróticos*, Rio de Janeiro, Francisco Alves, 1983, pp. 159-161.
52. Vide Lincoln Secco, *História do PT*, 4. ed., São Paulo, Ateliê, 2015.

anos 1960 e a maioria das memórias passa a ser publicada depois de 1990. Dainis Karepovs fez um levantamento de ao menos 86 biografias referentes ao PCB. É de 1976 a obra de Leôncio Basbaum, *Uma Vida em Seis Tempos (Memórias)*. A de Octávio Brandão sai no ano seguinte, *Combates e Batalhas – Memórias*. E um ano depois a de Gregório Bezerra, *Memórias, 1900-1969* (2 vols.). Em 1982 Heitor Ferreira Lima publica *Caminhos Percorridos. Memórias de Militância*.

Operários também mostram a militância de outro ângulo. Joaquim Celso Lima lança em 1984 *Navegar É Preciso: Memórias de um Operário Comunista*. *PC Linha Leste* é obra do ex-militante do PCB Antônio Carlos Félix Nunes e sai pela Editora Livramento em 1980. O autor já estava no PT e retratava fragmentos da militância comunista na Zona Leste paulistana nos anos 1950.

A Unidade Sindical (PCB, PC do B e MR-8) manteve-se ligada ao sindicalismo tradicional enquanto os "autênticos" do ABC paulista e as oposições sindicais (especialmente a dos metalúrgicos de São Paulo) buscaram manifestações de independência de classe que levavam às leituras mais radicais e às manifestações culturais como teatro, cursos de formação etc.[53]

Muito mais do que no ABC, foi na Oposição Sindical Metalúrgica que as leituras se radicalizaram. O interesse pelo tema das comissões de fábrica cria público para os escritos juvenis de Gramsci (o livro *Conselhos de Fábrica* saiu em 1981). No mesmo ano a Brasiliense lança a coletânea dirigida por Mauricio Tragtenberg, *Marxismo Heterodoxo*. Vários pesquisadores escrevem sobre os conselhos de fábrica.

Uma debilidade histórica da formação da esquerda brasileira foi a ciência econômica. No Brasil, entre 1932 e 1964 foram editados 29 livros contendo textos econômicos de Marx. *O Capital*, em edições resumidas de Paul Lafargue, Gabriel Deville e Carlo Cafiero, ou condensadas, ou ainda em trechos (em geral a *Gênese do Capital*, título dado ao capítulo sobre a acumulação primitiva) foi editado quinze vezes[54].

A primeira edição brasileira completa de *O Capital* esteve nas listas dos livros mais vendidos em 1968[55]. Venderam-se cinquenta mil exemplares no

---

53. Sobre o novo sindicalismo, vide Hélio da Costa, "O Novo Sindicalismo e a CUT: Entre Continuidades e Rupturas", em Daniel Aarão Reis & Jorge Ferreira, *As Esquerdas no Brasil*, Rio de Janeiro, Civilização Brasileira, 2007, vol. III.
54. *Apud* Edgar Carone, *O Marxismo no Brasil*, pp. 114-115.
55. Fernando Paixão (org.), *Momentos do Livro no Brasil*, São Paulo, Ática, 1996, p. 144.

Brasil (e mais vinte mil em Portugal depois da Revolução dos Cravos)[56]. Mas a leitura de *O Capital* ainda não tinha incidência sobre um público amplo, embora não deixe de ser curioso que mais tarde a Polícia Federal tenha tentado proibir seu uso em escolas secundárias da Paraíba[57]. Na verdade, os resumos de Bicalho, um professor de Minas Gerais, e *O Capital: Uma Leitura Popular*, do anarquista italiano Carlo Cafiero (autorizado por Marx), eram mais lidos.

Na época da formação do PT Lênin reaparece com força editorial. Foram dezenove títulos ou mais, somente no período 1978-1982. A obra *Duas Táticas da Social Democracia na Revolução Democrática* (São Paulo, Livramento, s. d.) era vendida em saldo depois de 1985 em São Paulo. Na Livraria Técnico-Científica vendiam-se comentaristas russos de Lênin como Rudakova, Sazonov e Lebendiskaia.

Gramsci, que havia estreado em fins dos anos 1960, passou a ser objeto de discussões na esquerda e na universidade. Em 1978 havia sido publicado o volume das *Obras Escolhidas*, traduzido por Manoel Cruz. Carlos Nelson Coutinho em seu pioneiro *Gramsci* de 1981 havia editado fragmentos dos *Cadernos* e onze textos do período pré-carcerário.

Em 1989, John Cammet arrolou seis mil títulos sobre Gramsci no mundo – Elsa Fubini já arrolara 947 títulos em 1967! Tais levantamentos podem ser hoje mais exatos com a internet. No Brasil cerca de 150 títulos tratavam diretamente de Gramsci em 2010 num levantamento lacunar.

Entre 1978 e 1980 surgiram dezesseis editoras que publicavam livros de oposição à ditadura. Havia 26 editoras oposicionistas em São Paulo, nove no Rio de Janeiro (sendo uma delas em Petrópolis), duas em Porto Alegre e três em Belo Horizonte[58].

A Alfa Ômega, formada em 1973[59], publicava Mao Tsé-Tung (quatro volumes, mas só os dois últimos eram encontrados nas livrarias). A Editora Anita Garibaldi dedica-se às publicações de interesse do PC do B. Ched Editorial era ligada aos trotskistas, assim como a Kairós (1978), que lançou o livro *A Questão do Programa* (trazia *O Programa de Transição* e o prefácio que Trótski escreveu à edição sul-africana do *Manifesto Comunista*). O Movimento Revolucionário 8 de Outubro (MR-8) tinha a editora Quilombo.

56. Laurence Hallewell, *op. cit.*, p. 650.
57. *O Estado de S. Paulo*, 1º de junho de 1988.
58. Flamarion Maués, *Livros Contra a Ditadura*, São Paulo, Publisher, 2013, p. 47.
59. Laurence Hallewell, *op. cit.*

As Veias Abertas da América Latina, de Eduardo Galeano, e, em menor medida, *Os Dez Dias que Abalaram o Mundo* (Reed) foram leituras formadoras. Não que romances não fizessem seu papel. O vocalista da banda *punk* Garotos Podres, o Mao[60], leu *Os Miseráveis* de Victor Hugo e o comparou aos conflitos que ocorriam no ABC paulista em 1980. Logo estava tocando para arrecadar dinheiro para o fundo de greve.

A Brasiliense viveu um auge militante nos anos 1980 até declinar depois da morte de Caio Graco Prado. A coleção Primeiros Passos alimentava a militância até pelo preço e pelo formato de bolso. *O Que É Revolução,* de Florestan Fernandes, e o *best-seller* da militância, *O Que É Ideologia,* de Marilena Chauí, eram leituras básicas. Os livros cabiam no bolso de trás da calça ou dentro da jaqueta e eram fáceis de ser comprados... ou surrupiados. Na Editora Ática a coleção dirigida por Florestan Fernandes (Grandes Cientistas Sociais) trazia autores revolucionários. *Que Fazer?* de Lênin saiu exatamente em 1978! Ano da greve da Scânia.

O livro de Georges Politzer (outrora lido pelos comunistas) ainda continuava em uso por militantes que queriam se aprofundar no materialismo dialético. Mas já havia as leituras críticas. O futuro militante Ciro Seiji leu o volume I de *O Capital* numa biblioteca pública de São Bernardo do Campo (SP), mas nada entendeu. Depois, outros livros como o de Leo Huberman o introduziram no marxismo. O livro *A História da Riqueza do Homem,* iniciou muitos militantes. Seu estilo era simples e a obra dava um panorama legível do funcionamento do modo de produção feudal até o colapso da economia capitalista. Mais tarde, já militante trotskista, Seiji leu Politzer junto com o grupo Liberdade e Luta (Libelu), mas numa perspectiva crítica[61].

Para a história o nome do comunista Caio Prado Júnior era tão difundido que sua *História Econômica do Brasil* era adotada em colégios estaduais de São Paulo e reeditada pelo Círculo do Livro.

Rosa Luxemburgo

Em 1968, Paulo de Castro publicou a antologia intitulada *Socialismo e Liberdade,* que, pela primeira vez, mostra ao leitor brasileiro os textos de Rosa

---

60. Entrevista de José R. Mao Jr., *Mouro*, n. 1., São Paulo, julho de 2009.
61. Ciro Seiji Yoshiyasse, depoimento ao autor, 11 de maio de 2014.

Luxemburgo em sua polêmica com Lênin, a respeito das características e da essência do partido proletário. Castro foi um militante português radicado no Brasil e que havia tomado contato com a obra de Rosa em cursos na França nos anos 1930. O clássico *Acumulação do Capital* saiu pela Zahar, em 1971.

É nos anos de redemocratização que Rosa Luxemburgo reaparece como uma alternativa que cabia inteiramente no discurso da esquerda petista: nem socialismo realmente existente (Sorex) e nem social-democracia. Para tais fins, a retomada de Trótski já seria suficiente. Mas outros leitores que provinham do comunismo ortodoxo (stalinismo, maoísmo etc.) veriam muito mais oportunidades de definição em torno da leitura de Gramsci, Rosa e Korsch, este presente apenas em artigos ou capítulo de livro.

Camarada e Amante é uma antologia de cartas entre Rosa e Leo Jogiches, publicada pela Editora Paz e Terra, do Rio de Janeiro, em 1986. Pilla Vares publicou *Rosa, a Vermelha* em 1987. No prefácio (aqui também consultado para o nosso levantamento), ele traça um itinerário breve das obras luxemburguistas no Brasil e cita a influência deste pensamento na Polop (Política Operária). Em 1988 foi publicada uma coletânea de artigos de um antigo militante da Polop, Erich Sachs (*Qual a Herança da Revolução Russa?*)[62]. Anos depois saiu uma coletânea de três volumes de *Textos Escolhidos*, publicada pela Editora Unesp e organizado por Isabel Loureiro. Em 2014, as Cartas da Prisão são publicadas por uma editora antroposófica (ad virbum).

Uma retomada mais forte ocorreu com as publicações de Rosa Luxemburgo em francês. O período posterior a 1968 vê aumentar o número de publicações com um declínio nos anos 1990 e retomada no início do século XXI. Mas Rosa Luxemburgo teve uma ampla possibilidade de recepção de suas obras, pois seu legado é disputado por comunistas, trotskistas, comunistas de esquerda (conselhistas) e até anarquistas. Embora o PCB tenha negligenciado a sua difusão.

Trotskismo

A literatura trotskista também voltou a circular, acompanhando um movimento editorial internacional. Entre 1947 e 1963 o levantamento de Dainis Karepovs não registrou nenhum livro publicado no Brasil. Foram ao menos vinte títulos antes de 1947. Os textos críticos dos grupos trotskistas circulavam na USP, por exemplo. As obras de J. Posadas apareciam no Brasil desde 1963.

---

62. Rosa Gomes & Lincoln Secco, "Rosa Luxemburg em 1968", *Mouro*, n. 7, São Paulo, 2012.

Em 1968, a Editora Civilização Brasileira traduziu a biografia de Trótski escrita por Isaac Deutscher. Alguns militantes já a conheciam em francês. Embora fosse obra bastante favorável ao biografado, ela não deixava de revelar falhas de Trótski. Também contribuía para acertar contas com as calúnias a ele dirigidas pelo Movimento Comunista Internacional. Pilla Vares, então militante trotskista naqueles anos, diria mais tarde que a obra "foi uma revelação [...]. As pessoas caíam o queixo" e que o livro serviu para cursos de formação trotskista[63].

A literatura antitrotskista proveniente da URSS e de partidos comunistas (mais ainda depois da reunião internacional de PCs em Moscou, 1969) evidenciava a preocupação não só com o trotskismo, mas também com o crescimento de tendências autonomistas na esquerda pós-Maio de 1968.

Era reflexo das tentativas internacionais de reunificação do movimento. No Uruguai celebrou-se em 1963 um congresso de 65 delegados trotskistas da Argentina, Brasil, Chile, Bolívia, Peru, Venezuela e Uruguai[64]. Em julho de 1967, outra reunião latino-americana ocorreu no México e, em outubro do mesmo ano, houve a reunião dos trotskistas da América do Norte.

O intervalo entre 1940 e 1960 é de queda, pois a hegemonia editorial é do PCB.

O período que preside a formação do PT assinala a retomada das publicações de livros de Trótski. Foram 28 títulos entre 1977 e 1989. Dainis Karepovs levantou 89 títulos de livros de Leon Trótski publicados no Brasil. Excetuando-se alguns cuja data não foi estabelecida, pelo menos 67% deles saíram depois de 1977, época em que se começa a discutir a possibilidade de um partido como o PT. E 31% vieram a lume no período 2000-2011.

Mundialmente, a literatura trotskista foi imponente enquanto Trótski estava na União Soviética (o pico de publicações foi o ano de sua expulsão do partido, 1927). Outro ano significativo foi 1937, sob a atmosfera dos processos de Moscou. O trotskismo adormeceu e só depois de 1968 registram-se mais de cem títulos de artigos e livros por ano.

Tempos Novos para o Anarquismo

Quando abandonava uma carreira de físico na França, Plínio Coelho trazia de volta ao Brasil toda uma literatura anarquista que comprara por lá. Em

---

63. Murilo Leal, *À Esquerda da Esquerda*, São Paulo, Paz e Terra, 1963, pp. 203 e 215.
64. M. Basmanov, *La Esencia Antirrevolucionaria del Trotskismo Contemporáneo*, Moscou, Progresso, 1973, p. 176.

homenagem a uma revista libertária francesa, *Les Temps Nouveaux*, ele fundou em Brasília a Editora Tempos Novos. Sucedeu-lhe a Editora Imaginário, nome dado em homenagem a uma editora anarquista francesa: L'Imaginaire Subversif[65]. O primeiro título que este autor se recorda como provocativo para a militância comunista e socialista foi *Os Anarquistas Julgam Marx*, de 1986[66].

O anarquismo também continuou sua atividade de propaganda. O Centro de Cultura Social de São Paulo mantinha catálogo de livros à venda em 1988[67], provocava manifestações contra o Natal[68] e palestras de pesquisadores aos sábados. Também ali havia os fanzines, que divulgavam bandas de *punk rock* e ideias contra o "sistema".

A biblioteca de Edgard Carone registra, entre 1979 e 1991, ao menos 24 títulos anarquistas. No Centro de Cultura Social (reinaugurado em 1985) ainda era possível encontrar em 1988 o curioso livro de S. Faure (*Deus Existe? – Eis a Questão*). Numa sala apertada no bairro do Brás havia livros de Daniel Guérin, Friedrich Kniestedt, Malatesta, do militante Edgar Rodrigues, de Diego Abad de Santillan, de Afonso Schmidt, do petista Luiz Pilla Vares sobre o anarquismo[69] etc. Os novos militantes aprendiam com o clássico manual de George Woodcock (org.), *Os Grandes Escritos Anarquistas*, lançado em 1981 em Porto Alegre pela L&PM, e *Anarquismo*, editado dois anos depois pela mesma editora.

A retomada da literatura mostrava que as correntes anarquistas se rearticulavam. Pequenos grupos se organizavam em Salvador e São Paulo. Maurício Tragtenberg também foi um intelectual que animou as perspectivas libertárias. Ele resgatou Kropotkin numa edição da L&PM de 1987 e, a partir de tradução de Plínio Coelho, dirigiu a publicação pela Cortez[70] de *Federalismo, Socialismo e Antiteologismo* de Bakunin. Florestan Fernandes em 1988 escrevia:

> Proletarizar o coração e a mente desses subalternos, que permanecem abaixo das linhas de classe da subalternização, como último degrau da sociedade ("indigentes", "mar-

---

65. *Editando o Editor: Plínio Coelho*, org. Marcelo Yamashita Salles, São Paulo, Edusp/Com-Arte, 2013.
66. A. Gonçalves & Jorge Silva, *A Bibliografia Libertária. O Anarquismo em Língua Portuguesa*, São Paulo, Imaginário, 2001.
67. *Catálogo*, CCS, 1988, arquivo pessoal.
68. Este autor esteve numa delas na Praça Ramos em São Paulo.
69. Pilla tinha sido militante do PCB e do Partido Operário Revolucionário (POR) (Murilo Leal, *op. cit.*).
70. O editor Cortez, oriundo do Nordeste, estabeleceu-se em São Paulo e publicou muitos títulos da área de pedagogia.

ginais", populações "crentes" ou "dependentes" e outros). Os anarquistas tiveram a virtude de estender os braços a esses companheiros e a grandeza de compreender o seu infortúnio[71].

Balanço Comunista

Tanto o número de membros de um partido clandestino quanto sua influência não são quantificáveis com precisão. A influência ou simpatia é definida aqui não pela adesão ao programa máximo do PCB (comunismo) e sim *à curva de apoio ao programa mínimo do partido* em cada etapa de sua história. Assim, o número de eleitores, por exemplo, revela concordância com a existência do partido e com suas propostas imediatas.

A curva de apoio simpatizante ao PCB em geral acompanha a da militância efetiva. Entretanto, em três momentos o PCB apresenta maior crescimento de simpatizantes e decréscimo, estabilização ou crescimento infinitamente menor de militantes. Na primeira vez isso se dá com o advento da ANL. Ali o partido tem crescimento notável, mas atinge cerca de 3% do potencial representado pela influência que detém sobre a ANL. Na legalidade após a queda do Estado Novo, o efetivo partidário é 30% de sua influência eleitoral, aproximadamente.

Ou seja, a simpatia pelos comunistas, definida aqui como adesão ao seu programa mínimo, expandiu-se e retraiu de acordo com a massificação geral da atividade política, mas só os momentos de legalidade permitiram uma maior aproximação das curvas de adesão militante e simpatizante.

No período de semilegalidade em que o partido faz uma campanha em busca de apoio externo, a influência do partido sobe em detrimento de seus efetivos. Mas isso é mais notável no período posterior ao golpe de 1964. Embora os números sejam sempre discutíveis, especialmente num período ditatorial em que qualquer simpatia pelo comunismo não pode ser demonstrada, é inegável que a militância se retrai devido à destruição do aparato organizativo e à perseguição e assassinato de militantes numa escala e crueldade superior à do Estado Novo.

Todavia, também é inegável o aumento da influência política da organização a partir de 1974. Proporcionalmente ao tamanho da população, o período

---

71. Florestan Fernandes, *A Constituição Inacabada*, São Paulo, Estação Liberdade, 1989, p. 26.

de maior simpatia pelo comunismo é o de 1945-1947. Relativamente, a simpatia pelos comunistas permaneceu estável nos anos 1960-1978. Mas *absolutamente* o PCB conquista novos apoios em plena ditadura.

Por que isto ocorre?

O PCB acompanhou o crescimento do MDB, do qual fazia parte. Mas não é explicação suficiente, pois outros grupos da esquerda permanecem com mínima incidência no debate político ou mesmo desaparecem. O fato é que, mesmo seguindo uma linha moderada, tendo perdido militantes e com a organização semidestruída, um partido comunista sempre foi uma máquina montada e preparada para a clandestinidade. Um *operador político*, na definição de Milton Pinheiro.

Nenhuma organização política tinha o *savoir-faire* dos comunistas e por isso seu trabalho eleitoral sob a estreita vigilância policial teve sucesso ao eleger deputados estaduais, prefeitos e, em 1978, uma bancada de deputados federais. Depois disso os dados eleitorais perdem sentido para se avaliar o grau de influência do partido porque novas organizações de esquerda se legalizam e o PT passa a ser a maior agremiação de esquerda do Brasil.

A linha política de frente antifascista em busca de alianças com liberais e conservadores contrários à ditadura, entretanto, foi tão vital para o crescimento do PCB em 1974-1978 quanto foi fatal no período seguinte, de radicalização da classe operária e dos movimentos populares. O PCB não acompanhou os novos tempos. Manteve até 1986 um importante trabalho sindical, mas foi suplantado pelo novo sindicalismo; participou das negociações da transição política, mas demorou a apoiar a campanha das Diretas-Já e perdeu apoio de massas.

A cisão de Prestes e Gregório Bezerra com o partido[72]; a fé cega no documento *Alternativa Democrática*, oriundo do VII Congresso, iniciado em 1982 em São Paulo (impedido pela polícia); a concorrência do PT e da CUT; o reboquismo em relação ao PMDB; o apoio a Antônio Ermírio de Moraes em São Paulo e a crise do socialismo real abalaram profundamente o PCB.

Ao contrário disso, o PC do B manteve-se firmemente ancorado no marxismo-leninismo, adotou o projeto democrático popular do PT em 1989, aproximou-se da China, resistiu na sua cidadela (a UNE), aumentou sua influência entre os trabalhadores a ponto de criar uma central sindical e integrou o governo Lula desde 2003.

---

72. Na direção do PCB no exílio houve grave luta interna nos anos 1970 a tal ponto que, na volta ao Brasil, depois da anistia, Prestes lançou a *Carta aos Comunistas* e rompeu com o partido. A história dessa luta interna foi feita por Milton Pinheiro, atual dirigente do partido.

O velho PCB acabou. Florestan Fernandes escrevia sobre a evolução rápida do partido para sua transformação numa agremiação de centro, o Partido Popular Socialista (PPS): "O que fica da herança comunista quando se renega a opção entre reforma e revolução e se ignora o significado revolucionário do marxismo?"[73]

O PCB mantinha a Editora Novos Rumos com um repertório muito pobre se o compararmos a outros momentos da história editorial comunista aqui narrados. O IX Congresso (1991) dividiu o partido entre os "transformistas" e os "históricos". O PCB já abandonara a filosofia marxista como guia do partido[74]. No X Congresso (em janeiro de 1992, em São Paulo), surgiu finalmente o PPS. Os históricos saíram do congresso e fundaram o Movimento Nacional em Defesa do PCB no Colégio Estadual Roosevelt em São Paulo.

Começava outra história.

---

73. Florestan Fernandes, "O PCB", *Folha de S. Paulo*, 2 de setembro de 1991.
74. Vide *Declaração Política do Partido Comunista Brasileiro*, Rio de Janeiro, 2 de julho de 1991.

Capítulo 5
Autonomia

Cada atividade da vida brasileira é controlada por uma corporação, por um punhado de monopolistas. Eles não desejam reforma alguma. Na verdade, sabem que têm o que perder. Procuram assim garantir futuros patrimônios para filhos, netos, bisnetos etc. A estreiteza de horizonte dessas classes dominantes explica o elevado custo social da dinâmica societária brasileira: golpes de estado, ondas repressivas, guerras civis mal-disfarçadas etc., com um mínimo de democracia, de direitos civis e de progresso social. E, por cima de tudo, a choradeira com que os culpados se apresentam como vítimas e anistiam a si próprios.

WILSON BARBOSA[1]

Infelizmente, deve-se dizer que a lei não pôde libertar a imprensa a não ser em relação ao governo e que faltaria libertá-la em relação às potências do dinheiro.

M. HAURIOU[2]

O PT exerceu hegemonia política na esquerda depois de 1989, quando sua candidatura à presidência da República apagou os seus concorrentes de esquerda e sua alternativa moderada, o PSDB, inclinou-se à direita. Todavia, é difícil afirmar que o partido exerceu hegemonia cultural na esquerda, sendo mais provável que os temas fundamentais debatidos tenham sido elaborados de forma compartilhada pelas tendências de diversos matizes ideológicos internos ou externos ao PT.

Sendo partido de tendências díspares, o PT no máximo engendrou uma cultura anticapitalista em seu estágio inicial, porém jamais definiu um programa máximo (estratégico). De qualquer maneira, nunca tentou exercer uma

---

1. Wilson Barbosa, *O Caminho do Negro no Brasil*, São Paulo, 1999.
2. M. Hauriou, *Traité de Droit Constitutionnel*, 10. ed., Paris, 1929.

liderança editorial e de meios de difusão de suas ideias. Não teve jornal ou revista nacional de ampla circulação e nem editora oficial por dezoito anos.

A social-democracia, embora contasse com um partido que oficialmente a assumia (PSDB), permaneceu sem incidência nos sindicatos e movimentos sociais. O PSDB aproximou-se inicialmente de uma leve linguagem social-democrata, até porque congregava alguns dos ex-combatentes armados contra a ditadura militar. O Instituto Teotônio Vilela (ligado ao partido) é prova disso. Nos anos 1990 ele publicou ao lado de intelectuais do próprio partido os clássicos do pensamento social-democrata: Ferdinand Lassalle, o revisionista Eduard Bernstein e o ortodoxo Kautski, o pioneiro argentino Juan B. Justo e o social-liberal Carlo Rosselli. A publicação de Tony Blair já demonstrava a aproximação com a chamada terceira via depois que o PSDB chegara ao governo.

Na esquerda a formação política era falha. Descuidou-se da educação das crianças. Com a digna exceção dos anarquistas, todo o discurso pedagógico voltou-se para o poder público. A esquerda incorporou as ideias de Paulo Freire, questionou a educação bancária[3] que encarava o educando como mero repositório de saberes fixos e usou o seu método para alfabetização de adultos.

Durante o governo de Luíza Erundina o PT se associou a algumas Sociedades Amigos de Bairro de São Paulo com esta finalidade. Seu fundamento era a ênfase na visão de mundo dos alunos carentes como ponto de partida do processo educativo. O estudante tornava-se agente e o professor era o educador-problematizador.

Em outras tendências da esquerda os leitores de Dermeval Saviani apoiaram a sua pedagogia de orientação marxista que enfatiza o indivíduo concreto, dotado de interesses de classe nem sempre conscientes, em contraposição ao indivíduo empírico, cujos interesses nem sempre são seus reais interesses de classe[4].

Muitos militantes recorriam ao Núcleo 13 de Maio de Educação Popular. O Instituto Cajamar manteve cursos ligados ao PT e à CUT. Mas foi em janeiro de 2005 que o MST criou a Escola Nacional Florestan Fernandes em Guararema (SP), apoiada por professores de universidades públicas e com uma liturgia cristã que mostra a marca da origem do movimento junto à ação de esquerda da Igreja.

O crescimento e radicalização das Comunidades Eclesiais de Base no Brasil (CEBS) e os conflitos agrários já haviam levado à leitura revolucionária das *Sa-*

---

3. Paulo Freire, *Pedagogia do Oprimido*, São Paulo, Paz e Terra, 1987, cap. 2.
4. Dermeval Saviani, *Pedagogia Histórico-Crítica*, São Paulo, Cortez, 1991, p. 86.

gradas Escrituras. O número de CEBs aumentou de quarenta mil em 1974 para cinquenta mil em 1980. Nesse ínterim houve o I e II Encontros Nacionais das CEBs em Vitória em 1975 e 1976 e o III Encontro em João Pessoa (1978).

Igreja, Carisma e Poder, de Leonardo Boff, apareceu em 1981 e ficava nos balcões das livrarias à vista de todos. Já *Fidel e a Religião,* de Frei Betto, foi um *best-seller* publicado pela Brasiliense em 1985 com inúmeras reimpressões. Na época ele também escreveu pela mesma editora outro livro de grande aceitação: *O Que É Comunidade Eclesial de Base?* Vendido em banca de jornal, logo esgotou e foi várias vezes reeditado.

O trabalho dos teólogos da libertação no Brasil levou à edição pastoral da *Bíblia* em 1990. Tratava-se de um livro dirigido à leitura e estudo nas comunidades eclesiais de base e possuía um vocabulário feito na perspectiva da leitura revolucionária da *Bíblia.* Termos como luta de classes, oprimidos etc. eram usados na ótica marxista para explicar versículos bíblicos. Por causa disso, a segunda edição suprimiu o vocabulário e alterou as notas de rodapé. A primeira edição gerou polêmicas e, depois de algum tempo à venda, foi recolhida pela Paulus Editora. Eram os sintomas da reação conservadora de João Paulo II no Vaticano e da onda neoliberal.

A vertigem da velocidade das comunicações (que em breve seriam em tempo real) transparecia na obra *Tudo que É Sólido Desmancha no Ar,* de Marshall Berman. Lançado em português em novembro de 1986 pela Companhia das Letras, o livro vendeu 34 mil exemplares em menos de um ano. Houve depois quatorze reimpressões até 1997, totalizando 54 mil exemplares[5].

Uma primeira resistência que impactou a intelectualidade brasileira foi o livro *O Colapso da Modernização,* de Robert Kurz, autor cujas obras continuram a ser editadas em português. Antes de sair em 1992, a obra foi saudada por um artigo de Roberto Schwarz no jornal *Folha de S. Paulo.* Kurz visitou o Brasil e colaborou com o referido jornal. Jacob Gorender o chamou de catastrofista.

Revistas Marxistas

O marxismo no Brasil sempre usou a forma da revista como o veículo da propagação teórica. O jornal era resguardado para a interpretação da conjun-

---

5. Marcelo Ridenti, "O Sucesso no Brasil da Leitura do *Manifesto Comunista* Feita por Marshall Berman", em K. Marx & F. Engels, *Manifesto Comunista,* trad. de Victor Hugo Klagsbrunn, São Paulo, Perseu Abramo, 1998, p. 206.

tura diária ou semanal. Nos anos 1970-1980 não foi diferente: *Brasil Socialista, Temas de Ciências Humanas, Debate e Crítica, Encontros com a Civilização Brasileira, Novos Rumos, Oitenta* e *Ensaio* são apenas exemplos. *Ensaio* serviu como aglutinadora de uma corrente de pensamento centrada na obra de Lukács e na liderança intelectual de J. Chasin, autor de um livro clássico sobre o integralismo.

A revista *Teoria e Política* deixou de ser editada após o fim do Partido Revolucionário Comunista, de onde provinham vários de seus colaboradores. A revista *Presença*, que publicava a tendência eurocomunista, perdeu sentido com a criação do PPS e o fim do velho PCB (que mais tarde seria reorganizado). *Arma da Crítica* foi uma revista efêmera da Tendência Marxista do PT. A ela seguiu-se a Revista *Práxis* em 1994, que contou com a ajuda de Florestan Fernandes, Paul Singer e Jacob Gorender, graças à intermediação do Núcleo de Estudos de *O Capital* do PT/SP.

Crítica Marxista começou em 1993, através da Editora Brasiliense, que publicou os três primeiros números; a partir de 1997, passou a ser publicada semestralmente pela Editora Xamã. Em 2000 passou a ser publicada pela Boitempo Editorial, a qual publicou também a revista *Praga* em 1996. A Editora Boitempo lançou *Margem Esquerda* em 2003. O PSTU lançou a revista *Outubro* em 1998. A revista *Princípios* (PC do B) atingiu 120 números em 2012. Ela foi crucial em muitos movimentos teóricos internos do partido e, depois, voltou-se à defesa da cultura e economia nacionais.

A revista *Novos Rumos* (inicialmente ligada ao PCB e depois a professores da Unesp) atingiu 49 números em 2012. A revista *A Verdade*, da corrente O Trabalho (PT), atingiu 74 números em 2012. A revista *Mais Valia* foi criada em 2007. A revista *Mouro* surgiu em 2009 e a *Revista do CEMOP* apareceu em 2011, ligada à ocupação da fábrica Flaskô em Sumaré (SP) e à tendência Esquerda Marxista – esta tendência manteve a Livraria Marxista na rua Tabatinguera em São Paulo. Muitas revistas de esquerda se abrigaram depois na universidade como *Lutas Sociais, Crítica Marxista* e *Novos Rumos*[6].

Encontros de Revistas Marxistas		
1995	I Encontro	Santa Maria (RS)
1996 (Junho)	II Encontro	Montevidéu

---

6. Há um levantamento das revistas de esquerda no Brasil no primeiro número da Revista *Esquerda Petista*, n. 1, maio de 2014.

1997	III Encontro	Florianópolis
1998 (setembro)	IV Encontro	Buenos Aires
1999	V Encontro	São Paulo
2000 (setembro)	VI Encontro	Montevidéu

Os anos 1990 assistiam ao declínio financeiro de órgãos da esquerda que funcionavam como ponto de encontro ou multiplicador de pontos (via exibição de filmes). A Associação Brasileira de Vídeo Popular, fundada em 1984, publicou um boletim até 1995[7]. Produziu cerca de quinhentos vídeos. O Centro de Pesquisa Vergueiro manteve biblioteca na Bela Vista, bairro paulistano. Além de um sebo, manteve cem mil documentos e quatrocentos filmes em seu acervo, além de publicar o boletim *Quinzena* e alguns livros de seus pesquisadores[8].

Economia do Livro

Os partidos de esquerda sempre tentaram manter livrarias. O PSTU abriu a sua no início da avenida 9 de Julho em São Paulo. O Partido da Causa Operária já possuía espaço antigo na Vila Mariana e na rua Tabatinguera. A Esquerda Marxista do PT manteve a Livraria Marxista. As sedes de tendências e partidos são sempre espaços para pequenas livrarias. Evidentemente, os espaços de esquerda também sofreram a concorrência da compra direta pela rede virtual e das livrarias monopolistas. Assim sendo, só os resistentes persistem. Bancas de jornal com publicações radicais ou sebos com suas idiossincrasias tal qual o Sebo Vermelho no centro de Natal (RN).

Editoras socialistas surgiram na segunda metade dos anos 1990. A Editora Perseu Abramo foi fundada em 1998 e tinha 162 livros em catálogo em 2011. Tinha sido coordenada por Flamarion Maués (ex-editor do jornal estudantil uspiano *A Prima Angélica*) e, depois, por Rogério Chaves, que começou cedo na militância petista na Zona Leste e trabalhou com venda de livros em bancas durante eventos de esquerda.

Expressão Popular foi fundada em 2000 pelo Movimento dos Trabalhadores Rurais Sem Terra (MST) e tinha 252 títulos. Anita Garibaldi, ligada ao PC do

---

7. D. M. Fonseca, *Transformações do Vídeo Popular: A Passagem da Década de 80 para a Década de 90. Início: 2011*, Universidade de São Paulo, 2013. Dissertação de Mestrado.
8. CPV, *Catálogo de Publicações*, São Paulo, 1997.

B, surgiu em 1979. Por vários anos ela foi dirigida pelo grande livreiro e editor Divo Guisoni e tinha setenta títulos. Xamã foi criada em 1994 por um ex--militante da Convergência Socialista e tinha 167 títulos. Sundermann, ligada ao PSTU, foi fundada em 2003 e tinha 57 títulos[9]. Algumas editoras comerciais se especializaram em publicações críticas. A Editora Boitempo foi criada em 1995 e possuía 280 títulos. Contraponto, criada pelo ex-militante petista Cesar Benjamin, possuía 140 títulos.

Rumo à Autonomia

> *Sempre terei na memória – dizia-me um amigo –*
> *aqueles deliciosos dias de liberdade.*
> Kropotkin, sobre a Comuna de Paris.

As Jornadas de Junho de 2013 ampliaram a demanda por livros e discussões anarquistas. Grupos novos surgiram e antigos agrupamentos anarquistas fizeram reuniões pela primeira vez com várias dezenas de pessoas.

A difusão pela internet do *Minimanual do Guerrilheiro Urbano,* de Carlos Marighella, nos primeiros dez anos do novo século, demonstra não uma intenção de reviver a luta armada nos moldes do passado. Se fosse para isso, o próprio minimanual estaria defasado. Ele é só um documento histórico que apelava à sua reprodução em textos policopiados! Mas é também um documento que falava aos estudantes, operários e às mulheres numa época em que os partidos não se dirigiam a elas como militantes armadas.

Os novíssimos movimentos releram toda a literatura anarquista, blanquista, conselhista, situacionista e os textos de Marx sobre a Comuna de Paris. Para além dos partidos, parte da juventude buscou outras formas de organização e a literatura de maio de 1968 e sobre a Revolução Cultural Chinesa começou a ser traduzida. Alain Badiou, Guy Debord, a Coleção Baderna da Editora Conrad etc.

A literatura anarquista, acompanhando a maior procura depois dos protestos de junho de 2013, continuou atuante também em mais de um selo: Mundo Livre, Faísca (2005), Veneta etc. A tal ponto que no auge dos protestos um chefe

---

9. *Editora Perseu Abramo, subsídios para o Conselho Curador,* 12 de agosto de 2011. Documento interno.

da polícia civil do Rio Grande do Sul exibiu livros anarquistas como provas de crime, durante a invasão de uma biblioteca da Federação Anarquista Gaúcha.

Mais textos feministas suscitaram a discussão ainda incipiente sobre o machismo na esquerda e na extrema-esquerda (a editora Rosa dos Tempos surgira em 1990, mas desde então os partidos de esquerda se viram obrigados a integrar núcleos de mulheres e a publicar suas discussões). Grupos feministas buscaram imprimir livros autonomamente, como o coletivo Sycorax. A Liga Estratégica Revolucionária manteve as Edições Iskra e editou obras sobre trotskismo e feminismo. E os *Cadernos do Cárcere* de Gramsci tiveram finalmente edição brasileira. O selo GLS atendeu à diversidade sexual. O trotskismo manteve vigor editorial nos partidos de extrema-esquerda, bem como o comunismo dos conselhos, o maoísmo e o autonomismo.

As próprias obras de Marx começaram a ser vertidas do original alemão pelo esforço editorial de Ivana Jinkings na Boitempo. Velhas traduções de segunda mão, porém educativas, foram reeditadas pela editora Expressão Popular.

O questionamento da ditadura militar adquiriu novos contornos por dois motivos: o governo federal indenizou as vítimas do terrorismo de Estado e instituiu a Comissão Nacional da Verdade para apurar (mas não punir) os criminosos do passado; os novos militantes que protestam vivenciam a democracia racionada.

A Coleção Memória Militante[10] apareceu com autores ligados às diferentes fases da história da esquerda, inicialmente lançando ex-militantes cuja trajetória teve alguma relação com a USP, instituição que tem cerca de 10% dos mortos e desaparecidos oficiais da época ditatorial. Um exemplo é *Assalto ao Céu* de Takao Amano.

Para lidar com as permanências do passado, a memória pode não ser suficiente e a ficção é usada. Muitos livros seguiram esta linha, mas dois professores da USP se destacam: Bernardo Kucinsky escreveu *K,* livro da Editora Expressão Popular que combina diferentes vozes e estilos (do epistolar à narrativa em primeira ou terceira pessoa, diferentes discursos etc.). Wilson do Nascimento Barbosa escreveu *A Surda*, conjunto de quatro contos que tangenciam um hiperrealismo, única forma capaz de dar conta do cinismo do aparelho de repressão. A obra inaugurou a Coleção Memória Militante[11].

---

10. Dirigida por Plinio Martins Filho, Marisa Midori Deaecto e Lincoln Secco e publicada pela Com--Arte, editora laboratório do Curso de Editoração ECA-USP.
11. Deixo de lado o grande número de novas memórias e biografias de heróis que tombaram na luta contra a ditadura e que saíram por várias editoras. Houve também muitos filmes.

Mas o balanço não se faz completo por quatro razões ao menos:

1. A democracia política se consolidou numa *forma racionada*.
2. Não foi a internet que causou a fuga dos leitores da imprensa comercial, mas ela permitiu que os leitores militantes se libertassem e pudessem produzir ou ler a produção da esquerda sem a mediação editorial da direita e sem a autorização dos cadernos de resenhas dos grandes jornais.
3. Os custos de edição baixaram. E mesmo com a dificuldade de distribuição, a compra pela internet ou a divulgação de textos virtuais reforçaram a difusão de ideais inconformistas.
4. As pequenas editoras persistiram ou foram criadas porque as grandes padronizam a produção, concentram-se nas grandes tiragens e não atendem a leitores especializados.

Leitores e Recursos

No ano de 2012 os partidos de extrema-esquerda somavam 84 mil membros. Eles receberam quase sete milhões de reais em verba do Fundo Partidário. O PT recebeu 53 milhões e o PC do B cerca de dez milhões: um total de setenta milhões de reais. A lei obrigava os partidos a destinarem no mínimo 20% daquele valor às suas fundações de pesquisa, doutrinação e educação política (o que inclui edições de livros e revistas). Logo, pode-se aventar a hipótese de que a esquerda partidária teve naquele ano um orçamento "cultural" de quatorze milhões ou aproximadamente oito milhões de dólares em março. Por qualquer critério, é a maior possibilidade de infraestrutura intelectual que a esquerda já teve em nossa história. Foi aproveitado?

Parece que movimentos sem nenhuma infraestrutura fizeram trabalho de base e protestos por alguns anos e tiveram um impacto social e cultural (não eleitoral, é evidente) maior. Foi o caso do Movimento Passe Livre de São Paulo, o qual deu início às Jornadas de Junho de 2013. A mensuração dos protestos daquele ano revelou um alcance político (embora concentrado no tempo e baseado numa pauta específica e concreta: transporte) maior do que o dos partidos. As leituras e interpretações do fenômeno produziram demanda para a literatura autonomista.

Muitas livrarias tanto de esquerda quanto tradicionais fecharam. A leitura na rede virtual incrementou-se. Ainda assim, o livro permaneceu a forma da leitura reflexiva e completa, sem a simultaneidade da leitura fragmentada de *e-mails*, redes sociais, vídeos etc. A própria internet aumentou a compra de livros impressos.

Por outro lado, os novos militantes puderam ler com facilidade os artigos de combate e as notícias numa tela de computador. Facilitou-se a "publicação" de artigos rápidos de jovens militantes, conquanto tenha se esboçado uma tendência ao gueto virtual onde os leitores só leem as opiniões dos seus iguais e evitam os *sites* e *blogs* de pensamento distinto. Como a linguagem de comentários públicos é violenta, o baixo calão retornou com força, especialmente porque amparado no anonimato acovardado.

A esquerda ainda teve que discutir uma classe trabalhadora jovem, sem empregos em grandes plantas fabris, vivendo alta rotatividade e precariedade nas relações trabalhistas, mas conectada à internet. A mobilidade social no campo, a mudança no comportamento religioso e a entrada massiva no mercado de consumo deixaram as esquerdas atônitas.

Não sabemos o quanto a nova classe trabalhadora, marcada pela ausência de *background* familiar de classe média, forneceu quadros aos novos movimentos como o anarquismo e o PCB fizeram outrora e o PT nos anos 1980. Mesmo ali, os mais pobres tiveram dificuldade de se impor.

Para os militantes pobres há o medo de falar em público, o estudo inicial autodidata, a ausência do aprendizado formal de línguas e a inadaptação aos espaços de sociabilidade da esquerda intelectual. As lembranças do passado revelam-se como um buraco negro sempre capaz de tragar de volta o indivíduo.

O militante proveniente da baixa classe média ou de outras frações do proletariado e que se emancipa parcialmente do seu meio material sente-se um eterno deslocado: caminha cabisbaixo entre os que lhe estão acima, por insegurança, e sente-se soturno entre os da mesma origem de classe porque ali é um solitário. Teme ou odeia a polícia que o marca com revistas públicas humilhantes. A predisposição para a violência verbal ou física só pode ser canalizada construtivamente pelas leituras e trocas de ideias em meios políticos radicais. Se eles não existem, sobra a revolta individual.

Mesmo como intelectuais ou líderes de médio escalão estabelecidos no partido, sindicato, movimentos ou meios acadêmicos, a marca da cor e da classe jamais desaparece neles. Ela retorna no desconhecimento de hábitos, de heranças comuns de espaços públicos ou privados da cidade, na ausência de vivências compartilhadas, de alimentos, roupas e bebidas outrora sofisticados, viagens internacionais, linguagem, gestos, trejeitos, olhares etc. A luta de classes se reproduz onde menos se espera: na própria esquerda.

Novas ligações entre movimentos sociais de classe média com a periferia das grandes cidades mostram possibilidades de ação para superar as distinções de classe e raça no interior da esquerda. O fato é que os jovens de classe média tradicional, temporariamente deslocados de seus valores familiares, acabam convivendo no meio urbano com os jovens das classes trabalhadoras em ônibus lotados e nos terminais urbanos em que fazem as baldeações estafantes. As redes sociais articulam, portanto, uma convivência que já existe em sua base material.

Anticomunismo

A internet trouxe a ilusão de democratização da informação. Se em algum grau isto pode ter ocorrido, há que se considerar que as empresas de informação e publicidade ocuparam o espaço virtual. Além disso, elas continuaram monopolizando a produção da informação porque ela exige capital investido.

O mesmo padrão que alimentava o velho anticomunismo retornou no início do século XXI. Sob outras formas.

Uma série de articulistas, tradutores, professores, jornalistas, celebridades (ou candidatos a) disputou um mercado de direita. Os livros desta camada intelectual raramente são reflexões. Trata-se de reuniões de artigos publicados nas revistas e jornais de maior circulação.

O que a internet trouxe, ao lado de muitos bons poetas e escritores iniciantes, foi a exposição sem *moderação* de indivíduos que antes ficavam esquecidos nos quartos de seus preconceitos. São os heróis de teclado e os alcaguetes virtuais. Sua expressão dura alguns segundos, felizmente, mas exala o odor fétido da língua simplificada do fascismo.

A violação da língua pelas massas virtuais é possível porque pode expressar ódio sob o anonimato.

O mantra do anticomunismo novo é: manifestações sim, *desde que* sem vandalismo. A locução conjuntiva atesta a diferença entre a democracia racionada[12] e uma democracia plena.

Com a criminalização dos protestos sociais e até das publicações de ideias, surgiu uma cultura de direita que se considera democrática e atribui aos seus

---

12. A partir de uma expressão de Carlos Marighella, defino a democracia racionada como uma forma em que a violência contra os pobres e os opositores se combina com ações autoritárias dentro da legalidade e os escassos direitos são distribuídos a conta-gotas para os setores mais moderados da oposição.

adversários a roupagem antidemocrática. É assim que os mesmos intelectuais de direita exultavam com a prisão de manifestantes desarmados no Brasil e pediam a liberdade de manifestantes presos na Venezuela. Como definiu Wilson Barbosa:

> A autocensura é, no Brasil, uma dimensão implícita do acesso aos meios de comunicação. Toda pessoa convidada para um debate, para uma mesa-redonda, para um programa de TV, deve adaptar-se imediatamente à consciência enlatada. [...]. Os mecanismos do poder, profundamente arraigados no uniculturalismo da cultura oficial, reproduzem a censura e a autocensura. Tais mecanismos estabelecem por toda parte as hierarquias do silêncio, da mediocridade e da conveniência. A consciência crítica encontra-se de todo extirpada. [...]. O clássico da estupidez, qual seja, o "bom senso evita os extremos", parece ser a divisa oculta da dimensão unicultural[13].

Esta é a cultura *juste milieu* da nova direita.

O risco para a produção militante da esquerda é que mesmo o polo negativo que compunha o circuito fechado da dominação democrática foi jogado nas margens da legalidade. A mentira sem contestação torna supérflua a esquerda integrada, especialmente porque ela é parecida, mas não é igual à direita. Apesar de sua integração, ela necessita se diferenciar com programas sociais cada vez mais escassos.

Na história do Brasil os comunistas queriam, depois de suas tentativas revolucionárias, compor a Ordem e, depois deles, os petistas. Uns eram alcunhados terroristas para justificar o terror militar, outros eram corrompidos para expiar a corrupção de seus adversários. Depois, jovens anarquistas e autonomistas que se rebelaram desde junho de 2013 passaram a ser criminalizados por portarem livros ou garrafas de água muito suspeitas.

Inerte, a antiga esquerda encontrou dificuldades para manobrar no terreno da luta cotidiana. Por outro lado, o protesto autônomo esgotou-se em si mesmo, eventualmente com uma vitória e outras vezes não. E o fez não por uma "falta", mas porque é a sua "natureza": desfazer os nós da extensa rede de dominação do capital em cada ponto. Sua ação é organizada. Sua espontaneidade, a forma de aparência de uma ação dirigente em cada local. Vistas em conjunto as ações constituem uma teia de movimentações autônomas.

---

13. Wilson Barbosa, *O Caminho do Negro no Brasil*, p. 137.

O problema, afirmado por Guy Debord, é que o poder midiático-estatal procurou suprimir os terrenos sociais de expressão da esquerda revolucionária: "do sindicalismo aos jornais, da cidade aos livros", nas palavras de seus *Comentários à Sociedade do Espetáculo*.

Não se estranhe que as crianças comecem com grande entusiasmo pelo uso de computadores que já programam sua aventura infantil e, assim, submetem-se a relações mercantis ao nascerem. É que só a leitura exige um verdadeiro juízo a cada linha e é a única capaz de dar acesso à vasta experiência humana anti espetacular"[14]. O autor juntou-se a um editor tomado por excêntrico e escolheu os livros.

No atual regime de exceção "democrático", os livros podem se tornar objetos suspeitos. Como o foram muitas vezes ao longo de sua milenar trajetória. Se um leitor, tal qual no distópico *Fahrenheit 451*, for apanhado, não há por que se preocupar. Os especialistas midiático-estatais sempre explicam que a perícia ainda não se pronunciou...

14. Guy Debord, *A Sociedade do Espetáculo*, Rio de Janeiro, Contraponto, 1997, p. 189. O editor de Debord, Gérard Lebovici, lembra a trajetória do aristocrata subversivo italiano Giangiacomo Feltrinelli. No Brasil não houve um exemplo parecido.

Conclusão

De mais, a arte de imprimir, que tem progredido pouco depois de Gutenberg, está ainda na infância. Precisa-se ainda duas horas para compor em letras móveis o que se escreve em dez minutos e procuram-se processos de multiplicar o pensamento. Hão de se achar[1].

KROPOTKINE, *A Conquista do Pão*.

Embora o socialismo não tenha sido no Brasil uma ideia sem lugar, ele surgiu na Europa em condições que ainda não vigoravam no Brasil e reagiu aqui a situações diversas daquelas que havia no Velho Mundo. Ele foi fruto de uma realidade internacional à qual o Brasil está vinculado de forma dependente. A tarefa da esquerda foi assim mais difícil. Ela incorporou temas e discursos europeus, mas enfrentou problemas de diversas idades históricas.

O radicalismo de esquerda no Brasil de fato suscitou a questão operária antes que ela fosse preponderante, exigiu a democracia antes que ela correspondesse ao jogo habitual de um país economicamente maduro. E tentou propor uma ação editorial antes que houvesse mercado para tal, quis cumprir uma função pedagógica antes que o povo fosse à escola.

Seu maior problema foi pôr em pauta projetos que a classe dominante não estava preparada para combater em formas civilizadas. Ante um programa rebaixado da classe dominante, a esquerda tinha que vencer a miséria econômica a que era submetida a massa da população brasileira. Na sua tarefa educativa muitas vezes ela parecia se adiantar em demasia da sua base social e é isto que sempre nos deu a sensação de que ela simplesmente importava modelos estra-

---

1. P. Kropotkine, *A Conquista do Pão,* trad. de Cesar Falcão, Rio de Janeiro, Organizações Simões, 1953, p. 93.

nhos à nossa realidade. É verdade que exageros eram exercitados, mas como calibrar o discurso político sem continuidade democrática, sem um adversário capaz de se alçar ao mesmo nível de formulação política e sem um operariado escolarizado?

Diante de tudo isso, os grupos de esquerda fizeram o que puderam e contribuíram para trazer o Brasil até aqui, com seus problemas e suas virtudes. Novíssimos movimentos de jovens, autônomos em relação a partidos ou governos, sentem na pele a repressão institucional da democracia racionada.

O périplo de nossa formação foi longo e interrompido muitas vezes. Mas, mesmo caindo, o corredor de cada etapa conseguiu passar a tocha ao companheiro da frente. Depois disso, jovens militantes podem controlar a cadeia de sua produção, circulação, difusão e absorção de ideais. No passado, leitores, autores, professores primários, operários autodidatas, mulheres em luta, analfabetos que se esforçaram por escutar as leituras de um mundo novo, tipógrafos, editores, jornalistas, livreiros e militantes em geral foram indispensáveis para que chegássemos até aqui. Sem eles e sem elas a autonomia não seria conquistada.

E os livros continuam.

Caderno de Imagens

BRASIL SOCIALISTA

OUTUBRO 1976

ANO II Nº 7

ORGANIZAR A RESISTENCIA DOS TRABALHADORES
CONSTRUIR O PARTIDO REVOLUCIONARIO DO PROLETARIADO

Editorial:
Nossa posição frente às eleições

Para um balanço da P.O.
Raul Villa

Elementos para uma leitura de Gramsci
Antonio Rodrigues

Resoluções do Ativo estudantil

Revista dos guerrilheiros brasileiros no exterior. Nota-se o balanço de uma experiência derrotada e uma primeira leitura de Gramsci.

A GUERRA
DA TARIFA

Leo Vinicius

2005
(C) Copyleft
Faísca Publicações Libertárias

A GUERRA DA TARIFA

Leo Vinicius

Primeiro relato das
origens do Movimento
Passe Livre.

OSVALDO PERALVA

O RETRATO

Impressionante depoimento
sôbre o stalinismo no Brasil

Relato de um comunista
arrependido desde o
interior do Kominform.

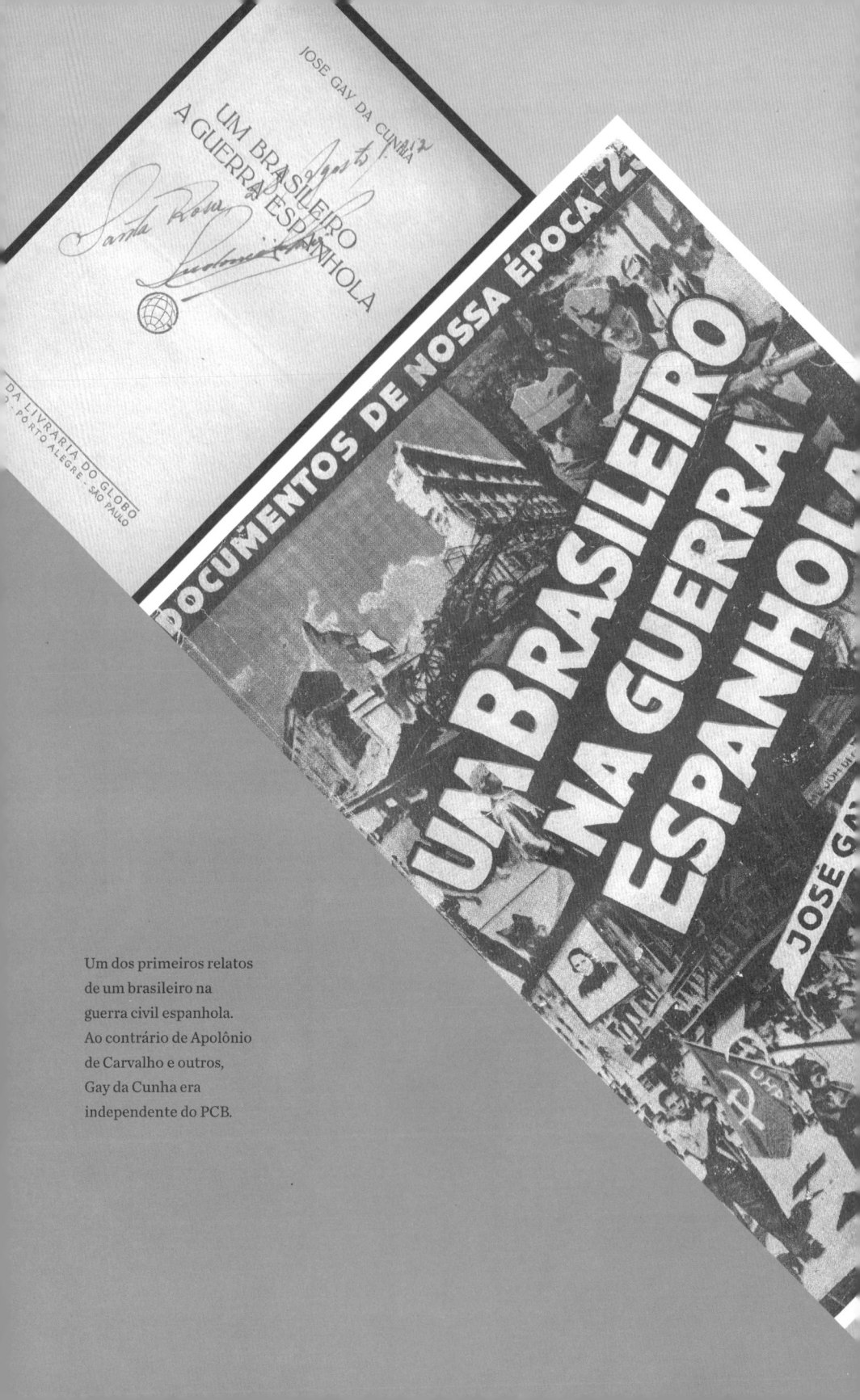

Um dos primeiros relatos de um brasileiro na guerra civil espanhola. Ao contrário de Apolônio de Carvalho e outros, Gay da Cunha era independente do PCB.

A Revolução dos Tenentes em São Paulo, 1924.

Nos anos 1940, o PCB ainda combate o Trotskismo. Exemplar das Edições Horizonte.

Nos anos 1930 surgem as primeiras "reportagens" sobre a URSS em livro.

Raro opúsculo sobre um dos levantes que acompanharam a Revolução Paulista de 1924.

Á Bibliotheca da
União B. dos Chauffeurs
do Rio de Janeiro, of-
ferece

Fraternamente Unidos

9-8-923

UNIÃO BENEFICENTE DOS CHAUFFEURS DO RIO DE JANEIRO
Sêde propria: Rua Riachuelo da Veiga, 130 - Telephone Central 9
EXPEDIENTE DAS 8 ÁS 22

REBELDIAS

Lincoln Secco

Rebeldias

UNIÃO BENEFICENTE DOS CHAUFFEURS DO RIO DE JANEIRO
Rua ...... da Veiga, 130 - Telephone Central 978
Sêde propria: .... DAS 8 ÁS 22

Rio de Janeiro
E. EDITORA GERMINAL
1922

FLORESTAN FERNANDES

O PT em movimento

43

POLÊMICAS DO NOSSO TEMPO

KARL MARX E FRIEDR[ICH ENGELS]

MANIFESTO

COMMUNISTA

TRADUZIDO DA EDIÇÃO FRANCEZA
DE LAURA LAFARGUE, FILHA DE MARX
REVISTA POR ENGELS

Primeira edição brasileira.

COLEÇÃO SOCIOLOGICA

KARL MARX E
FRIEDRICH ENGELS

MANIFESTO
COMUNISTA

SEGUNDA EDIÇÃO

Edições UNITAS

REFLEXÕES SOBRE O SOCIALISMO
Projeto Passo à Frente
Coleção Polêmica

MAURÍCIO TRAGTENBERG

POLÊMICA
1ª edição
REFLEXÕES SOBRE O SOCIALISMO
MAURÍCIO TRAGTENBERG

KARL MARX E FRIEDRICH ENGELS

MANIFESTO COMMUNISTA

Seguido dos "Principios do Communismo" de F. Engels

RIO DE JANEIRO
EDIÇÕES "ESTUDOS SOCIAES"
1931

KARL MARX E FRIEDRICH ENGELS

MANIFESTO COMMUNISTA

Seguido dos "Principios do Communismo" de F. Engels

ensaios 29

O ESCRAVISMO COLONIAL

Para Lincoln, com
a estima e o apreço
de Jacob Gorender
11-09-90

editora ática

Lincoln Secco 1990

Jacob Gorender

O ESCRAVISMO COLONIAL

5.ª edição revista e ampliada

São Paulo, Editora Ática, 1988

Primeira tradução
de um socialista
europeu no Brasil.

Com minuciosa descrição
geográfica da cidade de
São Paulo, Paulo Duarte
retratou a Revolução de 1924.

Obra provavelmente de Domingos Passos, líder anarquista dos anos 1920.

> União dos Operários em Construção Civil
>
> **REBATENDO AS AFIRMAÇÕES MENTIROZAS DO GRUPO COMUNISTA**
>
> Para a quem pezar, a União dos O. em C. Civil se manifesta contrária ao comunismo do Estado
>
> Todos os seus esforços hão de converter para o advento dum rejimem de liberdade suprêma

Uma definição do anarquismo.

> PROPAGANDA LIBERTARIA
>
> JORGE THONAR
>
> **O QUE QUEREM OS ANARQUISTAS**
>
> (SEGUNDA EDIÇÃO)
>
> Primeira publicação do Grupo Anarquista

Quem não Trabalha
não come

ADELINO DE PINHO

O' parasita
deixa o mundo!

Os Luminhos de hontem
serão os pioneiros da
nova aurora

PREÇO DO EXEMPLAR
$300

N. 3

N. BUKHARINE

O

COMMUNISMO SCIENTIFICO
E O ANARCHISMO

PREÇO $200

Serviço de Edições e Livraria
do Partido Communista
(S. B. I. C.)

Edição portuguesa de um manual proibido no Brasil.

MARIGHELLA
MANUAL DO GUERRILHEIRO URBANO
e outros textos
2.ª Edição

Caricatura de Bukharine feita por occasião do último Congresso da I. C.

Bukharin era conhecido como caricaturista.

O livro de
um educador
anarquista.

FABIO LUZ

A INTERNACIONAL NEGRA

Distribuição Gratuita
da
Liga Anti-Clerical do Rio de Janeiro

1º DE MAIO
Os Martyres de Chicago
(Alberto Parsons e os seus companheiros)

OS MARTYRES DA REVOLUÇÃO
ALLEMÃ
(Karl Liebknecht e Rosa Luxemburgo)

POR
Antonio Bernardo Canellas

PREÇO 200 RS.

Um dos primeiros textos
sobre Rosa Luxemburgo
no Brasil.

10 Dias que abalaram o Mundo

JOHN REED

2.ª Edição

A organisação

Preço 200 rs.

Edição da Celinia n. 1-B
Rio de Janeiro 1925

Uma publicação local de PCB.

Raro exemplo de publicação comunista sobre a mulher.

Calvino:
editora a serviço
do comunismo

Unitas: a editora
que mais publicava
os trotskistas.

O filho do General
Miguel Costa
traduz Stalin.

STALINE

A LUTA CONTRA TROTSKY

TRADUCÇÃO DE MIGUEL COSTA FILHO

Karl Marx

O CAPITAL

Resumo de CARLO CAFIERO

UNITAS

Autor anarquista
resume Marx.

L. TROTSKY
REVOLUÇÃO E CONTRA-REVOLUÇÃO NA ALEMANHA

O SYNDICALISTA

As victimas da burguezia allemã

CARL S. LIEBKNECHT — ROSA LUXEMBURGO

Problemas
REVISTA MENSAL DE CULTURA POLITICA
DIRETOR Carlos Marighella

SUMÁRIO

- Apresentação
- A reforma agrária — Luiz Carlos Prestes
- A Grã Bretanha e os Estados Unidos — I. Taigin
- A exclusão arbitrária dos communistas do Parlamento Francês — Arthur Ramette
- A luta pela democracia na França — Joanny Berlioz
- O Partido Communista Vanguarda da classe operária — Joseph Stalin
- A Doutrina de Truman — Joseph Starobin
- A revolução pacífica da Polonia — Miroslav Zulawsky
- Notas e Comentários

Apêndice
Temas e Dados para a História da Formação Política

Formação política difere da informação, agitação e propaganda em função do tempo e dos objetivos específicos. Embora a guerra ideológica leninista fosse compreendida no acrônimo *Agitprop*, agitação e propaganda eram ações distintas.

No vocabulário comunista a informação era a "contra-informação", uma denúncia de falsidades atribuídas à imprensa burguesa, já que mesmo na semilegalidade a imprensa proletária tinha poucos recursos para gerar notícias através dos jornais, circulares e volantes. Não se trata aqui da contra-informação (muitas vezes oral) que era produzida por simpatizantes que tinham posições no aparato de Estado. Neste caso elas eram compartilhadas por poucos dirigentes.

Assim como a informação, a *agitação* se desenvolvia numa temporalidade curta e tinha por objetivo esclarecer e mobilizar para alguma atividade de massas (greve, comício, ato, lançamento de manifesto, passeata, campanha eleitoral etc). Os seus meios eram diretos, emotivos e o veículo primordial era a palavra de ordem: uma frase ou oração concisa e conativa (apelativa) e que podia ser também uma denúncia.

Já a *propaganda* se desenvolvia num tempo médio e que podia abranger alguns anos, até que as temáticas mudassem de ênfase com a conjuntura. No Brasil, a difusão da imagem dos países socialistas era a essência da propaganda até os anos 1950. Depois, o PCB difundia principalmente questões nacionais (petróleo, reforma agrária etc). A propaganda se utilizava de todos os recursos impressos, especialmente faixas, panfletos, cartazes, teatro político e mesmo livros. Toda a literatura pode ter a função subsidiária de propaganda, mas no caso dos comunistas a de viagens era destinada primordialmente para aquela tarefa.

A *formação* diz respeito ao conjunto desses processos educativos, mas seu método é mais lento e se realiza por meio de aula, grupo de estudos, leitura individual ou coletiva de editorial do jornal partidário, manuais e livros marxistas.

O partido podia ser forte na propaganda e frágil na agitação, como era a situação do comunismo português, segundo Álvaro Cunhal. Ou forte na agitação e propaganda, mas débil na informação e formação, como foi o caso do PT.

Algumas tabelas e gráficos são sugestivos para uma discussão militante. Há momentos em que as curvas de influência e de membros do PCB assumem sentidos opostos. Não revelam os números a natureza de uma organização de revolucionários profissionais resistentes à clandestinidade? Há que se comparar os dados também com as curvas do comunismo mundial.

A literatura anarquista em gráficos anteriores também sugere um longo declínio e uma retomada depois do fim do comunismo histórico como movimento mundial. O trotskismo readquire importância a partir de sua reorganização e também do novo contexto de lutas pós-1968. Os dados sobre os protestos permitem uma discussão sobre a massificação dos protestos, abrangência geográfica e dispersão das pautas do movimento.

Observe-se que a massificação dos protestos trouxe para o lado da esquerda pessoas sem proposta política definida ou de direita. Houve muitas cidades em que os protestos eram demandas dirigidas ao Estado com uma forma de direita. Em Guaratinguetá (SP), o protesto pediu mais segurança! Em Passos (MG) o protesto foi aberto pela banda da PM!

Os livros anarquistas que Carone possuía eram aqui editados ou trazidos da França, Itália ou Península Ibérica por militantes. Como ele comprou a vida inteira quase totalmente no Brasil e "herdou" parte dos livros de Astrojildo Pereira, sua biblioteca reflete parcialmente a circulação de obras anarquistas no Brasil[1].

LIVROS ANARQUISTAS POR DECÊNIO

Fonte: Biblioteca Edgard Carone.

1. Há 84 livros sem data de publicação, mas a maioria do início do século XX. Gráfico elaborado a partir de dados recolhidos por Carolina Lisboa.

PUBLICAÇÕES DE ROSA LUXEMBURGO EM FRANCÊS

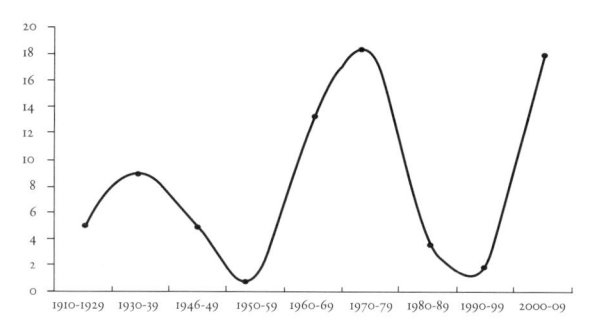

Fonte: Collectif Smolny, 2010.

OBRAS DE TROTSKI NO BRASIL

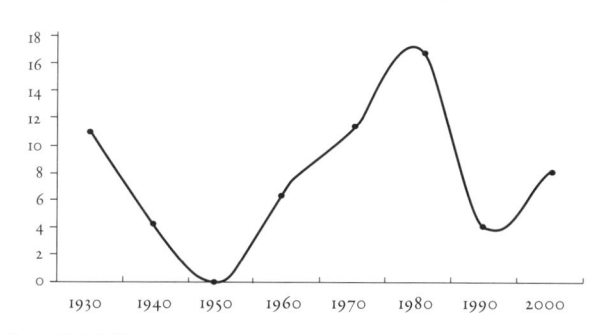

Fonte: Dainis Karepovs.

A partir das entradas em ordem cronológica da bibliografia de Lubitz[2] sobre Trótski com alguns acréscimos temos a seguinte curva até 1980:

PUBLICAÇÕES SOBRE TROTSKI NO MUNDO POR DECÊNIO

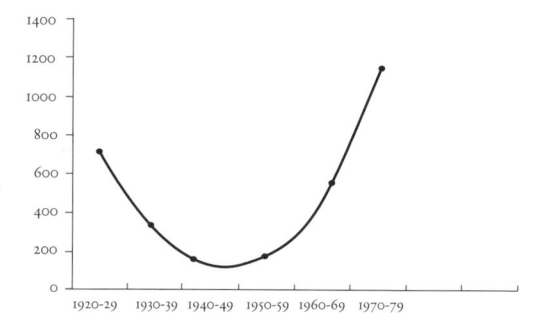

Fonte: Lubitz, München, 1982.

2. W. Lubitz (ed.), *Trotski Bibliography*, München/New York/London/Paris, K.G. Saur, 1982, p. 458.

MILITANTES EM PARTIDOS COMUNISTAS NA AMÉRICA LATINA

Ano	Membros
1947	375.500
1952	197.500
1957	214.000
1963	260.000

Fonte: Poppino

EFETIVOS DO PC DO B

Ano	1962	1964	1965	1969	1970
Militantes	500	2000	1000	750	1000

EFETIVOS DO PCB

Ano	Membros	Fonte
1922	123	Carone
1923	300	Carone
1924	273	PCB, Relatório, 1926.
1925	476	PCB, Relatório, 1926.
1926	600	PCB, Relatório, 1926.
1928	700	Carone
1929	1 000	Chilcote
1930	1 000	Carone (A Juventude Comunista tem 820 membros)
1932	1 750	Estimativa DEOPS-SP
1934	3 000	Consulado dos EUA e I Conferência Nacional
1935	10 000	Chilcote e International Press Correspondence, XV, 41, 25 de agosto de 1935
1936	2 964	Estado Organizativo / Estado das Regiões depois da Luta, manuscrito, s. d. (1936?).
1937	2 160	Karepovs
1942	100	Estimativa
1943	900	Chilcote

A BATALHA DOS LIVROS   195

Ano	Membros	Fonte
1944	3 100	Estimativa
1945	82 000	Chilcote
1946	180 000	Basbaum
1947	200 000	Moisés Vinhas
1952	50 000	Poppino
1953	80 000	Chilcote
1954	80 000	Chilcote
1955	80 000	Estimativa
1956	80 000	Estimativa
1957	80 000	Estimativa (Chilcote aponta cem mil)
1958	50 000	Chilcote (Milton Pinheiro aponta 70 mil até 1964)
1959	50 000	Chilcote
1960	50 000	Chilcote
1961	50 000	Chilcote
1962	30 a 40 000	Pacheco; Chilcote
1963	42 400	Wilson Barbosa
1964	30 000	Chilcote; Departamento de Estado dos EUA
1965	30 000	Estimativa. Chilcote e L. B. Pericás apontam 20 mil.
1966	30 000	Chilcote; Departamento de Estado dos EUA
1967	20 000	Departamento de Estado dos EUA
1968	15 000	Departamento de Estado dos EUA
1969	15 000	*Idem*
1970	14 000	*Idem*
1972	13 000	*Idem*
1973	6 000	*Idem*
1985	30 000	Milton Pinheiro
1989	128 000	OESP

VOTAÇÃO APROXIMADA DO PCB

1945	570 000
1947	479 000
1954	48 044
1958	93 144
1962	180 693
1974	118 678
1978	331 704

TÍTULOS PUBLICADOS DE/SOBRE TROTSKI EM PORTUGUÊS

Decênio	*Brasil*	*Portugal*
1920-29	0	1
1930-39	10	0
1940-49	2	0
1950-59	0	0
1960-69	13	1
1970-79	15	45
1980-89	36	0
1990-99	26	0
2000-2005	13	0
s/d	10	3

Fonte: Alvaro Bianchi, *Trotsky em Português: Esboço Bibliográfico*, Unicamp, 2005.

Fontes

O socialismo anterior ao PCB tem sido estudado, mas os grupos socialistas tenentistas só recentemente começaram a ser avaliados. O anarquismo tem ampla literatura própria, como vimos. Mas por muito tempo imperou a ideia de sua incapacidade política diante do comunismo.

Embora o PCB tenha sido o mais longevo partido brasileiro, não se pode dizer que é grande a historiografia sobre ele. Muitas memórias e análises feitas, em geral, por acadêmicos que militaram no partido cobriram já a maior parte dos momentos políticos decisivos.

Mas esta história foi feita de cabeça para baixo, com raras exceções. Chama sempre mais atenção a cúpula e não a base; o discurso, e não a prática efetiva; as disputas ideológicas e não os costumes; o conteúdo e não a forma; as linhagens e não os personagens; as tendências e não sua força real; as palavras e não os números.

Este não é um defeito porque a história das direções não é insignificante. Ela é a mais importante conquanto se complete com outras dimensões da política. Particularmente da sua infraestrutura imediata, intelectual. A infraestrutura dentro da própria superestrutura. Isto ainda está por se fazer. Sabemos pouco ainda do PCB nas pequenas e médias cidades onde atuou, embora o conhecimento tenha avançado. Há mesmo memórias inéditas, talvez perdidas. Devido à escassa documentação, toda a quantificação da ação partidária é imprecisa e irregular. E mesmo a história da cúpula necessita de maiores esclarecimentos.

Depois dos primeiros trabalhos escritos por construtores do PCB (como Astrojildo, Davino, Peralva, Barata) seguiram-se os volumes de documentos do movimento operário e do PCB coordenados por Carone, Celso Frederico, Pinheiro e Hall. Carone fez o primeiro levantamento do marxismo no Brasil. Edgar Rodrigues fez o mesmo para o anarquismo.

A formação do partido foi estudada por Michel Zaidan Filho, que acentuou o período de criação autônoma do comunismo até 1928. A fase seguinte (1928-1935) foi coberta por Marcos Del Roio. O ano de 1935 foi exaustivamente estudado por historiadores de muitas tendências, como Marly Vianna. A cisão de 1937-1938 foi estudada por Dainis Karepovs.

O período entre 1939 e 1943 é mal conhecido, mas há estudos novos de Zimbarg e Falcão. O período da legalidade é mais estudado desde a obra de Arnaldo Spindel sobre o partido comunista na gênese do populismo. Há estudos sobre a participação do PCB na Constituinte, acerca da imprensa comunista (Pedro Pomar) etc. Sabe-se menos das guerrilhas localizadas estimuladas pelo partido. O período do Congresso de 1954 até a crise de 1956 e a Declaração de Março de 1958 foi abordado por Raimundo Santos e José Antonio Segatto.

As crises dos anos 1980 foram tratadas por Mazzeo, mas ainda são pouco estudadas. Recentemente, a tese de Milton Pinheiro traçou um panorama da direção partidária desde os anos 1960 até a formação do PPS, com destaque para as disputas entre Prestes e o CC no exílio.

A exaustiva pesquisa do historiador Luiz Bernardo Pericás sobre Caio Prado Júnior lançada em 2016 pela Editora Boitempo também traz nova contribuição ao estudo do PCB através das relações entre militantes no que tange ao círculo "paulista" e latino-americano de afinidades intelectuais de Caio Prado Junior.

No caso do PT, o pesquisador Carlos Menegozzo contribuiu com uma bibliografia comentada de livros publicados até 2002. O partido foi estudado, ao contrário do PCB, a partir de baixo e das localidades díspares onde surgiu. Estudos regionais aparecem em muitas teses acadêmicas não publicadas, mas também nas publicações de militantes dos anos 1980 ou em edições oficiais de diretórios do partido. Memórias ainda são escassas. Há maior produção sobre os debates internos. Os primeiros estudos acadêmicos foram feitos, em geral, por cientistas políticos e sociólogos, destacando-se uma historiadora pioneira, Marcia Berbel.

Sobre as ações autonomistas houve alguma renovação da literatura política, mas o crescimento dos coletivos de jovens era ainda recente para que eles próprios pudessem produzir suas interpretações na forma estável e consolidada de livros. Por isso, difunde-se a leitura dos clássicos e de novas interpretações de jovens autores publicados por editoras pequenas ou pensadores já consolidados como Paulo Arantes e Michel Löwy.

Fontes Primárias

A CLASSE *Operária*, 25.11.1947.
A PLATÉA, 28 de agosto de 1934.
ASTROJILDO Pereira a Codovilla, 2 de setembro de 1926.
ASTROJILDO Pereira, manuscrito, 9 de dezembro de 1928.
AURORA *Paulistana*, 5 de abril de 1852.
BALANCETE, maio de 1935.
BRANCO, Catulo *Conversa entre Amigos*. Inédito, 1989.
BRASIL: Resumen de un Informe, 30 de setembro de 1936.
CADERNOS *Cemap*, ano II, n. 2, maio de 1985, p. 16.
CANELLAS au CE de L'Internationale, 3 de junho de 1923.
CARTA a Ercoli, RJ, 7 de agosto de 1928.
CARTA da IC aos partidos comunistas latino-americanos, 17 de maio de 1929.
CARTA de Abílio de Nequete ao CE da IC, Porto Alegre, 10 de maio de 1923.
CARTA de Astrojildo Pereira a Heitor Ferreira Lima, Corumbá, 18 de janeiro de 1928.
CARTA de Astrojildo Pereira apresentando Mário Pedrosa à Escola Leninista Internacional, Rio de Janeiro, 7 de novembro de 1927.
CARTA de Caio Prado Júnior a Câmara (Ferreira?), São Paulo, 11 de abril de 1946.
CARTA de Caio Prado Júnior ao CR do PCB, 30 de novembro de 1932.
CARTA de Canellas ao Comité Directeur du PC Brésilien, 1 de julho de 1923.
CARTA de CPJ, São Paulo, 19 de dezembro de 1932.
CARTA de Cristina a Caio Prado Júnior, São Paulo, 25 de julho de 1966.
CARTA de João Cabanas, 27 de junho de 1925. Arquivo do Estado de São Paulo.
CARTA de Julio Beilich, ao Gruppe Communiste du Brésil, 19 de abril (ano impreciso: 1922).
CARTA de Miguel Costa a Jaime Costa Sobrinho, *Paso de los Libres*, 15 de maio de 1927.
Miguel Costa ao filho, *Paso de los Libres*, 15 de outubro de 1927.
CARTA de Octavio Brandão a Bela Kun, Rio de Janeiro, 18 de novembro de 1924.
CARTA de Octavio Brandão a Kuusinen, Rio de Janeiro, 27 de agosto de 1923.
CARTA de Octavio Brandão a Kuusinen, Rio de Janeiro, 13 de abril de 1923.
CARTA de Octavio Brandão a Moscou, Rio de Janeiro, 13 de junho de 1923.
CARTA de Octavio Brandão ao CE da IC, Rio de Janeiro, 8 de abril de 1924.
CATÁLOGO *Brasiliana*, 1941.
CATÁLOGO *da Editora Fulgor*, 1963.
CÉLULA Rosa Luxemburgo. Prontuário Deops – SP 82257, Caixa: 54.

Cf. *Catálogo*, s. d.
CIRCULAR, s. d., secretariado político do PCB.
CIRCULAR, Santos, 10 de novembro de 1928.
COLEÇÃO "Romances do Povo" da Editora Vitória Ltda., Rio de Janeiro, 1953. Catálogo
COLLEÇÃO Humanitas editada pela Editorial Pax, s. d.
COMISSÃO Nacional de Finanças, Circular, 1934.
CORREIO Braziliense, vol. XIX, São Paulo, Imprensa Oficial, 2008.
CORRESPONDÊNCIA, Barcelona, 16 de janeiro de 1932.
CORRESPONDÊNCIA, Barcelona, 31 de outubro de 1931.
CORRESPONDÊNCIA, Paris, 8 de setembro de 1931. Cedem A2, 13 (2)-4.
CORRESPONDÊNCIA, São Paulo, 7 de janeiro de 1932.
DECLARAÇÃO *Política do Partido Comunista Brasileiro*, Rio de Janeiro, 2 de julho de 1991.
DEPOIMENTO de Aldrin Castelucci, 2012.
DEPOIMENTO de Artur Scavone, 12.11.2012.
DEPOIMENTO de Benito Schmidt, 5 de janeiro de 2012.
DEPOIMENTO de Hans Karl Reisewitz, 18.11.2012.
DEPOIMENTO de Marcos Del Roio, 12.11.2012.
DEPOIMENTO de Osvaldo Coggiola, 2012.
DEPOIMENTO de Ricardo Musse, 11.11.2012.
DEPOIMENTO de Takao Amano, 2012.
DEPOIMENTO de Wilson do Nascimento Barbosa.
DEPOIMENTO de Cloves Castro, 2014.
DEPOIMENTO de Ciro Seiji, 2014.
DEPOIMENTO de Salvador Pires, 13.11.2012.
DOCUMENTOS de arquivo pessoal do autor.
EDIÇÕES Brasiliense, abril de 1963.
ELIAS Lowanovich e Manoel Esteves, Santos, 15 de junho de 1923, Carta à Rote Fahne.
ENTREVISTA de José R. Mao Jr., Revista *Mouro*, n. 1, São Paulo, julho de 2009.
FERNANDO de Lacerda, manuscrito, 6 de janeiro de 1938.
HISTÓRIA Completa da Revolução Franceza desde 1789 a 1815 e precedida de um resumo da História da França por um brasileiro, Rio de Janeiro, Laemmert, 1877, p. VIII.
IBGE, 1931-1934.
·INFORMATION du delegué du Parti Communiste du Brésil, 5 de fevereiro de 1937.
INFORME, Brasil, Situação Nacional, 20 de outubro de 1936.
INQUÉRITO Policial Militar número 709.
LAURO Reginaldo da Rocha (Bangu), manuscrito, 19 de janeiro de 1938.
MANUSCRITO, 1933.

Manuscrito, 1936-38.
O Estado de S. Paulo, 1 de junho de 1988.
O Estado de S. Paulo, 1 de maio de 1904.
O Estado de S. Paulo, 7 de setembro de 1898.
O Socialista da Província do Rio de Janeiro, n. 1, sexta-feira, 1 de agosto de 1845.
Octavio Brandão, *La Correspondencia Sudamericana*, n. 6, 1926.
Octavio Brandão, Manuscrito, 12 de julho de 1926.
Ofício de 25 de agosto de 1798, II – 33, 29, 70.
Ofício n. 110, Data: 27.05.1800. Biblioteca Nacional.
Ofício n. 120, Data: 16.09.1801.
Ofício sem número. Conta dos livros remetidos pela Secretaria de Estado dos Negocios da Marinha e Dominios Ultramarinos do Governo da Bahia para serem distribuidos por conta da Real Fazenda, e de varios folhetos de *Mercurio Britanico*.
Octavio Brandão, Manuscrito, 10 de junho de 1926.
pcb, *Relatório*, 1926.
pcb, sbic, *Relatório Geral sobre as Condições Econômicas, Políticas e Sociais do Brasil e sobre a Situação do pc Brasileiro*, carta recebida em Moscou a 16 de janeiro de 1924.
Pereira, A. Sem título. fl. 19. Também cópia datilografada com modificações: Pereira, A. Notas à margem de um livro de Caio Prado Júnior. Cedem, Unesp, Arch a 2, 6 (1)-13.
Polícia do Estado de São Paulo, Delegacia de Ordem Social (1a seção), prontuário n. 173, registro geral em 26 de fevereiro de 1946.
Polop, Centro Victor Meier, Salvador, 2009.
Prestes, L. C., "Ao Proletariado Sofredor das Nossas Cidades", *Manifesto de Maio de 1930*. Arquivo da Internacional Comunista/Cedem.
Problemas – Revista Mensal de Cultura Política, n. 12, julho de 1948.
Problemas, n. 64, dezembro de 1954.
Prontuário Deops – SP 5955, 4 de fevereiro de 1955.
Prontuário Deops 1691. Arquivo do Estado de São Paulo.
Quelques notes sur la situation du Parti Communiste Brésilien, manuscrito, 1923.
Relação dos livros mais procurados para o estudo das ciências econômicas e culturais, março de 1963.
Revista Acadêmica, Rio de Janeiro, n. 9, 1934.
Revista de Estudos Sócio-Econômicos, São Paulo, janeiro de 1962, p. 23.
Situation de l'Organisation du Parti Communiste au Brésil, 29 de outubro de 1937.
Urbs, n. 20, fevereiro-março de 2001.
Voz Operária, 5 de agosto de 1950.

Bibliografia

ABREU, Maira Luisa Gonçalves. "O PCB e a Questão Feminina (1970-1979)". *Fazendo Gênero 8: Corpo, Violência e Poder*. Florianópolis, 25 a 28 de agosto de 2008.

ALMEIDA, A. W. B. de. "As Bibliotecas Marxistas e Escolas de Partido". *Religião e Sociedade* n. 9.

AMADO, Jorge. "Problemas do Livro Brasileiro". *Observador Econômico e Financeiro*. Rio de Janeiro, fevereiro de 1940.

AMANO, Takao. *Assalto ao Céu*. São Paulo, Com-Arte, 2014 (Coleção Memória Militante).

AMAZONAS, João. *O Revisionismo Chinês de Mao Tsé-Tung*. São Paulo, Editora Anita Garibaldi, 1981.

ANDERSON, Perry. "Modernidade e Revolução". *Novos Estudos Cebrap*, São Paulo, vol. 14, fevereiro de 1986.

ANDRADE, Olímpio de Souza. *O Livro Brasileiro desde 1920*. 2. ed. Brasília, INL, 1978.

ANDRÉAS, Bert. *Le Manifeste Communiste de Marx et Engels. Histoire et Bibliographie 1848-1918*. Milano, Feltrinelli, 1963, 429 p. Com um fac-símile da primeira edição alemã.

ANTOSZ FILHO, Alexandre. *O Projeto e a Ação Tenentista na Revolução de 1924 em São Paulo: Aspectos Econômicos, Sociais e Institucionais*. São Paulo, USP, 2000. Dissertação de Mestrado.

ANTUNES, Angela. "Paulo Freire". *Intérpretes do Brasil*. São Paulo, Boitempo, 2015.

ANTUNES, Ricardo *O Que É Sindicalismo*. São Paulo, Brasiliense, 1980.

ARANTES, Paulo. *Extinção*. São Paulo, Boitempo, 2007.

_____. *O Novo Tempo do Mundo*. São Paulo, Boitempo, 2014.
ARAÚJO NETO, Adalberto. *O Socialismo Tenentista*. São Paulo, USP, 2012. Tese de Doutorado.
ARAÚJO, Silva & CARDOSO, Alcina. *Militância Operária*. Curitiba, Ed. da UFPR, 1992.
ARRIGUCCI JR., Davi. "Recompor um Rosto". *Discurso*. n. 12, 1980.
AZEVEDO, A. Gwyer de. *Os Militares e a Política*. 2. ed. Barcelos (Portugal), Companhia Editora do Minho, 1926 (Biblioteca da Grande Revolução Brasileira).
AZEVEDO, Raquel de. *A Resistência Anarquista. Uma Questão de Identidade*. São Paulo, Imesp, 2002.
_____. & MAUÉS, Flumarion. *Rememória*. São Paulo, Fundação Perseu Abramo, 1997.
BAGATIM, Alessandra. *Forças Armadas de Libertação Nacional: O Grupo de Esquerda Armado de Ribeirão Preto (1967-1969)*. Unicamp, 2002.
BANDEIRA, Moniz. *O Ano Vermelho*. São Paulo, Brasiliense, 1980.
_____. *Trabalhismo e Socialismo no Brasil*. São Paulo, Global, 1985.
BARATA, Agildo. *Vida de um Revolucionário: Memórias*. São Paulo, Alfa-Omega, 1978
BARBOSA, Joaquim. *A Organisação Operaria*. Rio de Janeiro, Edição da Cellula IR, 1926.
BARBOSA, Wilson. *O Caminho do Negro no Brasil*. São Paulo, 1999.
BARTZ, Frederico D. *O Horizonte Vermelho*. Porto Alegre, 2008.
_____. "Abílio de Nequete: Os Múltiplos Caminhos de uma Militância Operária (1888-1960)". *História Social*, n. 14-15, Campinas, Unicamp, 2008.
BASBAUM, Leôncio. *Uma Vida em Seis Tempos*. São Paulo, Alfa Ômega, 1976.
BASMANOV, M. *La Esencia Antirrevolucionaria del Trotskismo Contemporáneo*. Moscou, Progresso, 1973.
BATALHA, Claudio H. M. "A Difusão do Marxismo e os Socialistas Brasileiros na Virada do Século XIX". In: QUARTIM DE MORAES, J. (org.). *História do Marxismo no Brasil*. Campinas, Unicamp, 1995, vol. II.
BATINI, Tito. *Memórias de um Socialista Congênito*. Campinas, Unicamp, 1991.
BEIGUELMAN, Paula. *Os Companheiros de São Paulo*. 2. ed. São Paulo, Global, 1981.
BERNARDES, Maria Elena. *Laura Brandão: A Invisibilidade Feminina na Política*. Unicamp, 2007.
BERTONHA, João F. *O Antifascismo Socialista Italiano em São Paulo nos Anos 20 e 30*. Campinas, Unicamp, dissertação de mestrado, 1993, capítulo 4.
BEZERRA, Gregório. *Memórias*. Rio de Janeiro, Civilização Brasileira, 1980, p. 219.
  Também cita *A Mãe* (Górki) e *Dez Dias que Abalaram o Mundo* (John Reed).
BOSI, Alfredo. *Dialética da Colonização*. São Paulo, Companhia das Letras, 1993.
BOSI, Ecléa. *Cultura de Massa e Cultura Popular: Leituras de Operárias*. 4. ed. Petrópolis, Vozes, 1978.

BORSI, Emil. *A Formação das Democracias Populares da Europa*. Lisboa, Avante, 1981.
BOTTOMORE, Tom (ed.). *Dicionário do Pensamento Marxista*. Rio de Janeiro, Zahar, 1988.
BRAGA, Ruy. *A Política do Precariado*. São Paulo, Boitempo, 2012.
BRANCO, Catullo. *Conversa Entre Amigos*. São Paulo, Com-Arte, 2013 (Col. Memória Militante).
BRANDÃO, Octavio. *La Correspondência Sudamericana*, n. 6, 1926.
BROUE, P. *Le Parti Bolchevique. Histoire du PC de l'URSS*. Paris, Minuit, 1971.
BUONICORE, A. *João Amazonas: Um Comunista Brasileiro*. São Paulo, Expressão Popular, 2006.
CALVINO FILHO. "O Revisionismo Econômico que Revive". *Novos Tempos*, n. 1, Rio de Janeiro, setembro de 1957.
CANDIDO, Antonio. "Feitos da Burguesia". *Discurso*, n. 11, São Paulo, Ed. Ciências Humanas / Departamento de Filosofia da USP, novembro de 1979.
CANELLAS. *Relatório da Delegacia à Rússia*. Rio de Janeiro, 1923.
CARDIM, M. *Trabalho Apresentado ao snr. Otto Niemeyer*. São Paulo, Bolsa de Fundos Públicos de São Paulo, 1931.
CARNEIRO, Maria Luiza Tucci. *Livros Proibidos, Ideias Malditas*, São Paulo, Estação Liberdade, 1997. [Reeditado pela Ateliê Editorial em 2002.]
CARONE, Edgard. "Caio Prado Júnior". *Revista do Instituto de Estudos Brasileiros*, n. 32, São Paulo, 1991.
_____. "Uma Polêmica nos Primórdios do PCB: O Incidente Canellas e Astrojildo". *Memória e História*, n. 1. São Paulo, 1981.
_____. *Da Esquerda à Direita*. Belo Horizonte, Oficina de Livros, 1991.
_____. *O Marxismo no Brasil*. Rio de Janeiro, Dois Pontos, 1986.
_____. *O Movimento Operário no Brasil*. São Paulo, Difel, 1979.
_____. *O Tenentismo*. São Paulo, Difel, 1975.
_____. *Revoluções do Brasil Contemporâneo*. São Paulo, Ática, 1989.
_____. *A Primeira República (1889-1930)*. São Paulo, Difel, 1973.
_____. *A República Velha. Instituições e Classes Sociais*. São Paulo, Difel, 1975.
_____. *O Marxismo no Brasil*. Rio de Janeiro, Dois Pontos, 1986.
CARRERAS, Sandra; TARCUS, Horacio & ZELLER, Jessica (eds.). *Los Socialistas Alemanes y la Formación del Movimiento Obrero Argentino (Antología del Vorwärts, 1896--1901)*. Buenos Aires, Buenos Libros, 2008.
CARVALHO, Apolonio. *Vale a Pena Sonhar*. Rio de Janeiro, Rocco, 1997.
CARVALHO, O. de. *Evolução do Comunismo no Brasil*. Rio de Janeiro, DNP, 1939.
CASTELL, Raúl Mateos. *Como Perdi Meu Tempo*. São Paulo, Terceira Margem, 2010, vol. 1.

CAVALCANTI, Paulo. *O Caso Eu Conto Como o Caso Foi*. São Paulo, Alfa Ômega, 1978.
CENNI, Francisco. *Os Italianos no Brasil*. São Paulo, Martins, s. d.
CHACON, Vamireh. *História das Ideias Socialistas no Brasil*. Fortaleza, Edições UFC, 1981.
CHALHOUB, S. *et. al. Trabalhadores na Cidade*. Unicamp, 2009.
CHAVES NETO, E. *Minha Vida e as Lutas de meu Tempo*. São Paulo, Alfa Ômega, 1977.
CHILCOTE, Ronald. *O Partido Comunista Brasileiro. Conflito e Integração – 1922-1972*. Rio de Janeiro, Graal, 1982.
CIPOLLA, Carlo. *Instrução e Desenvolvimento no Ocidente*. Lisboa, Ulisseia, 1969.
CODATO, Adriano & KIELLER, Marcio (orgs.). *Velhos Vermelhos*. Curitiba, UFPR, 2008.
COELHO, Marco A. T. "A Polêmica com Caio Prado Júnior Há Quarenta Anos". Seminário organizado pela Universidade Federal do Rio de Janeiro (UFRJ), em 8 e 9 de outubro de 2007.
_____. *Herança de um Sonho: As Memórias de um Comunista*. São Paulo, Record, 2000.
CORRÊA, Felipe. *Bandeira Negra: Rediscutindo o Anarquismo*. São Paulo, Editora Prismas, 2014.
CORRÊA, Larissa Rosa. "Trabalhadores e os Doutores da Lei: Direitos e Justiça do Trabalho na Cidade de São Paulo – 1953 a 1964". *Revista Histórica*. nº 26, outubro de 2007.
COSTA JÚNIOR. *Breve História do Movimento Operário Português*. Lisboa, Verbo, 1964.
COSTA, Hipólito José da. *Correio Braziliense*. São Paulo, Imprensa Oficial, vol. XIX, 2008.
COSTA, Hélio da. "O Novo Sindicalismo e a CUT: Entre Continuidades e Rupturas." In: REIS, Daniel Aarão & FERREIRA, Jorge. *As Esquerdas no Brasil*. Rio de Janeiro, Civilização Brasileira, 2007, vol. III.
COSTA, Yuri A. *Miguel Costa: Um Herói Brasileiro*. São Paulo, Imprensa Oficial, 2010.
CUNHA, Paulo R. "Comunismo e Forças Armadas". *Mouro*, n. 5, 2011.
CZAJKA, Rodrigo. "Redesenhando Ideologias: Cultura e Política em Tempos de Golpe". *História: Questões & Debates*, n. 40, Curitiba, pp. 37-57, 2004.
D'ATRI, Adriana. "Un Análisis del Rol Destacado de las Mujeres Socialistas en la Lucha Contra la Opresión y de las Mujeres Obreras en el Inicio de la Revolución Rusa". *Diario Alternativo Rebelión*. 20 de octubre de 2003.
DARNTON, Robert. *A Questão dos Livros*. São Paulo, Companhia das Letras, 2010.
DAUZAT, Albert *et al. Dictionnaire Étymologique et Historique*. Paris, Larousse, 1971.
DE PAULA, Amir H. *Os Operários Pedem Passagem! A Geografia do Operário na Cidade de São Paulo (1900-1917)*, USP, 2005.
DEAECTO, Marisa Midori. *O Império dos Livros: Instituições e Práticas de Leitura na São Paulo Oitocentista*. São Paulo, Edusp, 2011.

_____ & MOLLIER, Jean-Yves. *Edição e Revolução*. São Paulo, Ateliê Editorial, 2013.

DECCA, Maria Auxiliadora Guzzo. *A Vida Fora das Fábricas*. São Paulo, Paz e Terra, 1987.

DEL ROIO, José Luiz. *Memórias*. São Paulo, Cedem-Unesp. Inédito.

DEL ROIO, Marcos. *A Classe Operária na Revolução Burguesa. A Política de Alianças do PCB: 1928-1935*. Belo Horizonte, Oficina de Livros, 1990.

DELGADO, E. Castro. *O Komintern sem Máscara*. S. l. p., Tribuna da Imprensa, 1952.

DESTRÉE, J. & VANDERVELDE, Émile. *Le Socialisme en Belgique*. Paris, V. Giard et E. Brière libraires-Éditeurs, 1903. Primeira edição: 1898.

DIAS, Everardo. *História das Lutas Sociais no Brasil*. São Paulo, Alfa Ômega, 1977.

DJUROVIC, Camila A. *A Revista Movimento Comunista*. USP, Relatório de Iniciação Científica, 2013.

DULLES, John W. Foster. *Anarquistas e Comunistas no Brasil*. Rio de Janeiro, Nova Fronteira, 1977.

DUPUIS-DÉRI, Francis. *Black Blocs*. São Paulo, Veneta, 2014.

ESCARPIT, Robert. *La Revolution du Livre*. 2. ed. Paris, Unesco, 1969.

FALCÃO, Frederico José. *Os Homens do Passo Certo. O PCB e a Esquerda Revolucionária no Brasil (1942-1961)*. São Paulo, Sundermann, 2012.

FALCÃO, João. *Giocondo Dias: A Vida de um Revolucionário*. Rio de Janeiro, Agir, 1993.

_____. *O Partido Comunista que Eu Conheci*. Rio de Janeiro, Civilização Brasileira, 1988.

FARACO, Sergio. *Lágrimas na Chuva: Uma Aventura na URSS*. Porto Alegre, LPM, 2011.

FAUSTO, Bóris. *Trabalho Urbano e Conflito Social*. São Paulo, Difel, 1976.

_____. *História do Brasil*. São Paulo, Edusp, 1996.

FAUSTO, Ruy. "A Revolução Brasileira de Caio Prado Jr." *Teoria e Prática*, 1, n. 2, 1967.

FEDENKO, P. *A Nova História do Partido Comunista Soviético*. Rio de Janeiro, Edições GRD, 1965.

FEIJÓ, M. "O Centenário de Noé Gertel". *Política Democrática*, n. 38. Brasília, março de 2014.

FEIJÓ, M. C. *Formação Política de Astrojildo Pereira*. Belo Horizonte, Oficina de Livros, 1990.

FERNANDES, Florestan. *A Constituição Inacabada*. São Paulo, Estação Liberdade, 1989.

_____. "O PCB". *Folha de São Paulo*. 2 de setembro de 1991.

FERNANDES, Reginaldo J. *Revolução e Democracia (1960-1980)*. São Paulo, USP, 2013. Tese de Doutorado.

FERREIRA, Caio T. M. & CORDEIRO, L. "O Limite da Tática". *In*: Vários autores. *Junho: a Potência das Ruas*. São Paulo, Friedrich Ebert Stiftung, 2014.

FERREIRA, Jorge (org.). *O Populismo e sua História*. Rio de Janeiro, Civilização Brasileira, 2001.

FERREIRA, Jorge Luiz. *Prisioneiros do Mito: Cultura e Imaginário Político dos Comunistas no Brasil (1930-1956)*. Rio de Janeiro, Eduff/Mauad, 2002.

FERREIRA, Maria Nazareth. *A Imprensa Operária no Brasil (1880-1920)*. Petrópolis, Vozes, 1978.

FERRER, Eliete. *68 a Geração que Queria Mudar o Mundo: Relatos*. Brasília, Ministério da Justiça, Comissão de Anistia, 2011.

FERRI, Enrico. *Socialismo e Sciencia Positiva*. São Paulo, Laemmert, 1906.

FIUZA, Bruno. "Black Blocs, Lições do Passado, Desafios do Futuro". *Viomundo*, 8 de outubro de 2013.

FIX, Mariana. *Parceiros da Exclusão. Duas Histórias da Construção de uma "Nova Cidade" em São Paulo: Faria Lima e Água Espraiada*. São Paulo, Boitempo, 2001.

FLEIUS, Max. *História Administrativa do Brasil*. 2 ed. São Paulo, Melhoramentos, 1923.

FORTES, Alexandre. "O Direito na Obra de E. P. Thompson". *História Social*, n. 2, 1995.

FONSECA, D. M. *Transformações do Vídeo Popular: A Passagem da Década de 80 para a Década de 90. Início: 2011*. Universidade de São Paulo, 2013. Dissertação de Mestrado.

FOOT, F. & LEONARDI, V. *História da Indústria e do Trabalho no Brasil*. São Paulo, Global, 1982.

_____. *Nós do Quarto Distrito*. Caxias do Sul, Educs, 2004.

FREDERICO, Celso. *A Esquerda e o Movimento Operário*. São Paulo, Novos Rumos, 1987.

FREIRE, Paulo. *Pedagogia do Oprimido*. São Paulo, Paz e Terra, 1987, cap. 2.

GALLO, Ivone. "O Socialista da Província do Rio de Janeiro: Um Olhar sobre o Socialismo do Século XIX." In: *Anais do XIX Encontro Regional de História: Poder, Violência e Exclusão*. ANPUH/SP – USP. São Paulo, 8 a 12 de setembro de 2008.

GALLUT-FRIZEAU. "Coup d'Oeil sur Soixante-dix Années de Divertissements à Lisbonne (1790-1860)". In: *Bulletin des Études Portugaises et Bresiliennes*. Paris, t. 39-40, 1978-1979.

GARCIA, Evaldo S. "A Imprensa Operária e Socialista Brasileira do Século XIX". *Estudos Sociais*, Rio de Janeiro, 1964.

GIROUD, Françoise. *Jenny Marx ou a Mulher do Diabo*. Rio de Janeiro/São Paulo, Record, 1996.

GNECCO, Luiz Paulo. *Eu Lutei*. São Paulo, s. c. p., s. d.

GÓES, Maria. C. *A Formação da Classe Trabalhadora. Movimento Anarquista no Rio de Janeiro, 1888-1911*. Rio de Janeiro, Zahar, 1988.

GOMBIN, Richard. *As Origens do Esquerdismo*. Lisboa, Dom Quixote, 1972.

GOMES, Ângelo Castro (coord.). *Velhos Militantes*. Rio de Janeiro, Zahar, 1988.

GOMES, Paulo Emilio Salles. *Vigo, Vulgo Almereyda*. São Paulo, Edusp/Companhia das Letras, 1991.

Gomes, Rosa & Secco, Lincoln. "Rosa Luxemburg em 1968". *Mouro*, n. 7. São Paulo, 2012.

Gomes, Sonia de Conti. *Bibliotecas e Sociedade na Primeira República*. São Paulo, Pioneira, 1983.

Gonçalves, A. & Silva, Jorge. *A Bibliografia Libertária. O Anarquismo em Língua Portuguesa*. São Paulo, Imaginário, 2001.

Gonçalves, Adelaide. "As Comunidades Utópicas e os Primórdios do Socialismo no Brasil". *E-topia: Revista Electrónica de Estudos sobre a Utopia*, n. 2 (2004). ISBN 1645-958x.

Gonçalves, Alcindo. *Lutas e Sonhos*. São Paulo, Unesp, 1995.

Gualberto, Edney dos Santos. *Vanguarda Sindical. A União dos Trabalhadores Gráficos (1919-1935)*. Universidade de São Paulo (USP), 2008.

Guedes, F. *O Livro e a Leitura em Portugal. Séculos XVIII e XIX*. Lisboa/São Paulo, Verbo, 1987.

Goulart, Mylene. *Karl Marx à Pékin*. Paris, Demopolis, 2014.

Hallewell, Laurence. *O Livro no Brasil*. São Paulo, Edusp, 2012.

_____. *O Livro no Brasil*. São Paulo, T. A. Queiroz/Edusp, 1985.

Hauriou, M. *Traité de Droit Constitutionnel*. 10. ed., Paris, 1929.

Hecker, Alexandre. *Um Socialismo Possível*. São Paulo, TAQ, 1988.

Heitlinger, Alena. *Women and State Socialism*. London, Macmillan Press, 1979.

Hildebrando, Luiz. *O Fio da Meada*. São Paulo, Brasiliense, 1990.

Hogan, Daniel & Berlinck, Manuel et al. *Cidade: Usos e Abusos*. São Paulo, Brasiliense, 1978.

Hunt, R. N. C. *O Jargão Comunista*. São Paulo, Dominus, 1964.

Hunt, Tristram. *Comunista de Casaca. A Revolucionária Vida de Friedrich Engels*. São Paulo, Record, 2011.

Ilin, M. *Preto no Branco: A História do Livro e da Iluminação*. Rio de Janeiro, Editora Vitória, 1944.

Jameson, F. *Marxismo e Forma*. São Paulo, Hucitec, 1985.

Jeifets, L.; Jeifets, V. & Huber, P. "La Internacional Comunista y América Latina, 1919-1943". *Diccionario Biográfico*. Genebra, Institut pour l'Histoire du Communisme, 2004.

Karepovs, Dainis. *Luta Subterrânea*. São Paulo, Unesp, 2003.

Keck, Margareth. *A Lógica da Diferença: O Partido dos Trabalhadores na Construção da Democracia Brasileira*. São Paulo, Ática, 1991.

Konder, Leandro. *A Democracia e os Comunistas no Brasil*. Rio de Janeiro, Graal, 1980.

_____. *A Derrota da Dialética*. São Paulo, Expressão Popular, 2009.

Konder, Victor Marcio. *Militância*. São Paulo, Arx, 2002.

KOVAL, B. *A Grande Revolução de Outubro e a América Latina*. São Paulo, Alfa Ômega, 1980.

KROPOTKINE, P. *A Conquista do Pão*. Trad. Cesar Falcão, Rio de Janeiro, Organizações Simões, 1953.

KRIEGEL, Annie. *Communisme au miroir français*. Paris, Gallimard, 1974.

KUCINSKY, Bernardo. *Jornalistas e Revolucionários: Nos Tempos da Imprensa Alternativa*. São Paulo, Edusp, 1991.

LACERDA, Carlos. *Depoimento*. Rio de Janeiro, Nova Fronteira, 1978.

LEAL, Murilo. *A Esquerda da Esquerda*. Rio de Janeiro, Paz e Terra, 2004.

_____. *À Esquerda da Esquerda*. São Paulo, Paz e Terra, 1963.

LEITE, Marcia Paula. *O Que É Greve*. 2. ed. São Paulo, Brasiliense, 1992.

LÊNIN. "Carta aos Trabalhadores Americanos". *Spartacus*, n. 1. Rio de Janeiro, agosto de 1919.

LEONIDIO, Adalmir. "Utopia e Positivismo nos Primórdios do Movimento Operário no Brasil". *Perseu*, n. 4, ano 3, dezembro de 2009.

LEVINE, Robert. *O Regime de Vargas*. Rio de Janeiro, Nova Fronteira, 1980.

LIMA, Delcio M. *Os Homoeróticos*. Rio de Janeiro, Francisco Alves, 1983.

LIMA, Heitor Ferreira. *Caminhos Percorridos*. São Paulo, Brasiliense, 1982.

LIMA, Hermes. *Travessia*. Rio de Janeiro, José Olympio, 1974.

LIMA NETO, Ildefonso R. *Escrita Subversiva. O Democrata, 1946-1947*. Universidade Federal do Ceará, 2006.

LIMA, Ricardo Rodrigues. *Relatório de Pós-Graduação na UFG*. Goiânia, novembro de 2012.

LINHARES, Hemínio. *Contribuição à História das Lutas Operárias no Brasil*. 2. ed. São Paulo, Alfa Ômega, 1977.

LORCA, Gil. *Esta É a Verdade*. São Paulo, A Noite, 1947.

LOURENÇO, Oswaldo. *Vida de Coragem*. São Paulo, Editora Maturidade, 2005.

LOVATO, Angélica. "Um Projeto de Revolução Brasileira no pré-1964: *Os Cadernos do Povo Brasileiro*". In: DEAECTO, Marisa Midori & MOLLIER, Jean-Yves. *Edição e Revolução*. São Paulo, Ateliê Editorial, 2013.

LÖWY, Michel. *A Teoria da Revolução no Jovem Marx*. São Paulo, Boitempo, 2012.

LYONS, M. & LEAHY, C. *A Palavra Impressa. Histórias da Leitura no Século XIX*. Rio de Janeiro, Casa da Palavra, 1999.

MACEDO, Francisco Barbosa de. *Edward P. Thompson na Historiografia Social do Trabalho Brasileiro: Estudo sobre a Produção do Programa de Pós-Graduação em História da Unicamp (1976-2012)*, USP, 2013. Projeto de Doutorado.

MANDEL, Ernest. *As Delícias do Crime*. São Paulo, Busca Vida, 1988.

_____. *Os Estudantes, os Intelectuis e as Lutas de Classes*. Lisboa, Antídoto, 1978.

MANGUEL, Alberto. *Uma História da Leitura*. 2. ed. São Paulo, Companhia das Letras, 2010.

MAO JR., José R. *Mouro*, n. 1. São Paulo, julho de 2009.

MARÇAL, João Batista. *Comunistas Gaúchos.* Porto Alegre, Tchê, 1986.
MARCONI, Paolo. *A Censura Política na Imprensa Brasileira. 1968-1978.* 2. ed. São Paulo, Global, 1980.
MARIGHELA, Carlos. *Handbuch des Stadtguerillero.* S. l. p., 1996.
MARINGONI, G. "Black Bloc: Cobrir o Rosto É o de Menos". *Viomundo,* 15 de setembro de 2013.
MARQUES NETO, José Castilho. *Solidão Revolucionária: Mário Pedrosa e as Origens do Trotskismo no Brasil.* Rio de Janeiro, Paz e Terra, 1993.
MARTINS, Celso. *Os Comunas: Álvaro Ventura e o PCB Catarinense.* Florianópolis, Fundação Franklin Cascaes, 1995.
MARTINS, Wilson. *História da Inteligência Brasileira.* São Paulo, Cultrix, 1979.
MATTOS, André R. *Uma História da UNE.* Mimeo, 2013.
MATTOS, Marcelo Badaró. *Novos e Velhos Sindicalismos no Rio de Janeiro (1955-1988).* Rio de Janeiro, Vício de Leitura, 1998.
MAUÉS, Flamarion. "A Editora Vitória e a Divulgação das Ideias Comunistas no Brasil, 1944-1964." In: PAÇO, António Simões do; VARELA, Raquel & VAN DER VELDEN, Sjaak (eds.). *Strikes and Social Conflicts Towards a Global History.* Lisboa, Universidade Nova de Lisboa, 2011.
_____. *Livros Contra a Ditadura.* São Paulo, Publisher, 2013.
MAZZEO, Antonio Carlos & LAGOA, Maria Izabel (orgs.). *Corações Vermelhos.* São Paulo, Cortez, 2003.
MAZZO, Armando. *Memórias de um Militante Político e Sindical no ABC.* São Bernardo do Campo, Secretaria de Educação, Cultura e Esportes, 1991.
MELO, Urbano Sabino Pessoa de. *Apreciação da Revolta Praieira em Pernambuco.* Brasília, Senado Federal, 1978 (primeira edição: 1850).
MELLO, José Barboza. *Síntese Histórica do Livro.* Rio de Janeiro, Leitura, 1972.
MIRANDA, Nilmário. *Teofilo Ottoni: A República e a Utopia de Mucuri.* São Paulo, Casos Amigos, 2007.
MOMESSO, Luiz. *José Duarte: Um Maquinista da História.* São Paulo, Editora Oito de Março, 1988.
MORAES, João Quartim de. "VPR: Os Leninistas e Outros". *In*: MAZZEO, Antonio Carlos & LAGOA, Maria Izabel (orgs.). *Corações Vermelhos.* São Paulo, Cortez, 2003.
MOREIRA, Silvia. *São Paulo na Primeira República.* São Paulo, Brasiliense, 1988.
MOTA, Carlos Guilherme. *Ideologia da Cultura Brasileira (1933-1974).* São Paulo, Editora 34, 2008.
MOTT, Luiz. *O Lesbianismo no Brasil.* Porto Alegre, Mercado Aberto, 1987.
MOTTA, Rodrigo P. S. "Comunismo e Anticomunismo sob o Olhar da Polícia Política". *Locus,* vol. 16, 2010.

Moura, Clóvis. *Dialética Radical do Brasil Negro*. São Paulo, Anita Garibalde, 1994.
Musse, Ricardo. *As Aventuras do Marxismo Brasileiro*. São Paulo, USP – LeMarx, 2010.
Napolitano, Marcos. "A Relação Entre Arte e Política: Uma Introdução Teórico- -metodológica". *Temáticas – Revista dos Pós-graduandos em Ciências Sociais*, IFCH/ Unicamp – Dossiê *Esquerda e Cultura*, n. 37/38, ano 19, 2011, pp. 25-56.
Negro, A. Luigi. "Paternalismo, Populismo e História Social". *Cadernos AEL*, vol. 11, n. 20/21, 2004.
Nequete, Édson. *Herança e Luta de Abílio de Nequete*. Porto Alegre, Martins Livreiro e Editor, 2008.
Nequete, Abílio. *Tecnocracia ou 5º Estado*. Porto Alegre/Barcellos, Livraria do Globo/ Bertaso & Cia., 1926.
Nunes, Antonio Carlos Felix. *PC Linha Leste*. São Paulo, Livramento, 1980.
Oliveira, Francisco. *Crítica à Razão Dualista / O Ornitorrinco*, São Paulo, Companhia das Letras, 2003.
Oliveira, Lucia Lippi (coord.). *Elite Intelectual e Debate Político nos Anos 30*. Rio de Janeiro, FGV, 1980.
Onody, Oliver. *Inflação Brasileira (1820–1958)*. Rio de Janeiro, 1960.
Pablo D'Andrea, Tiarajú. *A Formação dos Sujeitos Periféricos: Cultura e Política na Periferia de São Paulo*. FFLCH-USP, 2013.
Pacheco, Eliezer. *O Partido Comunista Brasileiro (1922-1964)*. São Paulo, Alfa Ômega, 1984.
Paixão, Fernando (org.). *Momentos do Livro no Brasil*. São Paulo, Ática, 1996.
Palamartchuk, A. P. *Os Novos Bárbaros: Escritores e Comunismo no Brasil (1928-1948)*. Instituto de Filosofia e Ciências Humanas, Universidade Estadual de Campinas, 2003.
Pandolfi, Dulce. *Camaradas e Companheiros. História e Memória do PCB*. Rio de Janeiro, Relume Dumará, 1995.
Partido Communista do Brazil. *Centro* n. 4 de Porto Alegre, 1923. A maioria das fontes citadas aqui pertence à coleção de documentos sobre o Brasil da Internacional Comunista depositada no Arquivo Edgard Leuenroth (Unicamp).
Pécaut, Daniel. *Os Intelectuais e a Política no Brasil: Entre o Povo e a Nação*. São Paulo, Ática, 1990.
Penna, Lincoln A. *A Trajetória de um Comunista*. Rio de Janeiro, Revan, 1997.
_____. *A Militância Jornalística do Proletariado*. Rio de Janeiro, E-Papers, 2007.
Peralva, Osvaldo. *O Retrato*. Porto Alegre, Globo, 1962.
Pereira, A. "Notas à Margem de um Livro de Caio Prado Júnior". Cedem, Unesp, Arch A 2, 6 (1)-13.
Pereira, Astrojildo. "Lutas Operárias que Antecederam a Fundação do Partido Comunista do Brasil". *Problemas*, n. 39, mar.-abr. 1952.

_____. *Crítica Impura*. Rio de Janeiro, Civilização Brasileira, 1964.
Pereira, Luiz. *Ensaios de Sociologia do Desenvolvimento*. São Paulo, Pioneira, 1975.
Pericás, Luiz B. *José Carlos Mariátegui e o Brasil*. São Paulo, 2012. Mimeo.
Perlungher, Néstor. *O Négocio de Miché*. 2 ed., São Paulo, Braziliense, 1987.
Pericás, Luiz B. *Che Guevara e o Debate Econômico em Cuba*. São Paulo, Xamã, 2004 (com reedições na Argentina, Cuba e Estados Unidos).
Pessoa de Melo, Urbano Sabino. *Apreciação da Revolta Praieira em Pernambuco*. Brasília, Senado Federal, 1978 (1. ed. 1850).
Pinheiro, Milton. *O PCB e a Ruptura da Tradição: Dos Impasses das Formulações do Exílio ao Exílio da Política no Brasil (1971-1991)*. Doutorado em andamento em Ciências Sociais, puc-sp.
Pomar, Valter. *Comunistas do Brasil: Interpretações sobre a Cisão de 1962*. São Paulo, usp, 2000. Dissertação de Mestrado.
Pomar, Wladimir. "A Quem Interessa a Baderna nos Protestos de Rua". *Viomundo*, 23 de agosto de 2013.
Porfírio, Waldir. *Bandeiras Vermelhas. A Presença dos Comunistas na Paraíba (1900--1960)*. João Pessoa, Editora Textoarte, 2003.
Prestes, Anita. *Luiz Carlos Prestes (1958-1990)*. São Paulo, Expressão Popular, 2012.
Prestes, Luís Carlos. "Ao Proletariado Sofredor das Nossas Cidades". *Manifesto de Maio de 1930*. Arquivo da Internacional Comunista/Cedem.
Quadros, Carlos F. *Jacob Gorender*. usp, 2015, mimeo.
Quartim de Moraes, J. "VPR: Os Leninistas e Outros". In: Mazzeo, A. C. & Lagoa, M. I. (orgs.). *Corações Vermelhos*. São Paulo, Cortez, 2003.
_____. *A Esquerda Militar no Brasil*. São Paulo, Expressão Popular, 2005.
_____. *A Esquerda Militar no Brasil: Da Coluna à Comuna*. São Paulo, Siciliano, 1994.
Queiroz, Francisco de Assis. *A Revolução Microeletrônica: Pioneirismos Brasileiros e Utopias Tecnotrônicas*. São Paulo, Annablume, 2007.
Ramires, F. *O Sal da Terra. A Luta de Sonhos e Decepções de um Vereador Botucatuense*. Botucatu, 2005.
Rebelo, Apolinário. *Jornal* A Classe Operária. São Paulo, Anita Garibaldi, 2003.
Reimão, Sandra. *Repressão e Resistência: Censura a Livros na Ditadura Militar*. São Paulo, Edusp, 2012.
Reis, Daniel Aarão & Ferreira, Jorge. *As Esquerdas no Brasil*. Rio de Janeiro, Civilização Brasileira, 2007, vol. iii.
Reisewitz, Marianne. "Dom Fernando José de Portugal e Castro: Prática Ilustrada Metropolitana." In: Deaecto, Marisa Midori & Secco, Lincoln. *Seditious Books and Ideas of Revolution in Brazil (1830-1871)*. São Paulo, mimeo, 2011.

REZENDE, Antonio P. M. "Aspectos do Movimento Operário em Pernambuco: 1914-
-1920". *Memória e História*, n. 2, São Paulo, Livraria Editora Ciências Humanas, 1982.
RIBEIRO, Dario S. *O Socialismo*. São Paulo, Typographia Industrial, 1897. Exemplar na Faculdade de Direito da USP.
RIBEIRO, Francisco Moreira. *O PCB no Ceará: Ascensão e Declínio, 1922-1947*. Fortaleza-
-CE, UFC/Stylus Comunicações, 1989.
RIDENTI, Marcelo. "O Sucesso no Brasil da Leitura do *Manifesto Comunista* Feita por Marshall Berman". In: MARX, K. e ENGELS, F. *Manifesto Comunista*. Trad. Victor Hugo Klagsbrunn. São Paulo, Perseu Abramo, 1998, p.206.
RISÉRIO, Antonio. *Adorável Comunista*. Rio de Janeiro, Versal, 2002.
RIZZINI, Carlos. *Jornalismo Antes da Tipografia*. São Paulo, Editora Nacional, 1968.
RODRIGUES, Edgard. *Novos Rumos. Pesquisa Social 1922-1946*. Rio de Janeiro, Mundo Livre, s. d.
RODRIGUES, Leôncio Martins. "O PCB: Os Dirigentes e a Organização". In: FAUSTO, Bóris (org.). *História Geral da Civilização Brasileira. O Brasil Republicano*. Rio de Janeiro, Civilização Brasileira, 1996.
RODRIGUES, Lidiane. *A Produção Social do Marxismo Universitário: Florestan Fernandes e um Seminário de Marx*. São Paulo, USP, 2011. Mimeo.
ROMERO, Sílvio. *O Evolucionismo e o Positivismo no Brasil*. Rio de Janeiro/São Paulo, Livraria Clássica de Alves & Cia., 1895.
ROSSI, Dom Agnello. *A Filosofia do Comunismo*. Petrópolis, Vozes, 1958.
RUBEL, Maximilen. *Bibliographie des Oeuvres de Karl Marx avec en Appendice un Répertoire des Oeuvres de Friedrich Engels*. Paris, Librairie Marcel Rivière, 1956.
RUBIO, José Luis. *Las Internacionales Obreras en América*. s. l. p. Ed. do autor, 1971.
RUGAI, Ricardo R. *Um Partido Anarquista: O Anarquismo Uruguaio e a Trajetória da FAU*. São Paulo, Ascaso, 2012.
SADER, Emir (org.). *Karl Marx*. São Paulo, USP-FFLCH, 1995.
SALLES, Iza. *Um Cadáver ao Sol: A História do Operário Brasileiro que Desafiou Moscou e o PCB*. Rio de Janeiro, Ediouro, 2005.
SANTA ROSA, Virgínio. *O Sentido do Tenentismo*. Rio de Janeiro, Schmidt, 1993.
SANTOS, Andréia P. *A Esquerda das Forças Armadas Brasileiras*. São Paulo, USP, 1998. Dissertação de Mestrado.
SANTOS, Davino Francisco. *A Coluna Miguel Costa e Não Coluna Prestes*. São Paulo, Edicon, 1994.
_____. *Marcha Vermelha*. São Paulo, Saraiva, 1948.
SANTOS, R. *A Primeira Renovação Pecebista*. Belo Horizonte, Oficina de Livros, 1988.
SAVIANI, Dermeval. *Pedagogia Histórico-Crítica*. São Paulo, Cortez, 1991.

SCHMIDT, Affonso. *A Locomotiva*. São Paulo, Zumbi, 1959.
SCHMIDT, Benito Bisso. *Em Busca da Terra da Promissão*. Porto Alegre, Palmarinca, 2004.
_____. "O Deus do Progresso: A Difusão do Cientificismo no Movimento Operário Gaúcho da 1 República". *Rev. Bras. Hist.*, vol. 21, n. 41, São Paulo, 2001.
SCHWARZ, Roberto. "Cultura e Política: 1964-1969". *O Pai de Família e Outros Estudos*. Rio de Janeiro, Paz e Terra, 1978.
SECCO, Lincoln & DEAECTO, M. "A São Paulo de Líbero Badaró". *Notícia Bibliográfica e Histórica,* vol. 189, 2003, pp. 151-178. São Paulo, Puccamp.
_____. *História do PT*. 4. ed. São Paulo, Ateliê Editorial, 2012.
SEGATTO, José. *Breve História do PCB*. Belo Horizonte, Oficina de Livros, 1989.
SEGATTO, J. A. "A Revolução Russa e a Fundação da Seção Brasileira da IC". *In*: COGGIOLA, Osvaldo (org.). *A Revolução de Outubro sob o Olhar da História*. São Paulo, Scritta, 1997.
SERRÃO, Joel. *Do Sebastianismo ao Socialismo*. Lisboa, Ed. Horizonte, 1983.
SILVA, A. C. Pacheco. *Armando de Salles Oliveira*. São Paulo, Edusp, 1980.
SILVA, Antonio Ozaí da. *História das Tendências no Brasil (Origens, Cisões e Propostas)*. 2. ed., São Paulo, Proposta Editorial, 1987, p. 46.
SILVA, Dionísio. *Nos Bastidores da Censura*. São Paulo, Estação Liberdade, 1984.
SILVA, Fabrício. *História e Guerrilha: Entre a Tradição Rural e a Prática Urbana*. Franca, Unesp, 2013. Dissertação de Mestrado.
SILVA, Luiz H. C. *O Revolucionário da Convicção. Vida e Ação de Joaquim da Câmara Ferreira*. Rio de Janeiro, Ed. da UFRJ, 2010.
SILVA, Marcos. *Rimbaud etc.: História e Poesia*. São Paulo, Hucitec, 2011.
_____ (org.). *Dicionário Crítico Nelson Werneck Sodré*. Rio de Janeiro, UFRJ, 2008.
SINGER, André. *Os Sentidos do Lulismo*. São Paulo, Companhia das Letras, 2012.
SIQUEIRA, U. "Clubes Recreativos". *In*: CHALHOUB, S. et. al. *Trabalhadores na Cidade*. Campinas, Unicamp, 2009.
SIRKIS, Alfredo. *Os Carbonários*. São Paulo, Global, 1980.
SODRÉ, Nelson Werneck. *História Militar do Brasil*. 3. ed. Rio de Janeiro, Civilização Brasileira, 1979.
_____. *Memórias de um Escritor*. S. l. p., Ottoni, 2011.
SOIHET, Rachel. "Do Comunismo ao Feminismo: A Trajetória de Zuleika Alambert". *Fazendo Gênero, 9. Diásporas, Diversidades, Deslocamentos*. Florianópolis, 23 a 26 de agosto de 2010.
SOTANA, Edvaldo. *Relatos de Viagens à URSS em Tempos de Guerra Fria: Uma Prática de Militantes Comunistas Brasileiros*. Curitiba, Aos Quatro Ventos, 2006.
SPINDEL, Arnaldo. *O Partido Comunista na Gênese do Populismo*. São Paulo, Símbolo, 1980.

SULLES, Marcelo Yamashita. *Editando o Editor: Plinio Coelho*. São Paulo, Com-Arte/Edusp, 2013.

TABER, Robert. *Teoria e Prática da Guerrilha. A Guerra da Pulga*. Lisboa, Iniciativas Editoriais, 1976.

TAVARES, José Nilo. *Marx, o Socialismo e o Brasil*. Rio de Janeiro, Civilização Brasileira, 1983.

TAVARES, Rodrigo Rodrigues. *A Moscouzinha Brasileira. Cenários e Personagens do Cotidiano Operário de Santos (1930-1954)*. São Paulo, Humanitas, 2007.

THONAR, Jorge. *O Que Querem os Anarquistas*. 2. ed. Rio de Janeiro, Jerminal, 1918.

TIBLE, Jean. *Marx Selvagem*. São Paulo, Anablume, 2014.

TOLEDO, Edilene. *Anarquismo e Sindicalismo Revolucionário. Trabalhadores e Militantes em São Paulo na Primeira República*. São Paulo, Perseu Abramo, 2004.

TRAVASSOS, Nelson Palma. *Livro sobre Livros*. São Paulo, Hucitec, 1978.

TRÓTSKI, L. "Aos Calumniadores da Rússia dos Soviets". *Movimento Communista*, n. 9 e 10, São Paulo, agosto-setembro de 1922.

ULIANOVA, O. & RIQUELME SEGOVIA, A. *Chile en los Archivos Soviéticos. 1922-1991*. Santiago, Edicciones de la Dirección de Archivos y Museos, 2005, t. I.

VARGAS, Getúlio. *A Nova Política do Brasil*. Rio de Janeiro, José Olympio, 1938, vol. II.

VARGAS, Maria Thereza (coord.). *Teatro Operário na Cidade de São Paulo*. São Paulo, IDART, 1980.

VÉRECQUE, Ch. *Dictionnaire du Socialisme*. Paris, M. Giard et E. Brière, 1911.

VERISSIMO, Erico. *Breve Crônica duma Editora de Província*. Santa Maria (RS), UFSM, s. d.

VIEITEZ, C. G. *Reforma Nacional-democrática e Contra Reforma: a Política do PCB no Coração do ABC Paulista/1956-1964*. Santo André, Fundo de Cultura do Município de Santo André, 1999.

VINHAS, M. *O Partidão: A Luta por um Partido de Massas (1922-1974)*. São Paulo, Hucitec, 1982.

VINICIUS, Leo. *Guerra das Tarifas*. São Paulo, Faísca, 2006.

VISHINSKY, Andrei (ed.). *The Law of the Soviet State*. New York, Macmillan Company, 1951.

VVAA. *A Comuna de Paris*. Rio de Janeiro, Laemmert, 1968.

WAACK, William. *Camaradas*. São Paulo, Companhia das Letras, 1993.

WALICKI, Andrzej. "O Marxismo Polonês Entre os Séculos XIX e XX". In: HOBSBAWM, E. (org.). *História do Marxismo*. Rio de Janeiro, Paz e Terra, 1984, vol. III.

WELCH, Cliff & GERALDO, Sebastião. *Lutas Camponesas no Interior Paulista: Memórias de Irineu Luís de Moraes*. São Paulo, Paz e Terra, 1992.

ZAIDAN FILHO, M. *PCB (1922-1929)*. São Paulo, Global, 1985.

ZIMBARG, Luiz A. *O Cidadão Armado (Comunismo e Tenentismo: 1927-1945)*, Unesp, *campus* de Franca, 2001. Dissertação de Mestrado.

ZINOVIEV, M. & KOVA, A. Piessha. *Como Fue Erradicado el Analfetismo en la URSS*. Moscou, Ed. en Lenguas Extrangeras, [s.d.p.].

Índice Remissivo[1]

5 de Julho, O 55, 81
ABC paulista 136, 144, 146
Abramo, Cláudio 67
Abramo, Fúlvio 67, 70, 93
Abreu e Lima, (general) José Inácio de 31
ACADEMIA MILITAR (BRASIL) 74
ACADEMIA MILITAR M. V. FRUNZE 67
Ação Democrática 121
AÇÃO LIBERTADORA NACIONAL (ALN) 114 (n.), 132, 133, 136
AÇÃO POPULAR (AP) 133, 135
Acorda Negro 139
Adés, Alberto 91
Adoratski 72
Ádreon, Lóris 142
AGÊNCIA AMERICANA 68
AGÊNCIA INTERCÂMBIO CULTURAL (SÃO PAULO) 123
AGÊNCIA TASS 25
Akcelrud, Isaac 59
Alambert, Zuleika 111, 142
ALBA 43, 82
Alba Rossa 53
Alegrete (RS) 115
Alemanha 39, 47, 97, 128
Alemanha oriental 115
ALIANÇA FRANCESA 114
ALIANÇA NACIONAL LIBERTADORA (ANL) 44, 48, 74, 76, 80, 81, 96, 99, 110, 150
Alighieri, Dante 67
Almanack Laemmert 38
Almeida, Antônio Mendes de 83
Almeida, José Américo de 97
Almeida, Pires de 38
Althusser, Louis 129, 131
Alves Filho, Ivan 129

1. Deste índice remissivo constam nomes (redondo), locais (cidades, estados da federação, países e continentes – redondo), títulos de periódicos (itálico), nomes de partidos, organizações e associações (VERSALETE) e nomes de editoras, livrarias e coleções (VERSAL-VERSALETE). Referências que se encontram em notas de rodapé são identificadas pelo sinal (n.).

Alves, Mário 114, 133
Amado, Gerolino 83
Amado, Jorge 79, 84, 86-87, 108, 110-111, 114, 120, 122-123
Amano, Takao 17, 133, 159
Amaral, Antônio José Azevedo do 50
Amazonas, João 74, 117, 128, 134
América do Norte 148
América Latina 29-30, 67, 93, 105, 194
Américas (Norte, Central e do Sul) 105
Andrade, Carlos Drummond de 104, 123
Antunha, Eladio 46
Araguaia 14
Arantes, Paulo 198
Araújo, Murilo 40
Argentina 33, 40, 53, 58, 87, 108, 121, 123, 138, 148
Arma da Crítica 156
Arruda Câmara, Diógenes Alves de 20, 105
Asas Vermelhas 74
ASSOCIAÇÃO BRASILEIRA DE VÍDEO POPULAR 157
ASSOCIAÇÃO BRASILEIRA DOS ESCRITORES 104
ASSOCIAÇÃO GERAL DOS TRABALHADORES DE SÃO PAULO 40
ASSOCIAÇÃO INTERNACIONAL DOS TRABALHADORES 40
Assunção, Mota 46
Athena 82

Babeuf, Gracus 59
Badiou, Alain 158
Bahia 30, 42, 64, 78, 85, 97, 100 (n.), 104 (n.), 138-139
Bakunin, Mikhail 149
BANDEIRA DOS DEZOITO 44
Bandeira, Manuel 46, 122

Barata, Agildo 75, 78, 97, 126, 128, 197
Barata, Cipriano 30
Barbosa, Joaquim 45, 64, 70, 93
Barbosa, Wilson do Nascimento 114, 115, 159, 163
Barbusse, Henri 53
Barcelona 59, 83
Barreto de Meneses, Tobias 33
Barrocco, (irmãos) 138
Barros, Ademar Pereira de 106
Barros, Caio Monteiro de 41
Barros, Jayme de 84
Barros, João Alberto Lins de 43
Barroso, (senhor) 137
Basbaum (irmãos) 65
Basbaum, Leôncio 20, 63, 66-68, 72, 91-93, 95, 105, 109, 116, 124, 126, 129, 144
Batini, Tito 76, 80, 86, 104
Bebel, Ferdinand August 54
Beer, Max 79, 119
Belém do Pará 137
Bellentani, Lucio 136
Belo Horizonte 145
Benjamin, Cesar 158
Berbel, Marcia 198
Berger, Harry 89
Berman, Marshall 155
Bernardi, Mansueto 67
Bernstein, Eduard 37, 40, 58, 128, 154
Bertaso, Henrique 67
Bertelli, Antonio Roberto 132
Besouchet, Lidia 43, 110
Bezerra, Gregório 64, 97, 144, 151
BIBLIOTHECA DRAMÁTICA POPULAR (LIVRARIA TEIXEIRA) 49
BIBLIOTHECA SOCIALISTA (LAEMMERT & C.) 37

Bicalho, Luiz de Carvalho 145
Bittencourt, Rosa 110
Blair, Tony 154
BLOCO OPERÁRIO 92
BLOCO OPERÁRIO E CAMPONÊS (BOC) 64, 93, 110
Blumenau (SC) 115
Boff, Leonardo 155
BOITEMPO EDITORIAL 156, 158-159, 198
Bolívia 148
Boltzky, W. 117
Bonfim, Antônio Macial (Miranda) 94-95
Bordiga, Amadeo 85
Borges, Erecina (Cina) 92, 111
Boscolo, José Carlos 72
Bosi, Alfredo 24
Bosi, Ecléa 141
Botelho, Ebradil de Luiz 138
Botucatu (SP) 37, 76
Braga, Rubem 84
Branco, Catulo 72
Branco, Elisa 110
Brandão, Octávio 54-56, 60 (n.), 66, 68--70, 90, 93-94, 105, 144
Brás, Domingos 94, 98
Brasil 18, 21-23, 25, 27-34, 37-40, 42-43, 45-49, 51, 53, 55-56 (n.), 59, 64, 66, 76, 80, 83, 87-90, 92-93, 97, 105--107, 109, 114-115, 119-122, 125, 127--130, 132, 134, 136, 140, 144-145, 147--148, 151 (n.), 155-156 (n.), 163, 164 (n.), 165-166, 191-193, 197
Brasil Socialista 156
Brasília 149
BRASILIENSE (EDITORA E LIVRARIA) 20, 46, 116, 123, 137-138, 144, 146, 155-156
Brasiliense 121, 122

Braudel, Fernand 25
Brickman, Rosa 78, 110, 118-119
Brito, Saturnino 49
Brittes, Antônio 77
Browder, Earl 103
Bucareste 114, 126
Buck, Pearl 67
Buenos Aires 40, 68, 123, 157
Bukharin, Nikolai 51, 58, 63, 66, 68, 71, 78, 85, 87, 90
Bulgária 104
BUREAU D'ÉDITIONS 77
BUREAU LATINO-AMERICANO DA III INTERNACIONAL 68
BUREAU SOCIALISTA INTERNACIONAL 37

Cabanas, João 43
Cabral, Lourival da Mota 103
CADERNOS DO POVO BRASILEIRO (EDITORA CIVILIZAÇÃO BRASILEIRA) 129
Café Filho, João Fernandes Campos 124
Cafiero, Carlo 79, 144, 145
Caixe, Vanderley 135
CALIL (SEBO) 37
CALVINO FILHO EDITOR (EDITORIAL CALVINO) 74 (n.), 78, 82, 83, 116, 118 (n.)
Camargo, João Batista 114
Cammet, John 145
Campos 64
Campos, Antônio 46
Campos, Joaquim Pinto de 38
Canale, Dario 140
Candido, Antonio 125
Caneca, Frei (Joaquim da Silva Rabelo) 30
Canellas, Antônio Bernardo 24, 54, 55, 63 (n.), 66, 73, 80
Canterbury, Deão de 87

Cantù, Cesare 43
Caramuru 82
Cardim, M. 81 (n.)
Carneiro, Edson 117
Carone, Edgard 20, 25, 37, 46, 51, 66, 77, 82, 83 (n.), 99 (n.), 119, 138, 149, 192, 197
Carone, Maxim Tolstoi 98, 110
Carpeaux, Otto Maria 105
Carvalho, Apolônio de 113, 133
Carvalho, Florentino de 46, 47
Carvalho, Herbert (Daniel) Eustáquio de 142
Carvalho, Reginaldo 70
Cascardo, Hercolino 74
Casini, José 90, 94
Castell, Raul 137
Castro Rebello, Edgardo 42-43, 73
Castro, Cloves 114
Castro, Fidel 131
Castro, José Magalhães de 34
Castro, Paulo de 116, 146-147
Cavalcanti, José (Gaguinho) 95
Cavalcanti, Paulo 59, 72, 87
Cavalheiro, Edgard 104
Ceará 107
Cegal, Luiz 72
Cendón, Manoel 64
CENTRAL ÚNICA DOS TRABALHADORES (CUT) 138-139, 151, 154
CENTRO CÍVICO FEMININO 119
CENTRO COMUNISTA (PASSO FUNDO – RS) 52
CENTRO DE CULTURA SOCIAL 115, 149
CENTRO DE ESTUDOS DO PETRÓLEO 119
CENTRO DE PESQUISA VERGUEIRO 157
CENTRO EDITOR "JOVEM DO FUTURO" 54

CENTRO POSITIVISTA DE PORTO ALEGRE 24
CENTRO SOCIALISTA INTERNACIONAL 40
CENTRO SOCIALISTA PAULISTANO (1908) 39
Chama, A 57
Chanacomchana 143
Chasin, J. 156
Chauí, Marilena 146
Chaves Neto, Elias 74
Chaves, Rogério 157
CHED EDITORIAL 145
Chilcote, Ronald 99, 129
Chile 123, 131, 148
China 122, 127, 151
Chiquinho 137
Churchill, Winston 87
CIA 13
CICLO COMUNISTA (COLÉGIO PAULISTANO) 79
CÍRCULO DE ESTUDOS MARXISTAS 53
CÍRCULO DO LIVRO 146
CIVILIZAÇÃO BRASILEIRA (EDITORA E LIVRARIA) 139, 140 (n.), 148
Classe Operária, A 60, 63, 65, 71, 76, 79, 81, 90, 100
CLUBE 13 DE MAIO DOS HOMENS PRETOS 37
CLUBE DOS ARTISTAS MODERNOS (CAM) 86
CLUBE DOS URSOS 138
CLUBE MILITAR 43
Coelho, Plínio 148-149
COLEÇÃO BADERNA (EDITORA CONRAD) 158
COLEÇÃO BRASILIANA (COMPANHIA EDITORA NACIONAL) 108
COLEÇÃO GRANDES CIENTISTAS SOCIAIS 146

Coleção Literatura Moderna (Edições Cultura Brasileira) 81, 83
Coleção Memória Militante (ComArte) 159
Coleção Nobel (Livraria do Globo) 67
Coleção Os Economistas (Editora Abril) 138
Coleção Primeiros Passos (Brasiliense) 146
Coleção Romances do Povo (Editorial Vitória) 118, 120
colégio estadual roosevelt (são paulo) 152
colégio pedro ii 93
Colleção Humanitas (Editorial Pax) 83
colônia cecília 40
coluna prestes 43
coluna prestes-miguel costa 95
comando dos trabalhadores intelectuais 122
ComArte 159 (n.)
Combate, O 140
comissão nacional da verdade 159
comissão nacional de organização provisória (cnop) 104
comitê dos marítimos 113
comitê pró-reagrupamento da vanguarda 97
comitês de ação 104
Communista, O 57
Companhia das Letras 155
Companhia Editora Nacional 108-109
Comte, Isidore Auguste Marie François Xavier 24, 32, 41-42

comunidades eclesiais de base (cebs) 154-155
confederação operária brasileira 47
congresso brasileiro de escritores 104
Contraponto 158
convergência socialista 142, 158
Cordeiro, Cristiano 54, 73, 93-94
Coreia 107, 110
Coreia do Norte 122
Correspondance Internationale 89
Correspondência Sudamericana 57, 68
Cortez 149
Cortez, José Xavier 149
Cortez, Raul 143
Costa, Canrobert Pereira da 124
Costa, Miguel (general) 44, 95
Costa, Osvaldo 91, 98
Cousin, Victor 32, 41
Coutinho, Antônio Guedes 37
Coutinho, Carlos Nelson 145
Coutinho, Galeão 82
Coutinho, Rodolfo 53, 93
Crítica Marxista 156
Cruz, Manoel 145
Cruzeiro (sp) 53
Cuba 122-123, 130
Cubatão (sp) 56
Cunha, Euclides Rodrigues Pimenta da 35
Cunhal, Álvaro 192
Cupertino, Fausto 116
Curitiba 39

Damásio, Márcio 139
Danton, Georges-Jacques 74
Darwin, Charles 37, 74
Deaecto, Marisa Midori 159
Debate e Crítica 156

Debord, Guy 158, 164
Debray, Régis 131
DELEGACIA DE ORDEM SOCIAL E POLÍTICA (DOPS) 87, 119
Demétrio, Blásio (pseud. Fúlvio Abramo) 67
Democrata, O (Ceará) 116
Democrata, O 107
DEPARTAMENTO DE COMUNICAÇÃO INTERNACIONAL (OMS – INTERNACIONAL COMUNISTA) 57, 58
DEPARTAMENTO DE ESTADO DOS ESTADOS UNIDOS DA AMÉRICA 129
Deutscher, Isaac 148
Deutscher, Paul 38
Deville, Gabriel 144
DIAP (SANTIAGO, CHILE) 123
Diário da Noite 83
Diário Novo 32
Dias, Carlos 46
Dias, Everardo 36, 46, 52, 54, 90, 94
Dias, Giocondo 87, 143
Difesa, La 45
DIOCESE DE GOIÂNIA 137
Distrito Federal (Rio de Janeiro) 40, 42, 65, 80, 89, 93, 96, 98
Dorfman, Ariel 132
Duarte, José 72
Dunois, Amadée 85
Durant, Will 109
Dutra, Eurico Gaspar 84

EBOCH (EDITORA E LIVRARIA) 139
Echo Operario 37
EDICIONES EUROPA-AMÉRICA 83
EDIÇÕES CULTURA BRASILEIRA 81-82
EDIÇÕES ISKRA 159
EDIOURO 138

ÉDITIONS DU SECOURS ROUGE INTERNATIONAL 67
ÉDITIONS SOCIALES INTERNATIONALES 77
EDITORA ABRIL 138
EDITORA ALFA ÔMEGA 120, 145
EDITORA ANITA GARIBALDI 145, 157
EDITORA ÁTICA 146
EDITORA COSTES 77
EDITORA ELIPSE 119
EDITORA EXPRESSÃO POPULAR 121, 157, 159
EDITORA FELMAN REGO 116
EDITORA FLAMA 119
EDITORA FULGOR 116
EDITORA IMAGINÁRIO 149
EDITORA LIVRAMENTO 144-145
EDITORA MARCO ZERO 142
EDITORA MERCADO ABERTO 138
EDITORA NÓRDICA 138
EDITORA NOVOS RUMOS 152
EDITORA OBELISCO 116
EDITORA PAX 81-83, 91
EDITORA PAZ E TERRA 131, 140 (n.), 147
EDITORA PERSEU ABRAMO 157
EDITORA PROBLEMAS CONTEMPORÂNEOS 116
EDITORA PROGRESSO 58
EDITORA REVISTA DOS TRIBUNAIS 82
EDITORA TEMPOS NOVOS 149
EDITORA UNESP 147
EDITORA VITÓRIA 25, 100, 112, 116-118, 120-121, 123
EDITORA XAMÃ 156, 158
EDITORIAL CLARIDAD 87
EDITORIAL HORIZONTE 111, 117, 123
EDITORIAL PÁGINAS (HAVANA, CUBA) 123
EDITORIAL TRABALHO 82
EDITORIAL UNIVERSO 43
Edmundo, Cláudio 74 (n.)

Elias, José 68
Emancipação, A (PR – 1902) 39
Encontros com a Civilização Brasileira 156
Eneida 66
Engels, Friedrich 17, 32-34, 55, 59, 75, 77-78, 82, 101, 114, 117, 131
Ensaio 156
Era Nova 57
Erundina, Luíza 154
ESCOLA DE COMÉRCIO DE SANTOS 119
ESCOLA DE COMUNICAÇÕES E ARTES (ECA--USP) 159
ESCOLA LENINISTA INTERNACIONAL (MLS) 67, 69
ESCOLA MILITAR DE AVIAÇÃO (BRASIL) 97
ESCOLA NACIONAL FLORESTAN FERNANDES 154
ESCOLA POLITÉCNICA DE SÃO PAULO 77
ESCUELA CONTINENTAL DEL BURÓ SUDAMERICANO DE LA COMINTERN 67
Espanha 58
ESQUERDA MARXISTA (PT) 156-157
Esquerda Petista 156 (n.)
Estado de S. Paulo, O 54, 81
Estados Unidos da América 85, 92, 94, 103, 107-108, 121, 125, 127, 129, 132, 134, 142
Estudos Sociais 122
Europa 18, 21, 29-30, 38, 42, 165
Europa Ocidental 104
Europa Oriental 119
EXÉRCITO 13

Facó, Ruy 117
FACULDADE DE DIREITO DO DISTRITO FEDERAL (RIO DE JANEIRO) 42
FACULDADE DE DIREITO DO LARGO DE SÃO FRANCISCO (USP) 34, 86, 89, 98, 159
FACULDADE DE DIREITO DO RECIFE 73
Falcão, Frederico José 198
Falcão, João 78
Fanfula 31
Fanon, Frantz 131
Faraco, Sergio 115
Farias, Esdras 84
Faure, Sébastien 54, 149
Fausto, Bóris 81
Favre, Jules 33
FEDERAÇÃO ANARQUISTA GAÚCHA 159
FEDERAÇÃO BRASILEIRA DA JUVENTUDE COMUNISTA 65
FEDERAÇÃO DAS CLASSES TRABALHADORAS DE PERNAMBUCO 53
FELIX ALCAN 77
Felmann, Ivonne 116
Feltrinelli, Giangiacomo 164 (n.)
Fernandes, Florestan 146, 149, 152, 156
Fernando, (dom) 137
Ferreira Lima, Heitor 20, 59, 63, 69, 72, 94-95, 104, 138, 144
Ferreira, Joaquim Câmara 77-78, 118
Ferreira, John Kennedy 143
Ferreira, Orlando 75
Ferri, Enrico 37
Figueiredo, Antônio Pedro 32
Figueiredo, João Baptista de Oliveira 20
Fiori, Ernani Maria 131
Fleiuss, Max 43
Florianópolis 157
Folha de S. Paulo 155
FONDO DE CULTURA ECONÓMICA (LIVRARIA E EDITORA) 137
Fonseca, (Senhor) 80
Fonseca, Hermes da 42
Fontana, José 33,
Fontes, Silvério 31, 41

FORÇAS ARMADAS DE LIBERTAÇÃO NACIONAL (RIBEIRÃO PRETO – SP) 135
Fortaleza 116
Foscolo, Avelino 49
Fourier, François Marie Charles 33, 41
França 33, 35, 54, 87, 90, 115, 134, 147--148, 192
França e Silva 41
Francisco, Sebastião 98
Franco, Cid 82
Frederico, Celso 197
Frei Betto, Carlos Alberto Libânio Christo 155
Freire, Americano 65
Freire, Paulo 154
Freitag (pseud. Osip Piatnitski) 58
FREITAS BASTOS 138
FRENTE DAS MULHERES PAULISTAS 110
FRENTE NACIONAL DEMOCRÁTICA 86
FRENTE NEGRA BRASILEIRA 85
Frente Operária 136
FRENTE ÚNICA ANTIFASCISTA 96
Freyer, Hans 131
Friedmann, Georges 74
Frieiro, Eduardo 84
Frola, Francesco 45
Fromm, Erich 131
Fubini, Elsa 145
Fuigueiredo, Maria de 100
Fundamentos 121, 142
Funk, K. 119

Gabeira, Fernando 136, 142
Galeano, Eduardo 146
Galvão, Patrícia (Pagu) 90, 110, 119
Garaudy, Roger 115
Garcia, Evaldo 35
Garibaldi, Sadi 90

Gasparian, Fernando 140
Gautherot, Gustave 75
Gazeta, A 83
Geisel, Ernesto Beckmann 20, 132, 136
Germinal (Salvador – BA) 54
Gerson, Brasil 75, 117
Gertel, Noé 98, 138
Getúlio, (livreiro) 139
GLOBAL EDITORA 119, 142
Globo, O (séc. XIX) 32
GMARX 17
Gnecco, Paulo 79, 134
Goebbels, Paul Joseph 89
Goiânia 115, 137
Gold, Michael 82, 83, 84
Goldfarb, José Luiz 138
Goldmann, Lucien 131
Gomes, Eduardo 106
Gomes, Paulo Emilio de Salles 136
Gomilewsky, Léo 84, 91
Gorender, Jacob 20, 74, 113, 115, 133, 142, 155, 156
Górki, Máximo 53, 64, 82
Goulart, Maurício 80
Grabois, Maurício 112, 128, 133
GRÁFICA E EDITORA MONTEIRO LOBATO 80
Gramsci, Antonio 17, 26, 45, 55, 90, 103, 129, 144, 145, 147, 159
GRAÚNA (SEBO) 138
Grazzini, Mário 64, 71, 73, 95
Grinko, G. 100
GRUPO CLARTÉ 42, 53
GRUPO COMUNISTA 53
GRUPO COMUNISTA BRASILEIRO ZUMBI 53
GRUPO DE AÇÃO LÉSBICO-FEMINISTA (GALF) 143
GRUPO SOMOS 142

GRUPO SPARTACUS 23
GRUPO TÁTICO ARMADO DA ALN 133
GRUPO ZUMBI 23
Guararema (SP) 154
Guaratinguetá (SP) 192
Guedes, Armênio 111
Guedes, Rosalvo 54
Guérin, Daniel 149
Guesde, Jules (Bazile) 54
Guevara de la Serna, Ernesto (Che) 130-131
Guimarães, Honório Freitas 91, 95, 98, 100
Guimarães, J. C. Amaral 123
Guisoni. Divo 158
Guralsky, Inês 90, 94
Gurgel, George 139
Gurov, G. 86
Gutenberg, Johannes Gensfleisch 165
Gwyer de Azevedo, Asdrúbal (tenente) 43

Haeckel, Ernst Heinrich Philipp August 74
Hall, Michael 197
Hamsun, Knut 84
Harrison, Charles Yale 84
Haupt, Hermann Wilhelm 33
Havana 123
Hegel, Georg Wilhelm Friedrich 67, 131
Hermes, Mário (tenente) 42
Hesse, Hermann 84
Hildebrando, Luiz 74
Hitler, Adolf 89
Hobsbawn, Eric John Ernest 17
Hoje 107
Homem Livre, O 94
Hora Social, A 53
Horta, Arnaldo Pedroso d' 83
Huberman, Leo 146

Hugo, Victor-Marie 146
Humanité, L' 77
Humbert-Droz, Jules 52
Hungria 104, 122

Ibrahim, José 135
IGREJA POSITIVISTA 74
IGREJA CATÓLICA 13-14
II (SEGUNDA) INTERNACIONAL 37-38, 40, 128
IMAGINAIRE SUBVERSIF, L' 149
Imprekorr 89
Imprensa Popular 126
Infante Vermelho 75
Inglaterra 95
INSTITUT DES SCIENCES SOCIALES DE BRUXELLES 38
INSTITUTO CAJAMAR 154
INSTITUTO DE CIÊNCIAS SOCIAIS (UNIÃO SOVIÉTICA) 19
INSTITUTO DE FÍSICA DA USP 86 (n.)
INSTITUTO INTERNACIONAL DE CIÊNCIAS SOCIAIS (MOSCOU) 115
INSTITUTO TEOTÔNIO VILELA 154
INTERNACIONAL COMUNISTA (IC) 24, 40, 51, 56-57, 65, 68-69, 85, 87, 89-90, 93-94, 96-98
Isecksohn, Isaac 40
Iser, Wolfgang 25 (n.)
Itajaí (SC) 76
Itália 87, 90, 192
ITAMBÉ 116
Itapeva (SP) 114
Iudin, P. 114
Iugoslávia 104
IV INTERNACIONAL 86, 97

Jaboticabal (SP) 86

Jacotot, Joseph 32
Jaú (SP) 47
Jaurès, Jean 40, 54
Jauss, Hans Robert 25 (n.)
Jinkings, Ivana 159
Jinkings, Raimundo Antônio da Costa 137
João Paulo 11
João Pessoa 76, 155
Jogiches, Leo 147
Josipovici, Alberto 91
Juiz de Fora (MG) 64
Justo, Juan B. 154
JUVENTUDE COMUNISTA 79, 110-111, 119

KAIRÓS 145
Kalinin, Mikhail Ivanovich 109
Karepovs, Dainis 120, 144, 147-148, 198
Karol Józef Wojtyła 155
Kautski, Karl 37, 58, 154
Kengen, Julio 64
Kerensky, Alexander Fyódorovich 59
Klaber, Kurt 91
Kniestedt, Friedrich 47, 53, 149
Koestler, Arthur 67
Koetz, Edgard 89
Kollontai, Alexandra 91
KOMINFORM 25, 104, 114, 126
KOMINTERN 25, 51-52, 55, 57-58, 67, 86, 89, 97 (n.), 103
Konder, Victor Márcio 114, 126
Korsch, Karl 147
Kosik, Karel 131
Kropotkine, Piotr 54, 149, 158
Krutchev, Nikita Sergueievitch 120, 128
Kubitschek, Juscelino 107, 124
Kucinsky, Bernardo 159
Kurz, Robert 155

Kuusinen, Otto Wilhelm 52, 114

L&PM 149
Labica, Georges 88
Lacerda, Carlos 78
Lacerda, Fernado Paiva de 65, 91-95, 103
Lacerda, Josanildo Dias de (Nildão) 139
Lacerda, Maurício de 41, 65-66 (n.), 93
Lacerda, Paulo 68, 77, 90-93
LAEMMERT & C. 37, 38
Lafargue, Paul 33, 144
LAMBERT & CIA. 31
Lampião 142
Lapidus, Iosif Abramovich 70, 75, 87
Lassalle, Ferdinand 34, 154
LAUTARO (BUENOS AIRES, ARGENTINA) 123
Lazier, Hermógenes 78
Leal, Augusto 46
Leão, Josias Carneiro 93
Leão, Mucio 84
Lebendiskaia 145
Lebovici, Gérard 164 (n.)
LEGIÃO CÍVICA 5 DE JULHO 45
LEGIÃO DE OUTUBRO 44
LEGIÃO REVOLUCIONÁRIA DE SÃO PAULO 44
legiões revolucionárias 44
LEIA (SEBO) 101
Leite, Hilcar 93
Lenin, Wladimir Ilitch Ulianov 17, 53--54, 58-59, 63, 70-71, 73, 75-79, 82, 87, 88, 94, 114, 116-117, 119, 120, 122, 127, 130-131, 136, 139, 145-147
Leonhard, Wolfgang 138
Leste europeu 122
Leuenroth, Edgard 54
Lewis, Sinclair 67
LIBERDADE E LUTA (LIBELU) 146

LIBRAIRIE SCHLEICHER 77
Liebknecht, Karl 53, 119
Liebknecht, Wilhelm Philipp Martin Christian Ludwig 54
LIGA COMUNISTA DE LIVRAMENTO 52
LIGA COMUNISTA DE MULHERES 23
LIGA COMUNISTA INTERNACIONALISTA (LCI –TROTSKISTA) 77, 97
LIGA DE AÇÃO REVOLUCIONÁRIA 96, 100
LIGA DOS COMUNISTAS 33
LIGA DOS COMUNISTAS DA IUGOSLÁVIA 104
LIGA DOS JUSTOS 32
LIGA ESTRATÉGICA REVOLUCIONÁRIA 159
Lima, Alceu Amoroso 42
Lima, Antonio Almerico Biondi 139
Lima, Hermes 42, 118
Lima, João Batista de Azevedo 92
Lima, Joaquim Celso 144
Lima, Jorge de 122
Lima, Waldomiro (general) 44-45
Linda 91
Lisboa 33
Lisboa, Antônio 138
Lisboa, Carolina 192 (n.)
LITERARTE 139
Literatura 122
Lituânia 58
LIVRARIA ALAOR (FORTALEZA) 116
LIVRARIA ARGUMENTO 140 (n.)
LIVRARIA BELAS ARTES 138
LIVRARIA BRASIL (SÃO PAULO – SP) 81
LIVRARIA DAS BANDEIRAS (SÃO PAULO) 116
LIVRARIA DO GLOBO (EDITORA DO GLOBO) 56, 67, 81-82, 88, 121, 138
LIVRARIA DO SPAR 137
LIVRARIA DUAS CIDADES 137
LIVRARIA EDITORA CIÊNCIAS HUMANAS 137

LIVRARIA ESPANHOLA (RIO DE JANEIRO – RJ) 59
LIVRARIA FONSECA (MACEIÓ – AL) 54
LIVRARIA FRANCESA 138
LIVRARIA FRANCISCO ALVES 137
LIVRARIA GARRAUX 33
LIVRARIA GRANDES AUTORES (SALVADOR – BA) 139
LIVRARIA HISPANO-AMERICANA (SÃO PAULO – SP) 59
LIVRARIA ITALIANA 138
LIVRARIA LDM 139
Livraria Lealdade (São Paulo – SP) 59
LIVRARIA MARXISTA 156, 157
LIVRARIA PALMARINCA 138
LIVRARIA PORTUGUESA 138
LIVRARIA PRÁXIS 139
LIVRARIA RECORD 76
LIVRARIA SICILIANO 137
LIVRARIA SULINA 138
LIVRARIA TÉCNICO-CIENTÍFICA 145
LIVRARIA TECNOCIENTÍFICA 137
LIVRARIA TEIXEIRA 49
LIVRARIA VOZES 139
Lobato, José Bento Renato Monteiro 14, 81, 118
Löbe, Paul 39
Lobo, Aristides 67, 93
Lobo, Mara (pseud. Patrícia Galvão) 90
Londres 34
Lopes, Irineu 64
Lopes, Isidoro Dias 43
Lopes, Maria 110
Losovski, Solomon Abramovitch (Alexandre) 54, 63
Lott, Henrique Teixeira (marechal) 124
Louis, Paul 71
Loureiro, Isabel 147

Löwy, Michael 198
Lubitz, W. 193
Lukács, Georg 122, 131, 156
Luta de Classes 94
Lutas Sociais 156
Luxemburgo, Rosa 17, 53-54, 118-120, 132, 146-147
Luz, Fábio 47, 49

Macedo Soares, José Carlos de 97 (n.)
Maceió 54
Machado, Caetano 103
Machado, Dionélio 66, 74
Machado, Odilon 94
Maffei, Ermelino 70
Mais Valia 156
Majdalani, Abrahim 76, 87
Malatesta, Errico 149
Malheiros, Colbert 67
Malon, Benoît 34, 39,
Mamede, Jurandyr de Bizarria (coronel) 124
Mann, Thomas 91
Mao Júnior, José Rodrigues 14, 17
MAO-SPONTEX 134
Maran, René 84
Maranhão 44
MARCEL RIVIÈRE 77
Marcuse, Herbert 131
MARENGLEN 82-83
Margem Esquerda 156
Marighella, Carlos 72, 86, 125, 133, 135, 158, 162 (n.)
Marques, Corifeu de Azevedo 77, 90, 95
Martelo, O 74
Martins Filho, Plinio 159
Martins, Cecílio 54
Martins, Ernesto (pseud. de Erich Sachs) 136

Marujo Vermelho, O 74, 100
Marx, Karl Heinrich 17, 27, 29, 32-34, 37-39, 42, 56, 68, 71, 75, 77-78, 82, 84, 101, 114, 117, 119-120, 122, 128, 130-131, 134, 145, 158-159
Masucci, Folco 100
Matera, Pedro 46
Mauá, Irineu Evangelista de Sousa (Visconde de) 43
Maués, Flamarion 118, 157
Mayer, Fritz (pseud. Octávio Brandão) 55
Mazzeo, Antônio Carlos 198
Mazzo, Armando 78
Medeiros e Albuquerque, José Joaquim de Campos da Costa de 83
Meirelles, Silo 74, 103
Mello, Plínio 93
Melo, Zuleide de 136
Memmi, Albert 131
Mendonça, Curvelo de 49
Menegozzo, Carlos 198
Menger, Anton 87
Mergenthaler, Ottmar 31
México 29, 31 (n.), 119, 148
Michail (pseud. Osip Piatnitski) 58
Minas Gerais 39, 73, 113, 145
Miranda Reis, V. de 66
Mogil, A. B. 117
Molotov, Viatcheslav Mikhailovitch Scriábin 100
Monde Communiste, Le 75
Moniz, Heitor 89
MONTEIRO LOBATO & CIA. 82
Montevidéu 31 (n.), 67-68, 156-157
Moraes, Antônio Ermírio de 151
Moraes, Evaristo 41
Moraes, João Quartim de 37

Morais, Ricardo 83 (n.)
Morales, José Lago 64
Morena, Roberto 64
Moscou 51, 56, 58-59, 69-70, 90, 93, 96, 114-115, 137, 139, 148
Mossoró (RN) 95
Moura, Clóvis 116
Moura, Landell de 56
Mouro 17, 156
Movimento Comunista 56-57
MOVIMENTO CONTRA A CARESTIA 142
MOVIMENTO DEMOCRÁTICO BRASILEIRO (MDB) 151
MOVIMENTO DO CUSTO DE VIDA 142
MOVIMENTO DOS TRABALHADORES RURAIS SEM TERRA (MST) 154, 157
Movimento Feminino 109
MOVIMENTO NACIONAL EM DEFESA DO PCB 152
MOVIMENTO NEGRO UNIFICADO (MNU) 139
MOVIMENTO PASSE LIVRE 160
MOVIMENTO REVOLUCIONÁRIO 8 DE OUTUBRO (MR-8) 145
MUNDO LIVRE 158
Muniz, Felippa 81, 89
Muraro, Rose Marie 142

Nação, A 81, 92
Nascimento, Nicanor 41
Natal 54, 97
Negro, Hélio (pseud. Antônio Candeias) 54
Nepomuceno, Isaura 110
Nepomuceno, Joaquim 64
Nequete, Abílio de 53, 56-57, 71, 73 (n.)
Neves, Almir de Oliveira 98

Neves, José 86
Nezinha 91
Niterói (RJ) 56, 71, 99
Nobre França, José Correia 33
Noite, A 107
NOSSO LIVRO 82
Novos Rumos 130, 156
NÚCLEO 13 DE MAIO DE EDUCAÇÃO POPULAR 154
NÚCLEO DE ESTUDOS DE *O CAPITAL* (PT/SP) 156
Nunes, Antônio Carlos Félix 144

O'Flaherty, Liam 84
Ohlweiler, Otto Alcides 74
Oitenta 156
Oliveira, Armando de Salles 97
Oliveira, João Freire de 94
Oliveira, Minervino de 64, 85, 93-94
Oliveira, Nestor Peixoto de 40
Oliveira, Olavo 107
Oliveira, Paulo M. (pseud. Aristides Lobo) 67
Onody, Oliver 80
Onze de Novembro 39
OPOSIÇÃO METALÚRGICA DE SÃO PAULO 114 (n.), 144
ORGANIZAÇÃO DAS NAÇÕES UNIDAS (ONU) 30 (n.)
Ostrovitianov, Konstantin 87
Ostrovski, Nicolau 121
Otoni, Teófilo 30
Outubro 156

Paepe, Cesar de 37, 38
Palmital (SP) 32
PAPELARIA MODELO (NATAL – RN) 54
PAPELARIA RANGEL (ITAJAÍ – SC) 76

Pará 39, 137
Paraguai 84
Paraíba 39, 145
Paraíba do Norte 54
Paraná 39-40, 43, 122
Paris 33, 67, 83, 158
PARTIDO COMUNISTA ARGENTINO 51
PARTIDO COMUNISTA BRASILEIRO (PCB) 13, 17, 19, 23-26, 38, 41-44, 46, 48-49, 52-53, 55-60, 62-66, 68-69, 71-72, 74--77, 79-87, 89-99, 103-107, 109-129, 131, 133-136, 138-144, 147-148, 149 (n.), 150-152, 156, 161, 191-192, 194, 196-198
PARTIDO COMUNISTA BRASILEIRO REVOLUCIONÁRIO (PCBR) 133-134
PARTIDO COMUNISTA CHINÊS 120
PARTIDO COMUNISTA DA UNIÃO SOVIÉTICA (PCUS) 19, 58, 87, 89, 104-105, 113, 120, 125, 127
PARTIDO COMUNISTA DO BRASIL (PC DO B) 126, 128-129, 133, 134, 136, 145, 151, 156-158, 160, 194
PARTIDO COMUNISTA DO MÉXICO 68
PARTIDO COMUNISTA DOS ESTADOS UNIDOS DA AMÉRICA 103
PARTIDO COMUNISTA FRANCÊS 53, 104
PARTIDO COMUNISTA ITALIANO 104
PARTIDO COMUNISTA LIBERTÁRIO 23
PARTIDO COMUNISTA POLACO 105
PARTIDO COMUNISTA SOCIAL-DEMOCRATA RUSSO 58
PARTIDO COMUNISTA TCHECO 105
PARTIDO CONSTITUCIONALISTA 44
PARTIDO DA CAUSA OPERÁRIA 157
PARTIDO DA SOCIAL-DEMOCRACIA BRASILEIRA (PSDB) 153-154
PARTIDO DO MOVIMENTO DEMOCRÁTICO BRASILEIRO (PMDB) 151

PARTIDO DOS TRABALHADORES (PT) 13, 17, 20, 27, 113-114, 134, 143-145, 148, 151, 153-154, 157, 160-161, 192, 198
PARTIDO OBRERO (ARGENTINA) 138
PARTIDO OPERÁRIO BELGA 37
PARTIDO OPERÁRIO LENINISTA (POL) 97
PARTIDO OPERÁRIO REVOLUCIONÁRIO (POR) 149 (n.)
PARTIDO POPULAR SOCIALISTA (PPS) 152, 156, 198
PARTIDO REVOLUCIONÁRIO COMUNISTA 156
PARTIDO SOCIAL PROGRESSISTA (PSP) 105
PARTIDO SOCIALISTA BRASILEIRO (1902) 39-40
PARTIDO SOCIALISTA BRASILEIRO 119
PARTIDO SOCIALISTA DO PARANÁ (1915) 39
PARTIDO SOCIALISTA DO RIO GRANDE DO SUL (1897) 39
PARTIDO SOCIALISTA DOS TRABALHADORES UNIFICADO (PSTU) 156-157
PARTIDO SOCIALISTA PAULISTA 44
PSB (SP) 45
PARTIDO SOCIALISTA PORTUGUÊS 41
PARTIDO SOCIALISTA RADICAL DO MARANHÃO 44
PARTIDO SOCIALISTA REVOLUCIONÁRIO (Rússia) 59
PARTIDO SOCIALISTA REVOLUCIONÁRIO 97
Pasionaria, Isidora Dolores Ibárruri Gómez (La) 51
Passo Fundo (RS) 52
Passos (MG) 192
PAULUS EDITORA 155
Pedrosa, Mário 65, 71, 73, 93-94, 97
Pelotas (RS) 53 (n.)
Península do Saí (SC) 32
Península Ibérica 192
Penteado, João 47

Peralva, Osvaldo 104, 114, 126, 197
Perdigão, Manuel 46
PEREIRA (LIVREIRO) 138
Pereira, Alexandre 138
Pereira, Astrojildo 20, 29, 41, 51-52, 55, 63, 66, 68, 70, 73, 80, 82, 90-91, 93--95, 100, 104-105, 122, 132, 192, 197
Pericás, Luiz Bernardo 198
Pernambuco 30, 32-33, 39, 53, 64, 94, 100, 113
Peru 148
Petraccone, Pascoale 82
Petrópolis (RJ) 94, 145
Piatigorsky, Leon 76
Piatnitski, Osip (Iossel Aranovitch Tarshis) 52, 57-58
Piccarolo, Antonio 39, 41, 45
Picchia, Paulo Menotti Del 83, 84
Pilniak, Boris 84
Pimenta, João da Costa 46, 64, 70, 73, 93
Pimenta, Joaquim 42
Pinheiro, Milton 151, 198
Pinheiro, Paulo Sérgio 197
Pinho, Adelino de 47
Pintaúde, Salvador 82
Pinto, Álvaro Vieira 129, 139
Pisa 40
Plateia, A 75, 80, 83
Plekhanov, Georgi Valentinovitch 72, 78, 87
Polevoi, Boris 120
Polinésia 40
POLÍTICA OPERÁRIA (POLOP) 133, 147
Politzer, Georges 114, 146
Polônia 104, 115
Pomar, Pedro Rocha 107, 198
Pombo, Rocha 49
Ponomariov, Boris Nikolayevich 112

Ponta Grossa (PR) 39
Poppe, Mario 84
Porto Alegre 52, 56-57, 63, 67, 81, 88, 114, 138, 142, 145, 149
Portugal 30, 33, 145
Portugal Democrático 123
Posadas, J. 147
Prado Júnior, Caio da Silva 20, 44, 66, 70, 72, 77, 79, 80-82, 86-87, 104, 107, 109, 116, 121-124, 137, 140, 146, 198
Prado, Caio Graco 146
Praga 156
Pravda 80
Práxis 156
Presença 156
Prestes, Antônio 23
Prestes, Luís Carlos 24, 44, 51, 65, 73--74, 82, 95-97, 100, 104-105, 110, 117, 124, 126, 130, 143, 151, 198
Prima Angélia, A 157
Primeiro de Maio (PR – 1896) 39
Princípios 156
PROBLEMAS (BUENOS AIRES, ARGENTINA) 123
Problemas: Revista Mensal de Cultura e Política 120
Progresso, O 32
Proudhon, Pierre-Joseph 33

Quadros, Carlos 47 (n.)
Quaraí (RS) 74
Queiroz, Hildeberto 45
Quental, Antero Tarquínio de 33
QUILOMBO 145
Quinzena 157

Rachmanova, Alia 81, 88
Radek, Karl 58, 66

Radical, O 44
Raimondi, João 75
Rákosi, Mátyás 52
Ramires, Francisco 76
Ramos, Duvitiliano 94
Ramos, Graciliano 66-67, 122, 123
Rappoport, Charles 68, 71
Recife 31 (n.), 34, 42, 53-54, 56-57, 71, 85, 87, 97, 138
Reed, John 64, 76, 86, 146
Rego, M. G. de S. 32
Rego, Vitor Cunha 116
Reis, Hugo 39,
Reis, Raymundo 66
Revista da Internacional Comunista 87
Revista do CEMOP 156
Rezende, Leônidas de 42, 73, 81, 123
Riazanov, David Borisovich Goldendach 85
Ribeirão Preto (SP) 135
Ribeiro, Dario 34
RIEDER 77
Riera, Worsky 91
Rio de Janeiro (estado) 94, 100
Rio de Janeiro 31 (n.), 36,-38, 40, 43, 48, 53-57, 59, 63-65, 68- 69, 76, 79, 85, 91, 93, 98, 106, 113, 116, 123, 129, 133, 139, 140 (n.), 145, 147
Rio Grande do Sul 39, 52-53, 59, 64, 100, 113, 129, 138, 159
Ristori, Oreste 70
Rocha Barros, A. L. da 86 (n.)
Rocha Barros, Alberto da 86, 90, 98
Rocha, Lauro Reginaldo da (Bangu) 95, 97-98
Rodrigues, Edgar 49, 149, 197
Roio, José Luiz Del 131
Roio, Marcos Del 198

Roitman, (irmãos) 119
Roitman, Adolfo 77-78, 118
Rolland, Romain 67, 73
Romênia 104
Romero, Sílvio Vasconcelos da Silveira Ramos 34
ROSA DOS TEMPOS 159
Rosenthal, M. 114
Rosini, Goffredo 86
Rosselli, Carlo 154
Rossi, Agnello (dom) 116
Rossi, Giovanni 40
Rotellini, Vitaliano 31
Rozim 114
Rudakova 145
Rússia 89, 97

Sacchetta, Hermínio 86, 90, 97-98
Sachs, Erich 133, 136, 147
Saddock de Sá 41,
Saint-Simon, Claude-Henri de Rouvroy (Conde de) 32
Salvador 13, 54, 76, 87, 138-139, 149
Sánchez, Elias 77
Santa Catarina 32, 129
Santa Cruz, José Petronillo da 137
Santa Maria (RS) 156
Santana do Livramento 14
Santa Rosa, Virgínio 44
Santiago do Chile 123, 131
Santillan, Diego Abad de 149
Santo André (SP) 78, 98, 114, 122
Santos (SP) 40, 41, 56, 57, 63, 71, 77-78, 119
Santos, Adelino Deícola dos (Tampinha) 95
Santos, Davino Francisco dos 72, 75, 98, 110, 197

Santos, Geraldo Rodrigues dos 85, 111
Santos, Raimundo 198
São Bernardo do Campo (SP) 146
São Paulo (estado) 35, 40, 100, 104, 106
São Paulo 17, 31, 36-37, 39-41, 44, 47-48, 53-54, 56, 59, 63-65, 70-71, 73, 76-77, 79-83, 85-86, 89, 91-92, 94-98, 100, 104 (n.), 105-108, 113-114, 116, 119, 122-123, 128, 133, 137-146, 149, 151-152, 154, 156-157, 160
Sartre, Jean-Paul 129, 131
Saviani, Dermeval 154
Sazonov 145
Scavone, Artur 135
Schmidt, Afonso 53-54, 66, 83, 91, 149
Schwarz, Roberto 155
SEBO BRANDÃO 138
SEBO VERMELHO (NATAL – RN) 157
SEÇÃO DE EDUCAÇÃO E PROPAGANDA (PCB) 115
Secco, Lincoln Ferreira 13, 17, 20-21, 143, 159
SECRETARIADO SUDAMERICANO/ BUREAU SUDAMERICANO (SSA-IC) 68, 93-94, 96, 100 (n.)
Segatto, José Antonio 198
Seis de Março 34
SELMA 82
SELO GLS 159
SELO NEGRO 139
Sentinela Vermelha 75
SÉRIE DOCUMENTA (EDITORA MERCADO ABERTO) 138
SERVIÇO DE DIVULGAÇÃO DA POLÍCIA CIVIL DO DISTRITO FEDERAL 89
SERVIÇO DE EDIÇÕES E LIVRARIA DO PARTIDO COMUNISTA (SBIC) 63
Silone, Ignazio (Secondino Tranquilli) 76

Silva, Elias P. 46
Silva, Elias Reinaldo da (André) 98
Silva, Hermogêneo 53
Silva, Joaquim Pinto 122
Silva, Laura(Brandão) da Fonseca e 66, 110
Silva, Luís Inácio (Lula) da 151
Silva, Machado Freire Pereira da 33
Silva, Marcos 111
Silveira, Ênio 129, 139, 140
Silveira, Nise da 69, 90, 110
Sindicalista, O 76
SINDICATO DA CONSTRUÇÃO CIVIL (SÃO PAULO) 98
SINDICATO DOS COMERCIÁRIOS (SÃO PAULO) 98
SINDICATO DOS OPERÁRIOS NAVAIS 132
SINDICATO DOS TECELÕES DO RIO DE JANEIRO 68
SINDICATO DOS TRABALHADORES DA CONSTRUÇÃO CIVIL DO PARANÁ 122
Singer, Paul 156
Siqueira Campos, Antônio de 43
Sirkis, Alfredo 136
Sisson, Roberto 74
Soares, Santos 52
Socialismo: Princípios, Práticas e Perspectivas 137
Socialista da Província do Rio de Janeiro, O 32
SOCIEDADES AMIGOS DE BAIRRO (SÃO PAULO) 154
SOCORRO VERMELHO 80, 98
Sodré, Nelson Werneck 20, 124, 137, 140
Soldado Comunista, O 74-75
Soldado Consciente 100
Solidário, O 57, 63
Sombart, Werner 29 (n.)
Sonntag (pseud. Osip Piatnitski) 58
Sorocaba (SP) 98

Sousa, João Francisco Pereira de 43
Souza, Erecina Borges de 65
Souza, Juvenal Jacinto 67
Souza, Octávio Tarquínio de 122
Spartacus 53
Spencer, Herbert 37-38
Spindel, Arnaldo 198
Stálin, Joseph 54, 58, 66, 70, 78, 81-83, 89-100, 103, 105, 110, 112-114, 117, 120, 122, 127-128
Stevenson, João Penteado 80
STOCK 77
SUBGRUPO LÉSBICO-FEMINISTA 143
Suíça 65
Sumaré (SP) 156
SUNDERMANN 158
Suplicy, Marta 142
SYCORAX 159
Szigeti, Joszef 122

Taber, Robert 136
Tapajós, Renato 136
Távora, Juarez 43
Tchecoslováquia 104
Tejo, Limeira 84
Teles, isidoro 139
Telles, Maria Amélia de Almeida 123
Temas de Ciências Humanas 137, 156
Temps Nouveaux, Les 149
TENDÊNCIA MARXISTA (PT) 156
Teoria e Política 156
Tinhorão, José Ramos 138
TIPOGRAFIA LINCOLN 55
Tito, Josip Broz 104
Todd, Emannoel 87
Togliatti, Palmiro 51, 80, 120, 129
Toledo (pseud. Joaquim Câmara Ferreira) 133

Torres, Alberto 43
Torres, Camilo 131
Torres, Constantino 77, 80
TRABALHO, O (PT) 156
Tragtenberg, Mauricio 144, 149
Triângulo de Ferro 74
Tribuna Operária 136
Trotski, Leon (Liev Davidovich Bronstein) 53-55, 58-59, 63, 77, 86, 88-90, 145, 147-148, 193, 196
Tsé-Tung, Mao 120, 127, 131, 134, 145-146
Tsi, Liu Schao 120
Turati, Filippo 40,
TYPOGRAPHIA CUPOLO 82
TYPOGRAPHIA WENIG 89

UNIÃO BRASILEIRA DE ESCRITORES 66
UNIÃO DA JUVENTUDE COMUNISTA (UJC) 113, 129
UNIÃO DA JUVENTUDE SOCIALISTA DE BUENOS AIRES 40
União das Repúblicas Socialistas Soviéticas (URSS) 56, 58, 66, 86-87, 95, 98, 103, 105, 107, 110-112, 115, 117, 121, 122, 124, 127-128, 137, 148
União de Ferro 74, 100
UNIÃO DEMOCRÁTICA NACIONAL (UDN) 106
UNIÃO GERAL DA CONSTRUÇÃO (NATAL – RN) 54
UNIÃO MAXIMALISTA 52
UNIÃO NACIONAL DOS ESTUDANTES (UNE) 106, 151
UNIÃO NEGRA BRASILEIRA 85
UNIÃO OPERÁRIA 1º DE MAIO 53
UNIÃO REGIONAL DOS OPERÁRIOS DA CONSTRUÇÃO CIVIL DO RIO DE JANEIRO 76
UNIÃO SOCIALISTA DO RIO DE JANEIRO 40
União Soviética 137

UNIDADE SINDICAL (PCB, PC DO B, MR-8) 144
Unità, L' 90
UNITAS 82, 85
UNIVERSIDADE COMUNISTA DOS TRABALHADORES DO ORIENTE (KUTV) 67
UNIVERSIDADE DA AMIZADE DOS POVOS PATRICE LUMUMBA 19, 115, 139
UNIVERSIDADE DE SÃO PAULO (USP) 17, 74, 135, 137
UNIVERSIDADE ESTADUAL PAULISTA "JÚLIO DE MESQUITA FILHO" (UNESP) 156
UNIVERSIDADE MARIA ZÉLIA 70
UNIVERSIDADE POPULAR PRESIDENTE ROOSEVELT 115
Uruguai 53, 92, 148

Vandervelde, Émile 37
Vanguarda 54
VANGUARDA POPULAR REVOLUCIONÁRIA (VPR) 135
Vanguarda Proletária 100
Vanguarda Socialista 119
Vares, Luiz Pilla 147-149
Vargas, Getúlio Dorneles 24, 43, 84, 103-104, 107
Vargas, Protásio 24
Vasconcelos, Olinto Mesquita 43
Vassouras (RJ) 91
Vaticano 155
VENETA 158
Venezuela 148, 163
Ventura, Álvaro 105
Ventura, Zuenir 140
Verdade, A 156
Verissimo, Erico 67
Vianna Moog, Clodomir 27
Vianna, Marly 198
Vichniak, Marc 59
Vieira, Agliberto 97
Villanova, Carlos 94
Villar, José (Miguel) 94
Vinhaes, José 41
Vitória 64, 155
Vladimir Ilitch 60
Vorwärts (Argentina) 40
Voz da Unidade 90
Voz do Povo, A (Curitiba – PR) 39
Voz do Povo, A (Rio de Janeiro – RJ) 54
Voz do Trabalhador, A 46
Voz Operária, A 108, 113, 126, 136

Washington, Booker 67
Wood, Charles 85
Woodcock, George 149

Xavier da Costa, Francisco 39,
Xavier, Eduardo (Abóbora) 71-72, 95, 98
Xavier, Lívio 65-67, 77, 93-94
Xiao Ping, Deng 134
Xuxa 14

Yezhov, Nikolai 58
Yoshiyasse, Ciro Seiji 146

ZAHAR 147
Zaidan Filho, Michel 198
Zetkin, Clara 53-54
Zhdanov, Andrei Alexandrovich 105
Zimbarg, Luiz A. 198
Zinoviev, Grigori 51, 58-59, 63
Zisca, Anton 70

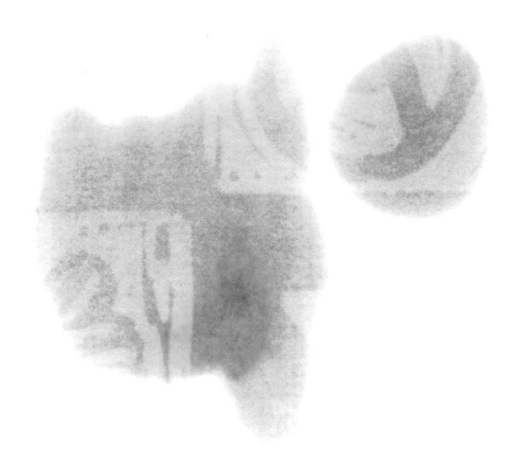

Título	A Batalha dos Livros –
	Formação da Esquerda no Brasil
Autor	Lincoln Secco
Editor	Plinio Martins Filho
Produção editorial	Aline Sato
	Camyle Cosentino
Capa	Gustavo Piqueira / Casa Rex
Revisão	Felipe Castilho de Lacerda
Editoração eletrônica	Camyle Cosentino
Ilustrações das guardas	Ciro Seije Yoshiyasse
Índice remissivo	Felipe Castilho de Lacerda
Formato	15,5 x 23 cm
Tipologia	Adobe Garamond Pro
Papel da capa	Cartão Supremo 250 g/m^2
Papel do miolo	Chambril Avena 80 g/m^2
Número de páginas	240
Impressão e acabamento	Graphium